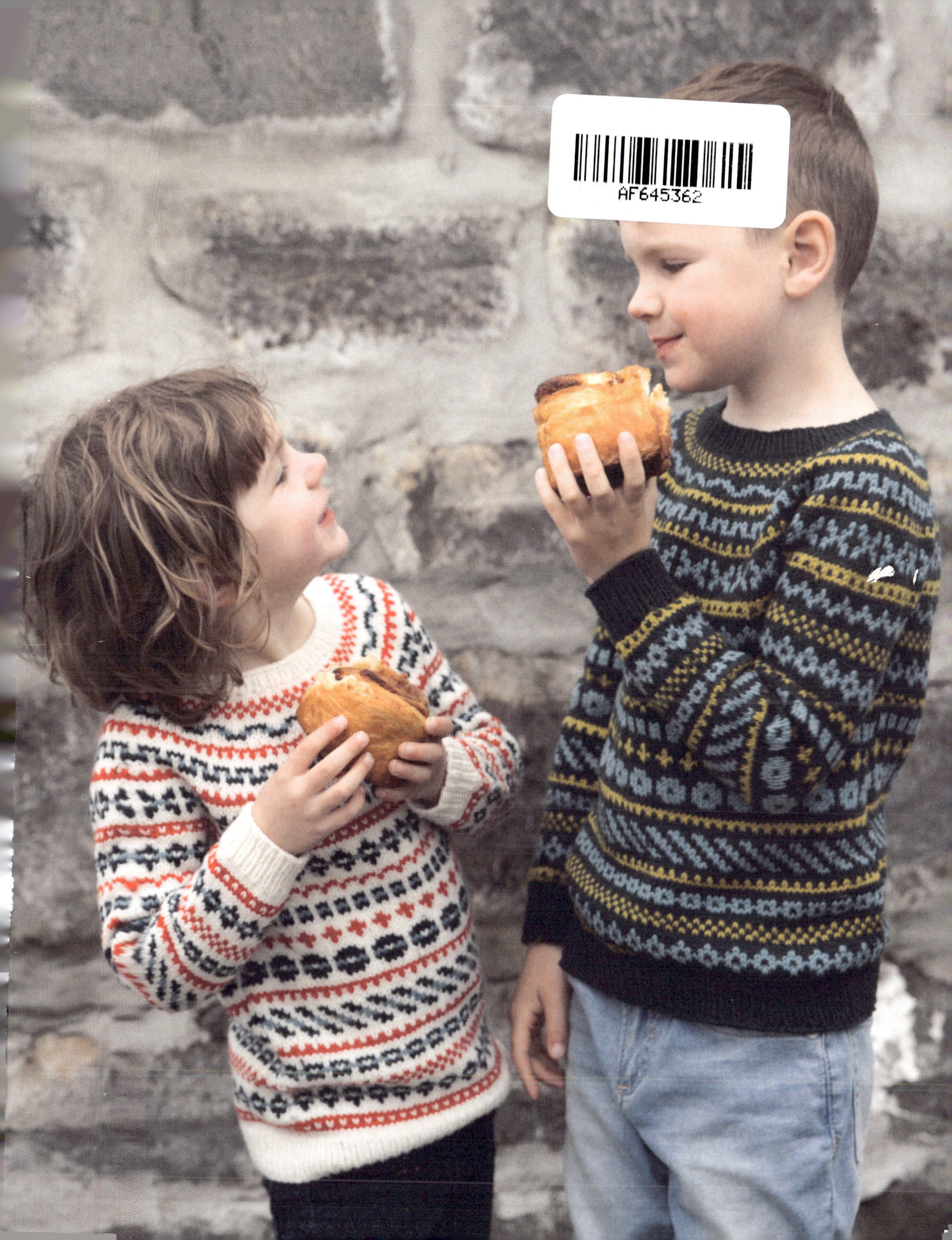

Auf Abenteuertour

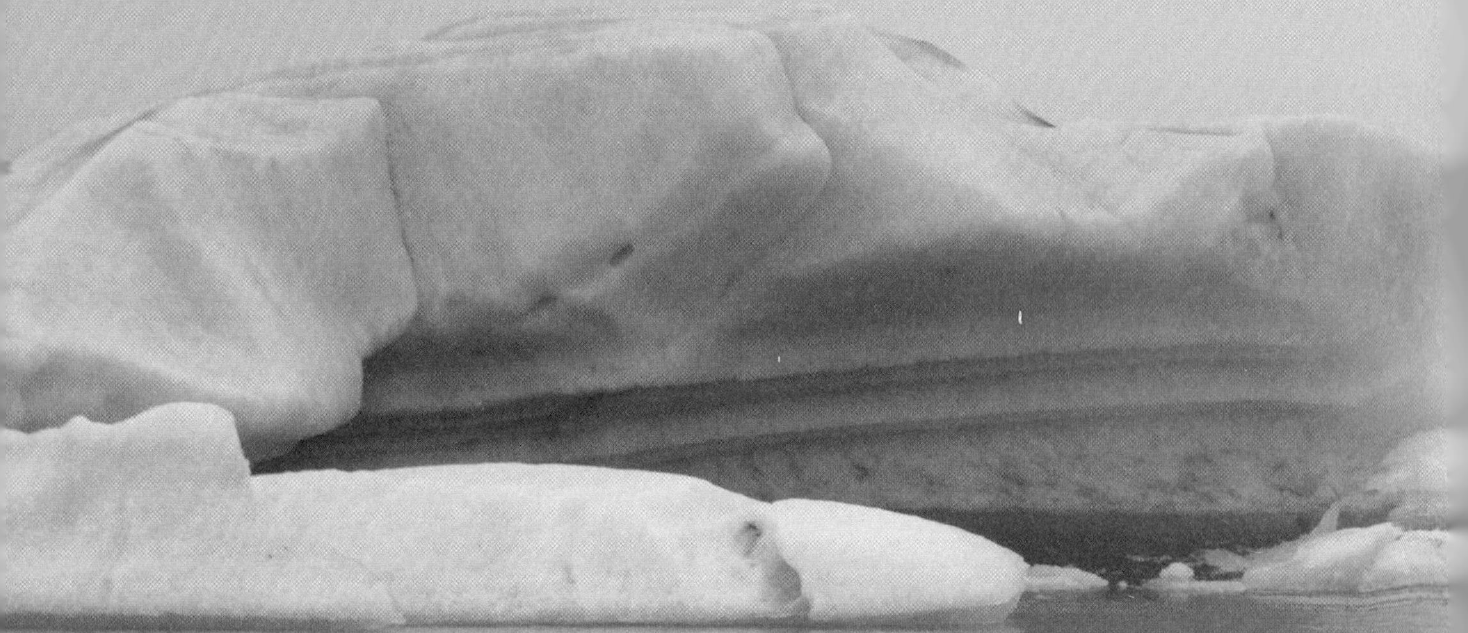

Was bekommen Sie, wenn …

Sie zwei übereifrige Designerinnen, zwei Amateur-Strickmodel-Ehemänner, fünf Kinder und einen Berg Wolle einpacken, um damit Island zu erkunden?

Ein seltsames Gebräu (engl. »Strange Brew«)!

Der Ausflug und die Designreise, die dieses Buch entstehen ließen, waren eine monumentale Lernerfahrung für uns und gleichzeitig ein großes Vergnügen. Wir möchten Sie dazu ermutigen, Ihre Komfortzone zu verlassen und sich uns anzuschließen.

Bunte Rundpassen machen richtig viel Spaß!

Schlagen Sie alle Vorsicht in den Wind und nehmen Sie die Herausforderung an, ohne sich mit den Details aufzuhalten. Fangen Sie mit einem unserer Designs an, oder schlagen Sie Maschen für Ihr ganz eigenes Farbabenteuer an. Unsere Strange-Brew-Methode ist ein Leitfaden, mit dem Sie etwas Wunderschönes und Einzigartiges gestalten können. Folgen Sie unserem »Fahrplan«, aber verwenden Sie dabei Motive, die Ihnen etwas bedeuten.

Ein Hoch auf die abenteuerlustigen Stricker:innen!

NORDISCH STRICKEN

NAHTLOS MIT DER STRANGE-BREW-METHODE

Alexa Ludeman
Emily Wessel

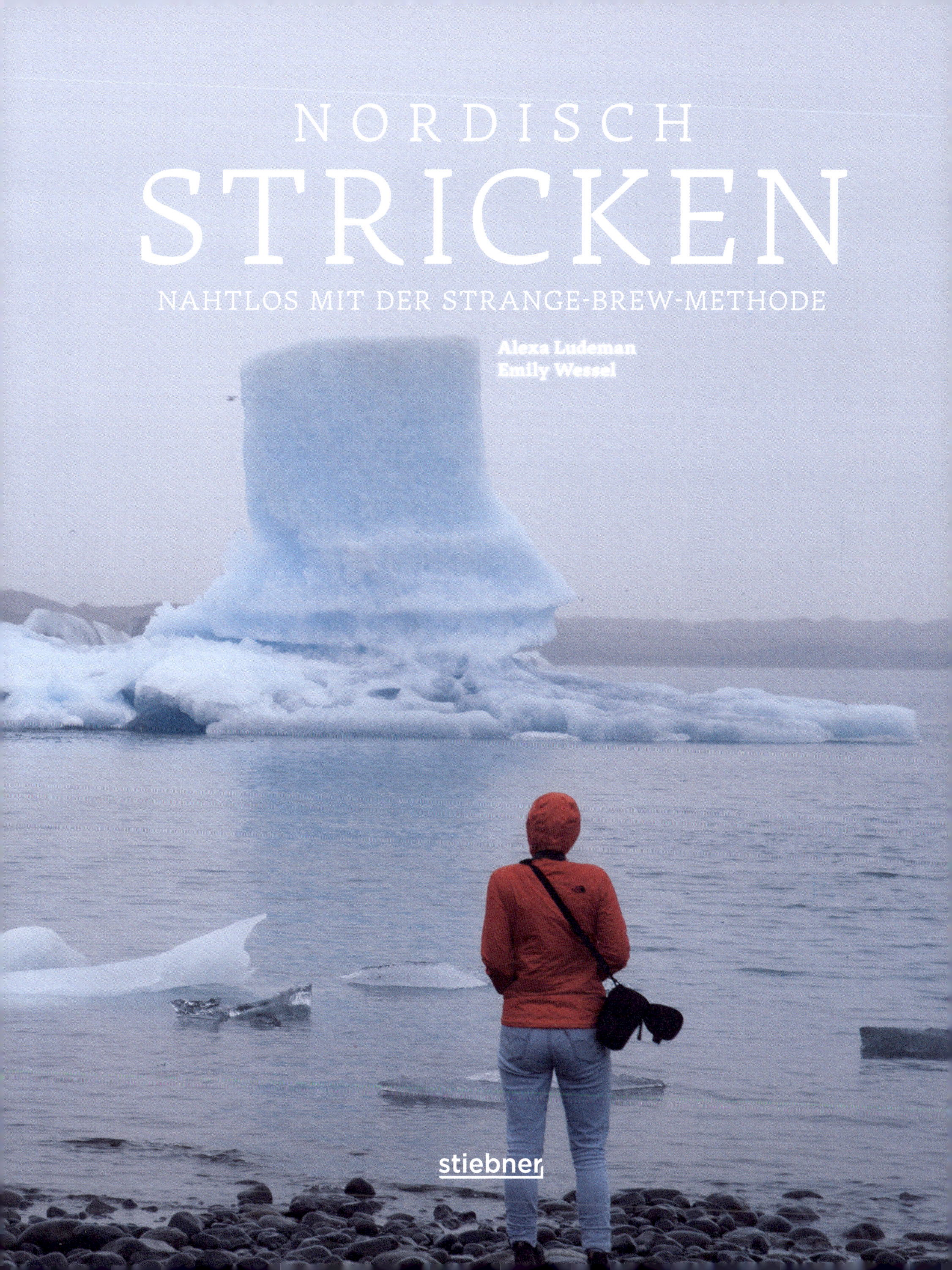

stiebner

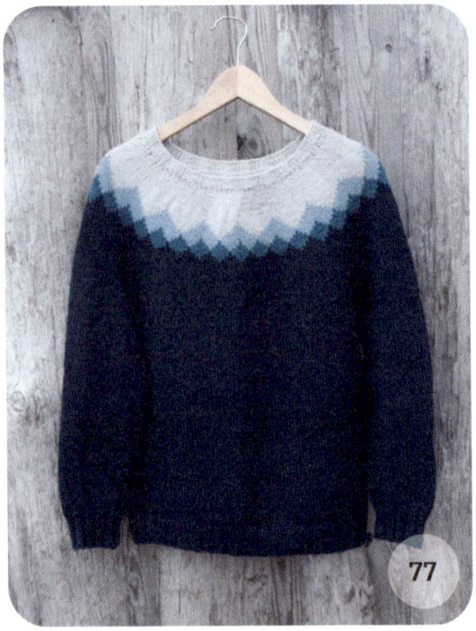
77

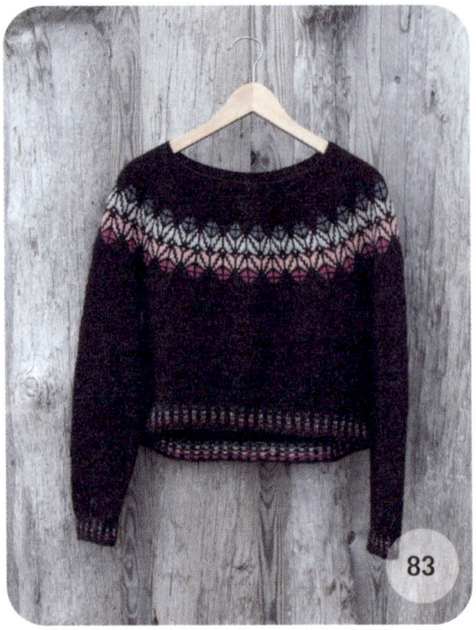
83

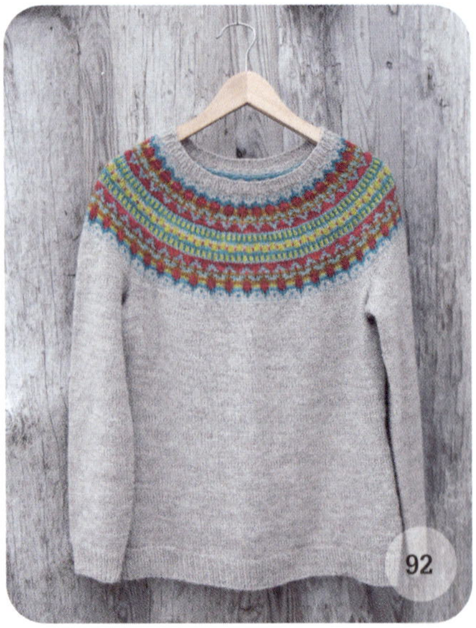
92

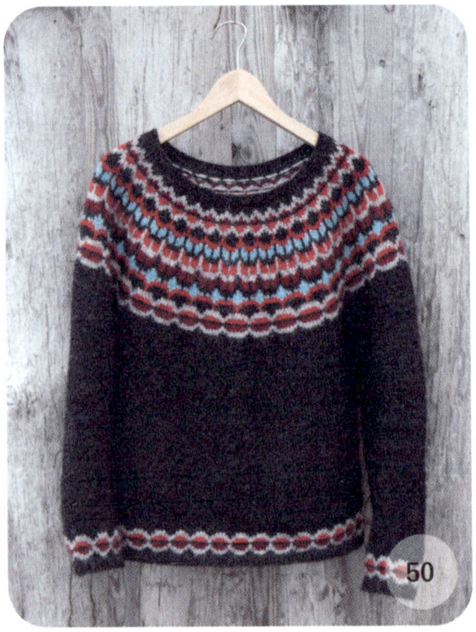
50

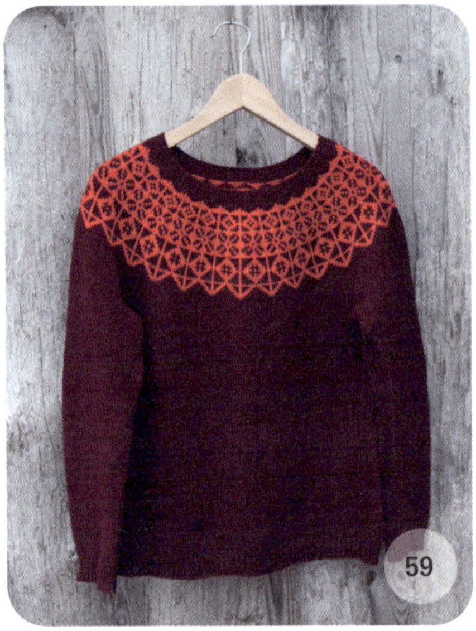
59

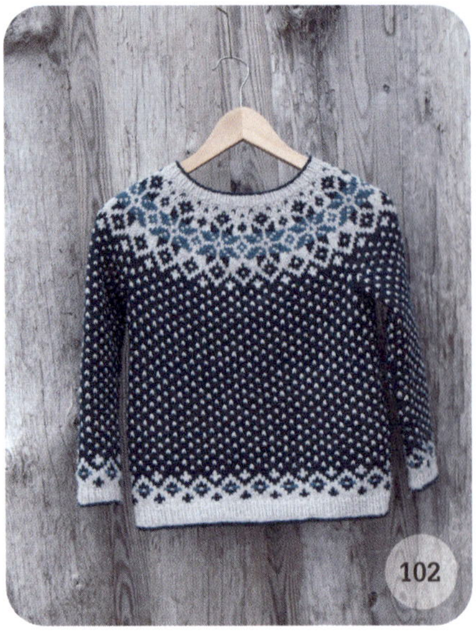
102

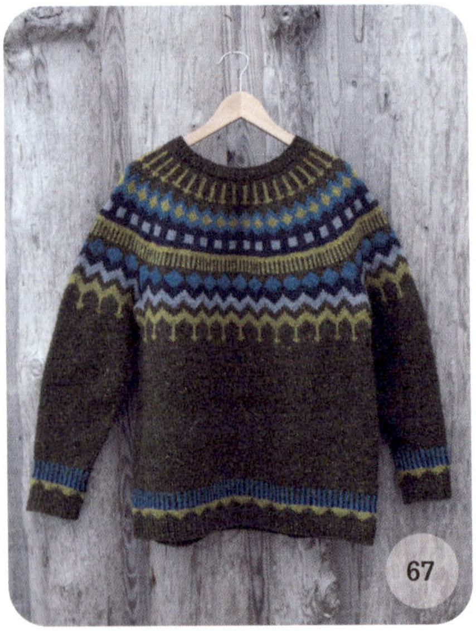
67

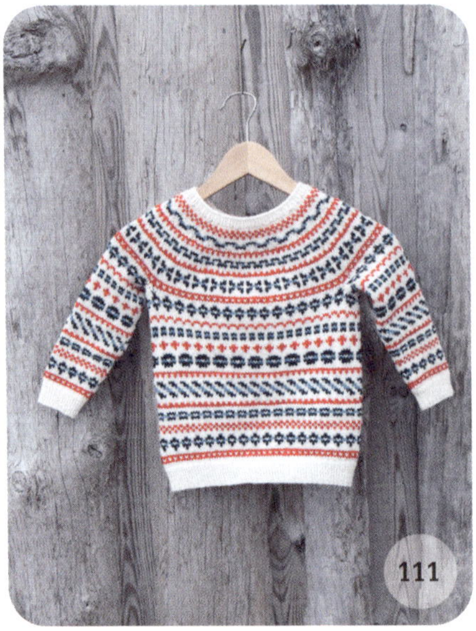
111

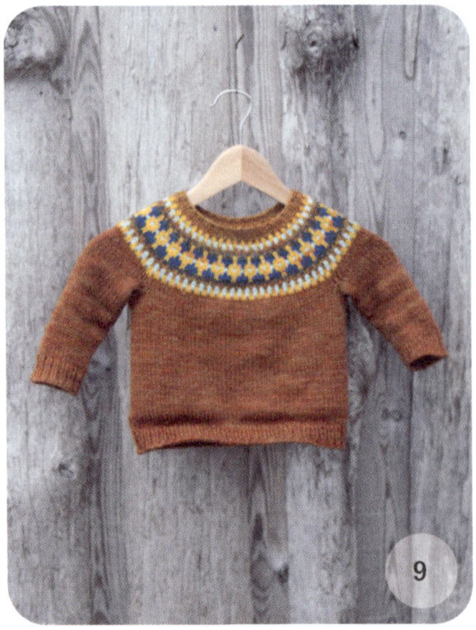
9

Inhalt

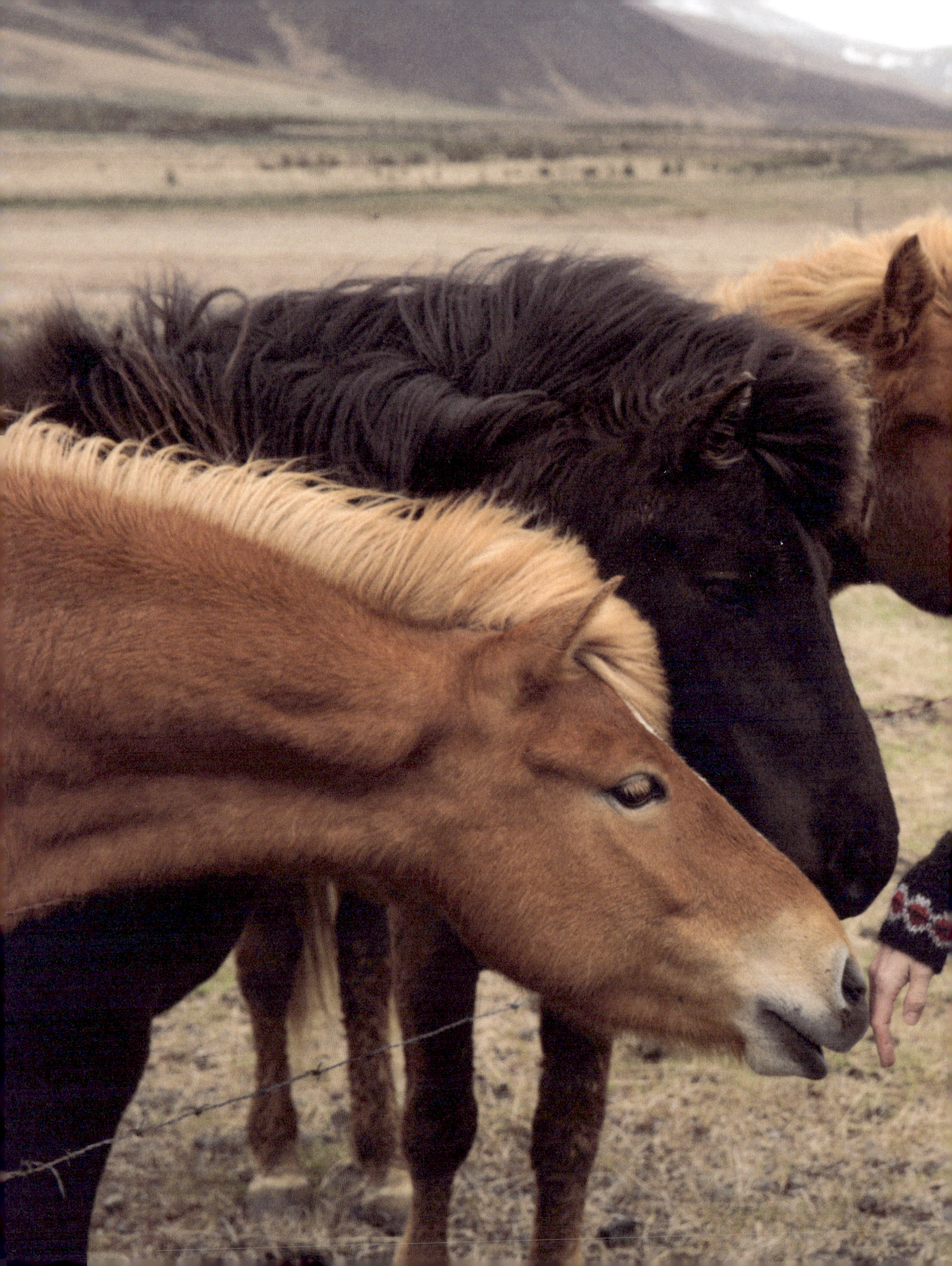

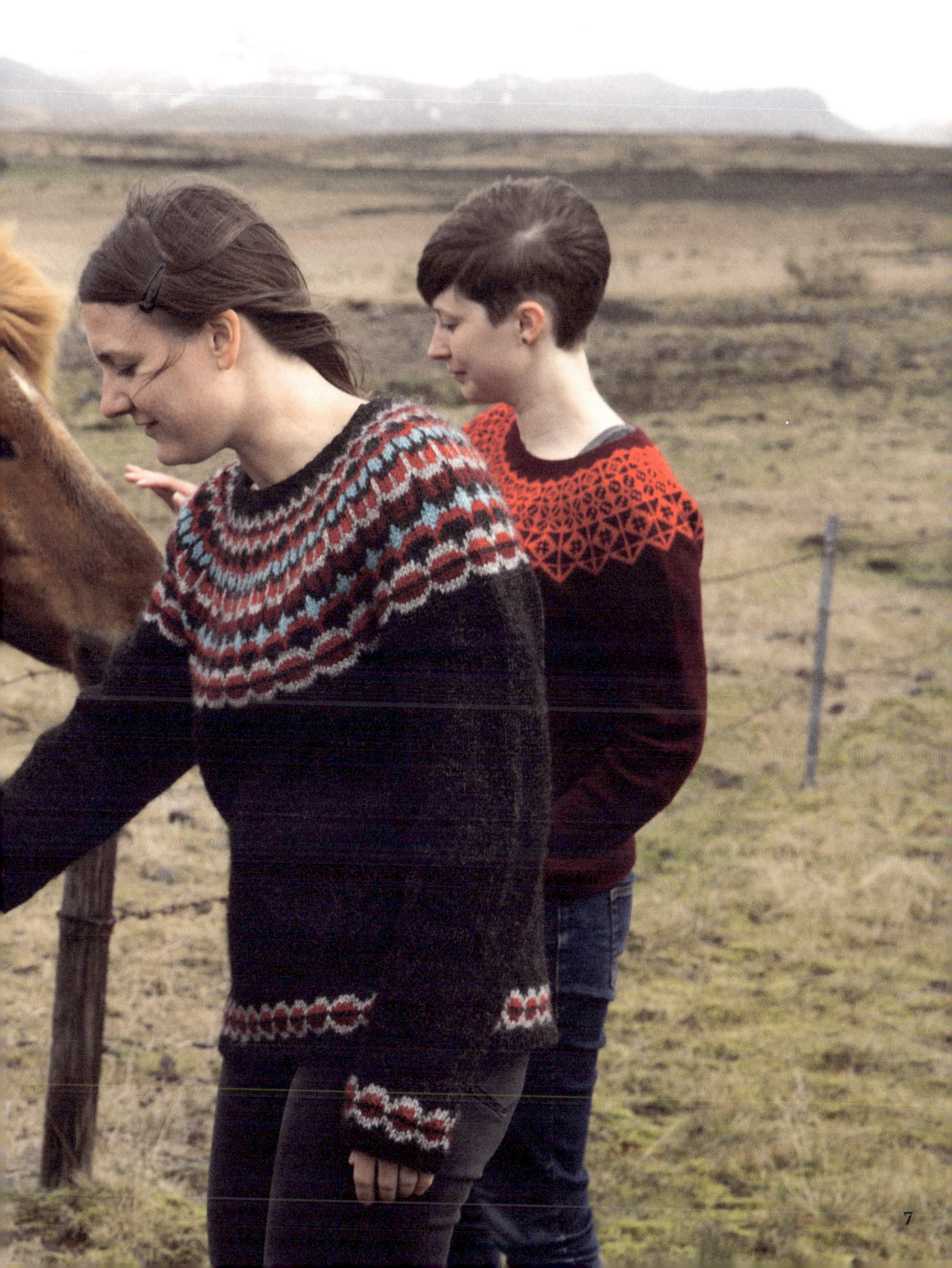

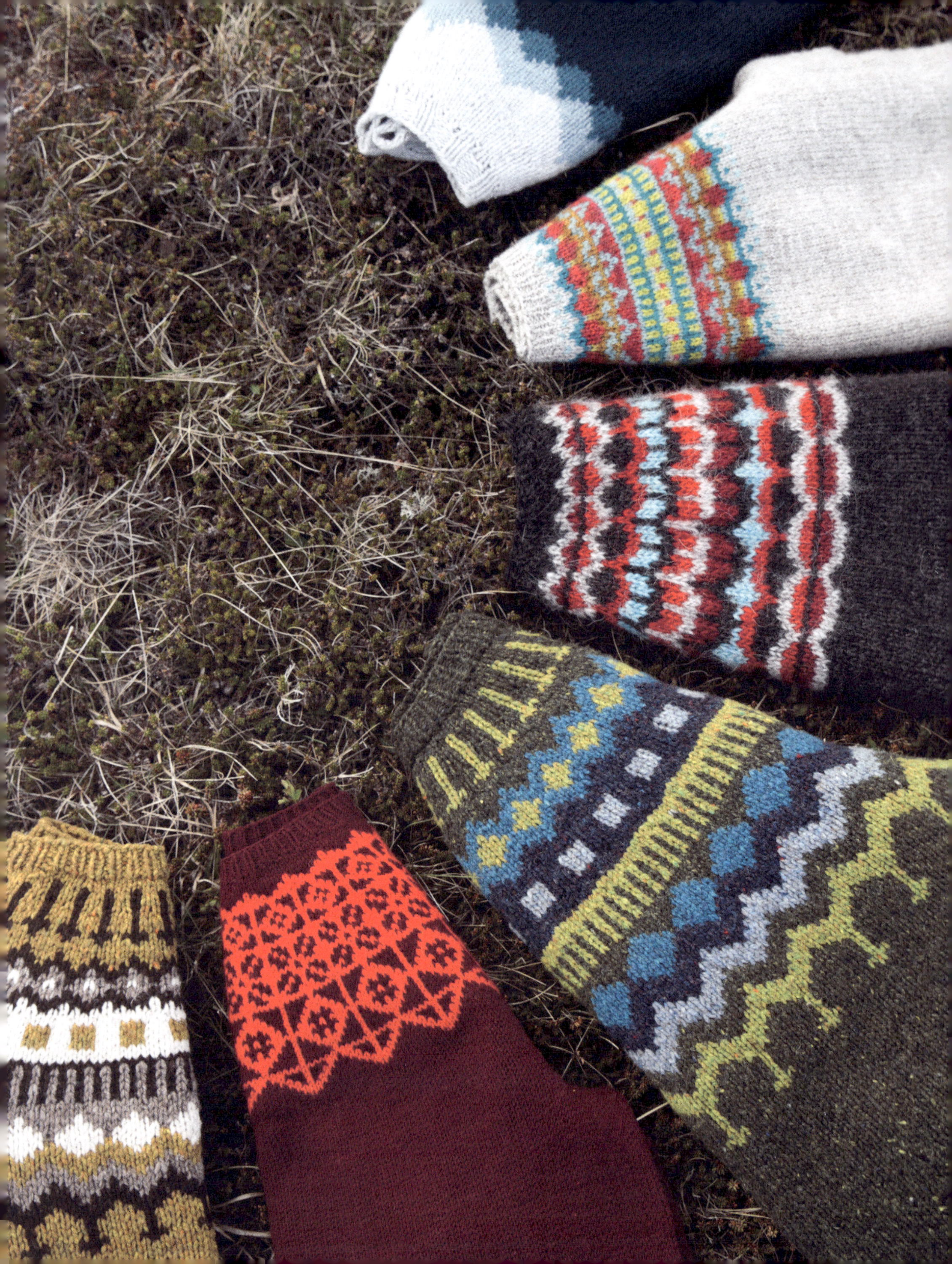

Strange Brew

Eine Methode für Pullover mit farbiger Rundpasse
Bottom-Up oder Top-Down gestrickt
In drei Wollstärken und 25 Größen

Unsere Strange-Brew-Methode für Pullover ist der kreative Mittelpunkt dieses Buchs! Sie bildet den Ausgangspunkt für sämtliche Designs und war tatsächlich auch die Initialzündung für unseren wilden Plan, gemeinsam die monumentale Landschaft Islands zu erkunden.

Rundpassenpullover sind für die Kreativität wie eine wunderbare leere Leinwand, eine einfache Methode mit spektakulären Ergebnissen!

Dieses Buch ist für uns der ideale Weg, diese vergnügliche Tätigkeit, die wir so heiß und innig lieben, mit anderen zu teilen. Es soll ein Leitfaden für alle Stricker:innen sein, denen das Entwerfen einer einzigartigen Rundpasse ohne eine solche Methode nicht ganz so leichtfiele.

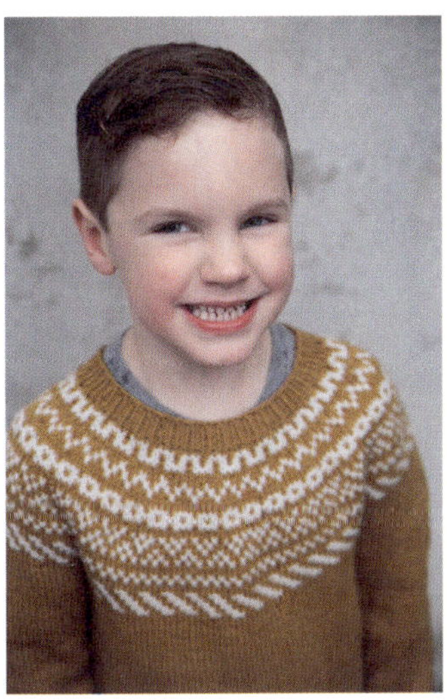
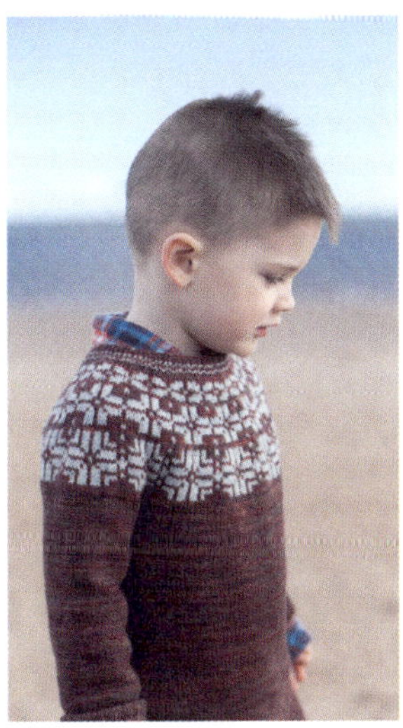
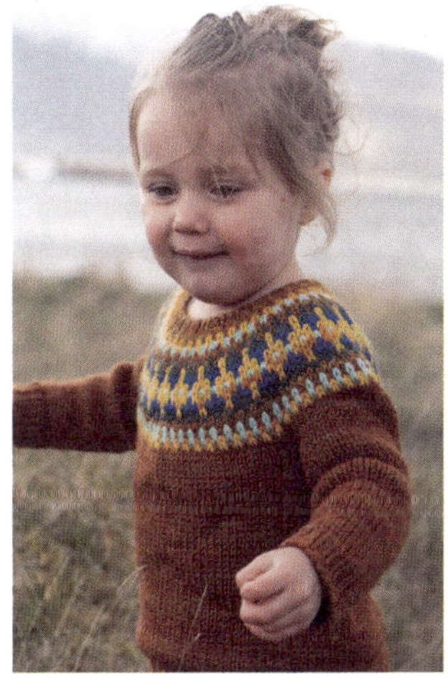
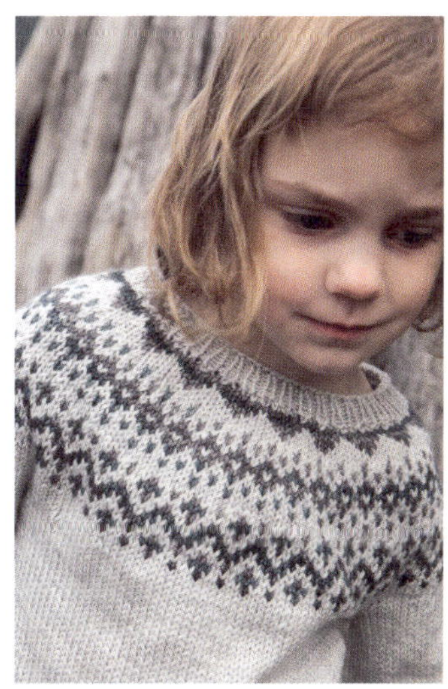

Größen & Materialien

Dieses Buch enthält Anleitungen für 25 Größen in drei Garnstärken und sowohl Muster, die von unten nach oben (Bottom-Up) gestrickt werden, als auch solche, die von oben nach unten (Top-Down) gearbeitet werden. (Das sind 150 Optionen: echt abgefahren!)

Sofern nicht anders angegeben sind die Größen in folgender Reihenfolge aufgelistet: 0–6 Mo (6–12 Mo, 1–2 J, 2–4 J, 4–6 J, 6–8 J, 8–10 J, **Damengröße XS, S, SM, M, ML, L, LXL, XL, XXL, 3XL, 4XL**, *Herrengröße S, M, L, XL, XXL, 3XL, 4XL)*
Kindergrößen werden in normaler Schrift angegeben (**Damengrößen fettgedruckt** und *Herrengrößen kursiv*).
Wo sich die Anleitungen bei den Wollstärken unterscheiden haben wir das hervorgehoben.
Die Anleitungen für mittlere und dünne Wolle sowie Sockenwolle sind jeweils farbig unterlegt.

Materialien:

Garne: HF- und KF-Garne in den drei Stärken, die der Maschenprobe entsprechen. Angaben zu Größen und Lauflänge finden Sie in der Größenübersicht.

	Mittlere Garne:	Dünne Garne:	Sockenwolle
Maschenprobe:	18 M & 24 Rd / 10 cm glatt rechts mit dickeren Nadeln 18 M & 21 Rd / 10 cm mit Einstrickmusterstreifen und dickeren Nadeln	22 M & 30 Rd / 10 cm glatt rechts mit dickeren Nadeln 22 M & 26 Rd / 10 cm mit Einstrickmusterstreifen und dickeren Nadeln	26 M & 32 Rd / 10 cm glatt rechts mit dickeren Nadeln 26 M & 30 Rd / 10 cm mit Einstrickmusterstreifen und dickeren Nadeln
Nadeln:	Nr. 4 & 5	Nr. 3,5 & 4	Nr. 2,75 & 3,5

Die angegebenen Nadelstärken sind nur Empfehlungen. Fertigen Sie eine Maschenprobe in glatt rechts an, um die passende Nadelstärke zu bestimmen, damit Ihre Strickarbeit der Maschenprobe entspricht. Für Informationen über Maschenproben bei Einstrickmustern siehe S. 134.

Nadellängen: 0-6 Mo - 4 J: Rundstricknadel von 40 cm und NS in allen Größen*
4 Jahre - Damengröße XS: Rundstricknadeln von 40 und 60 cm sowie NS in allen Größen*
Damengröße S - Herrengröße 4XL: Rundstricknadeln von 40 und 80 cm sowie NS in allen Größen*
*Alternativ können Sie die Magic-Loop-Technik nutzen, um mit einer einzelnen langen Rundnadel in Runden zu stricken.

Zubehör: Maschenmarkierer, Stopfnadel

Größenübersicht

		Der fertige Brustumfang weicht je nach Garnstärke leicht ab			Ärmel, Körper, Oberarm, Passentiefe – Für alle Garnstärken gleich				Geschätzter Materialbedarf * Siehe Hinweise zur Auslegung dieser Zahlen (HF = Hauptfarbe, KF = Kontrastfarbe)					
		Mittel	Dünn	Socken					Mittel		Dünn		Socken	
	Größe	a	a	a	b	c	d	e	HF	KF	HF	KF	HF	KF
Kindergrößen	0–6 M	47 cm	44,5cm	47 cm	15 cm	18 cm	16 cm	10 cm	275 m	140 m	320 m	140 m	365 m	185 m
	6–12 M	55 cm	50 cm	52 cm	18 cm	20 cm	16,5 cm	11 cm	365 m	185 m	390 m	185 m	460 m	230 m
	1–2 J	61 cm	56 cm	56 cm	20 cm	23 cm	19 cm	12 cm	415 m	185 m	460 m	230 m	505 m	230 m
	2–4 J	61 cm	61 cm	61 cm	25,5 cm	25,5 cm	20 cm	12,5 cm	505 m	230 m	550 m	275 m	595 m	275 m
	4–6 J	67,5 cm	66 cm	66 cm	30,5 cm	28 cm	23 cm	14 cm	550 m	275 m	620 m	275 m	735 m	365 m
	6–8 J	75 cm	72,5 cm	70 cm	33 cm	30,5 cm	23,5 cm	16 cm	640 m	320 m	735 m	365 m	825 m	415 m
	8–10 J	75 cm	77,5 cm	75 cm	38 cm	33 cm	24,5 cm	16,5 cm	735 m	365 m	825 m	415 m	915 m	460 m
Damengrößen	**XS**	**81 cm**	**77,5 cm**	**80 cm**	**40,5 cm**	**38 cm**	**28 cm**	**19 cm**	**780 m**	**365 m**	**870 m**	**415 m**	**1005 m**	**505 m**
	S	**87,5 cm**	**82,5 cm**	**84 cm**	**43 cm**	**38 cm**	**28,5 cm**	**20,5 cm**	**825 m**	**415 m**	**960 m**	**460 m**	**1100 m**	**550 m**
	SM	**95 cm**	**89 cm**	**89 cm**	**45,5 cm**	**40,5 cm**	**30 cm**	**21,5 cm**	**915 m**	**460 m**	**1055m**	**505 m**	**1145 m**	**550 m**
	M	**95 cm**	**94 cm**	**94 cm**	**45,5 cm**	**40,5 cm**	**31 cm**	**22 cm**	**960 m**	**460 m**	**1100m**	**550 m**	**1190 m**	**595 m**
	ML	**102 cm**	**100,5cm**	**99 cm**	**48 cm**	**43 cm**	**32 cm**	**23 cm**	**1005 m**	**505 m**	**1190m**	**595 m**	**1280 m**	**640 m**
	L	**108 cm**	**105,4cm**	**108 cm**	**48 cm**	**45,5 cm**	**35 cm**	**24 cm**	**1100 m**	**550 m**	**1235m**	**595 m**	**1375 m**	**685 m**
	LXL	**115,5 cm**	**117 cm**	**113 cm**	**48 cm**	**48 cm**	**38 cm**	**25 cm**	**1145 m**	**550 m**	**1325m**	**640 m**	**1465 m**	**735 m**
	XL	**122 cm**	**122 cm**	**122 cm**	**48 cm**	**48 cm**	**40 cm**	**25,5 cm**	**1235 m**	**550 m**	**1420m**	**640 m**	**1600 m**	**735 m**
	XXL	**128,5 cm**	**127 cm**	**131 cm**	**51 cm**	**51 cm**	**42,5 cm**	**27,5 cm**	**1325 m**	**595 m**	**1510m**	**685 m**	**1785 m**	**735 m**
	3XL	**142,5 cm**	**138,5cm**	**141 cm**	**51 cm**	**51 cm**	**45 cm**	**30,5 cm**	**1465 m**	**595 m**	**1695m**	**685 m**	**1965 m**	**825 m**
	4XL	**148,5 cm**	**150 cm**	**150 cm**	**51 cm**	**51 cm**	**48,5 cm**	**33 cm**	**1510 m**	**595 m**	**1830m**	**685 m**	**2105 m**	**825 m**
Herrengrößen	*S*	*95 cm*	*94 cm*	*94 cm*	*45,5 cm*	*45,5 cm*	*35 cm*	*23 cm*	*1005 m*	*505 m*	*1100 m*	*550 m*	*1190 m*	*595 m*
	M	*108 cm*	*105,4 cm*	*103 cm*	*48 cm*	*45,5 cm*	*38 cm*	*25,5 cm*	*1145 m*	*550 m*	*1280 m*	*595 m*	*1375 m*	*640 m*
	L	*115,5 cm*	*117 cm*	*113 cm*	*51 cm*	*48,5 cm*	*42 cm*	*26,5 cm*	*1190 m*	*595 m*	*1375 m*	*640 m*	*1510 m*	*685 m*
	XL	*128,5 cm*	*122 cm*	*127 cm*	*53,5 cm*	*51 cm*	*45 cm*	*30,5 cm*	*1375 m*	*640 m*	*1465 m*	*685 m*	*1785 m*	*735 m*
	XXL	*136 cm*	*133,5 cm*	*136 cm*	*53,5 cm*	*51 cm*	*47,5 cm*	*32,5 cm*	*1420 m*	*640 m*	*1645 m*	*685 m*	*1875 m*	*780 m*
	3XL	*148,5 cm*	*143,5 cm*	*145 cm*	*53,5 cm*	*53,5 cm*	*50 cm*	*34,5 cm*	*1510 m*	*685 m*	*1740 m*	*735 m*	*2015 m*	*825 m*
	4XL	*156 cm*	*155 cm*	*155 cm*	*53,5 cm*	*53,5 cm*	*53,5 cm*	*35,5 cm*	*1645 m*	*685 m*	*1920 m*	*735 m*	*2150 m*	*825 m*

Hinweise zur Größenübersicht:

In der Tabelle sind die Maße des fertigen Kleidungsstücks aufgeführt. Wählen Sie Ihre Größe anhand Ihres Brustumfangs plus des gewünschten Spielraums (siehe Tipps auf S. 124).

Da wir nicht wissen, wie Sie Ihren Pullover gestalten wollen, handelt es sich bei den angegebenen Garnmengen nur um grobe Richtlinien mit reichlich Spielraum.

Die angegebene HF-Garnmenge reicht für einen Pullover mit wenig bis gar keiner Musterung.

Die KF-Lauflänge gibt einen Anhaltspunkt dafür, wie viel KF für eine komplett in KF gemusterte Rundpasse erforderlich ist (ohne HF).

Für weitere Einstrickmuster am Saum, den Bündchen oder über den gesamten Pullover ist eventuell mehr KF nötig.

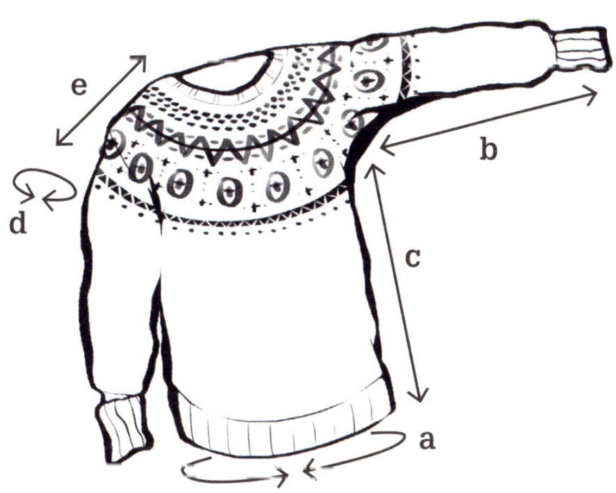

a Brustumfang
b Ärmellänge Achselhöhle bis Bündchen
c Körperlänge Achselhöhle bis Saum
d Oberer Ärmelumfang
e Tiefe der Passe auf der Vorderseite

Strange Brew: Wie geht das?

Sie wollen also einen tollen, individuellen Rundpassenpullover kreieren?

Das geht.

Mit der Strange-Brew-Methode ist das ganz leicht.

Folgen Sie einfach den Anweisungen, wir haben alles für Sie für 25 Größen ausgerechnet!

1. Wählen Sie Ihre Pullovergröße (Tipps S. 124).

2. Wählen Sie Ihr Garn (Tipps S. 126).

3. Wählen Sie die Designmethode, den Aufbau (Bottom-Up oder Top-Down) und die Motive (Einstrickmustervorlagen S. 128). Vergessen Sie nicht, die Musterung muss sich nicht auf die Rundpasse beschränken!

Denken Sie ein wenig über Änderungen (Tipps S. 124), Länge und Taillenformung nach und ob Sie mit verkürzten Reihen (S. 36) oder Steeken (S. 44) arbeiten wollen.

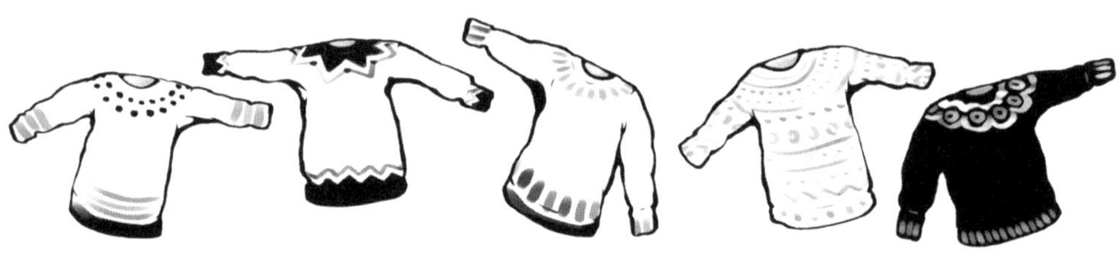

4. Stricken Sie statt der üblichen Maschenprobe gleich ein ganzes Probestück (S. 134) oder vielleicht eine Mütze (siehe S. 47).

5. Stricken Sie Ihren Pullover!

6. Waschen und blocken Sie Ihr Meisterstück (siehe Tipps S. 138).

7. Tragen Sie Ihr Werk mit Stolz und beginnen Sie mit dem nächsten ... Wetten, dass Sie es nicht bei einem belassen werden?

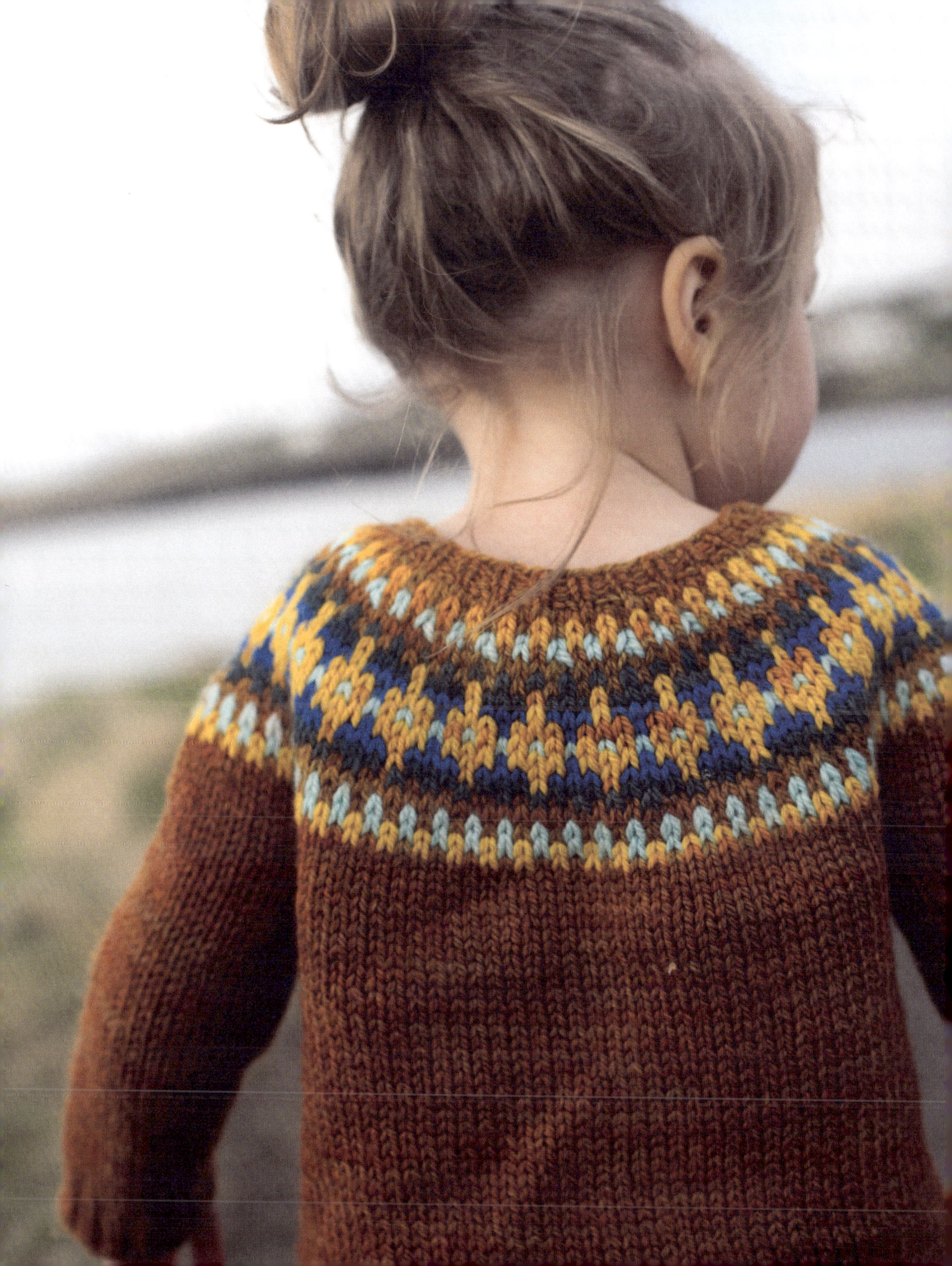

Rundpassenpullover – Methode

Bottom-Up (S. 20 f.)

Stricken Sie ihn von unten nach oben, um in Fahrt zu kommen! Nehmen Sie jetzt die Maschen auf und denken Sie über die Passe nach, während Sie entspannt den Körper und die Arme stricken. So bleiben Sie nicht auf der »Ärmel-Insel« stecken und sparen sich das Beste (nämlich die Einstrickmuster) für den Schluss auf!

Mit Bündchen am Halsausschnitt enden

Die Rundpasse stricken

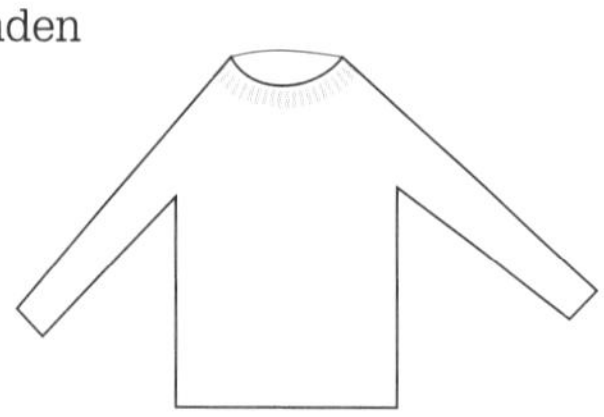

Optional: Formgebung durch verkürzte Reihen

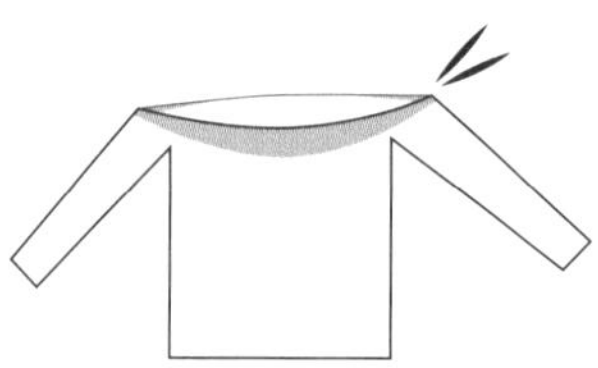

Zum Stricken der Passe Ärmel und Körper zusammenfügen

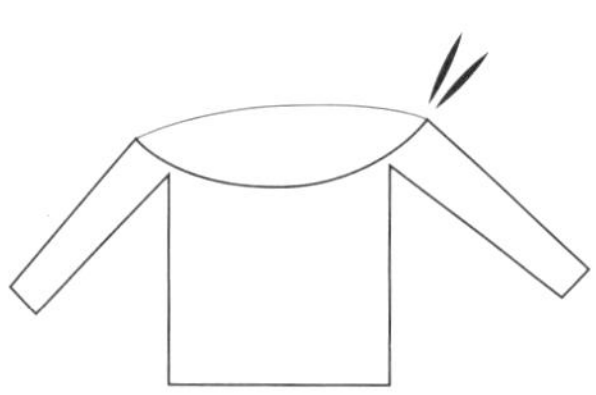

Den Körper stricken

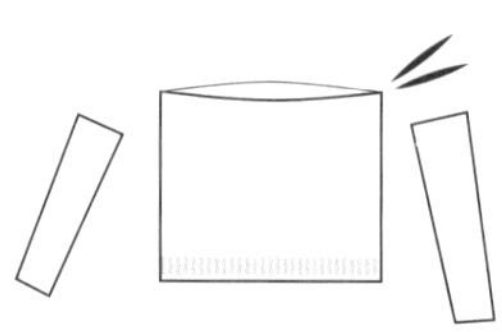

Mit einem Ärmel beginnen; das könnten Sie als Maschenprobe nehmen!

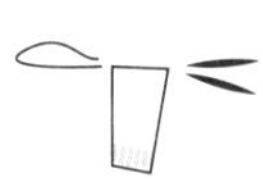

Top-Down (S. 31 f.)

Fangen Sie oben an, wenn Sie es nicht erwarten können, Ihren Passenentwurf auszuprobieren! Wenn Sie einmal mit der herrlichen Rundpasse fertig sind, werden Sie ein brennendes Verlangen spüren, Körper und Ärmel rasch fertigzustricken, und haben auch ein kinderleichtes Projekt, das Sie zum Strickabend mitnehmen können. Von oben begonnen ist es auch etwas leichter, Dinge spontan auszuprobieren und Längen anzupassen.

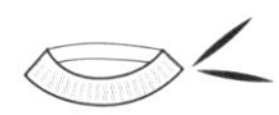

Mit Bündchen am Halsausschnitt starten

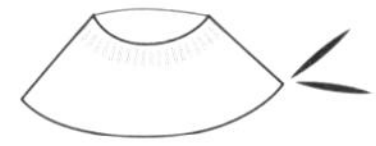

Die Rundpasse stricken

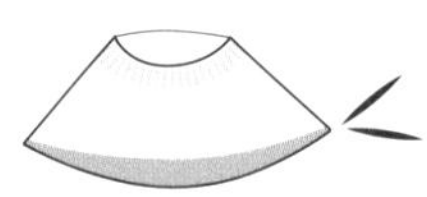

Optional: Formgebung durch verkürzte Reihen

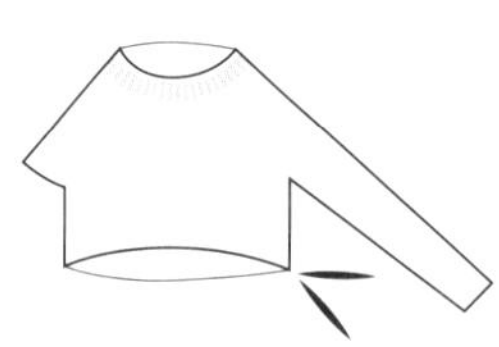

Aufteilung in Körper und Ärmel

Körper und Ärmel in Runden arbeiten

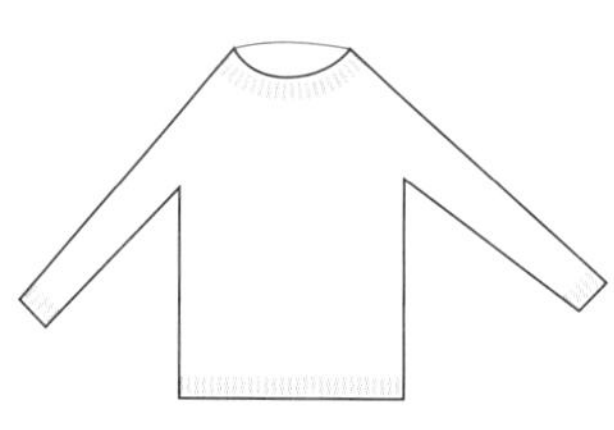

Körper und Ärmel fertigstellen

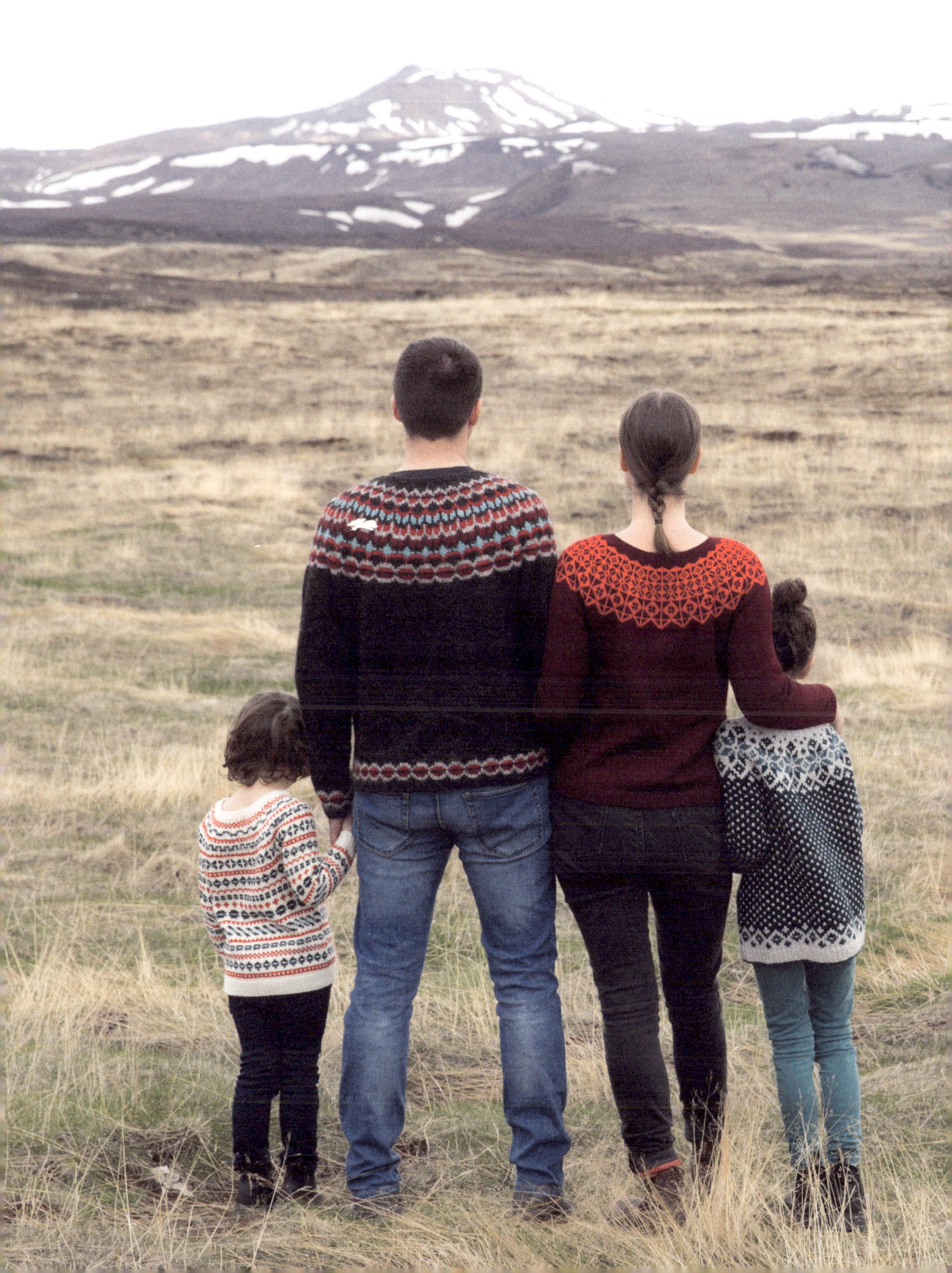

Rundpassendesign – Übersicht

Eine Rundpasse ist ein Schlauch, der von einer großen Maschenzahl auf Achselhöhle zu einer kleinen Maschenzahl am Halsausschnitt übergeht. Es gibt viele Möglichkeiten, eine Rundpasse zu gestalten!

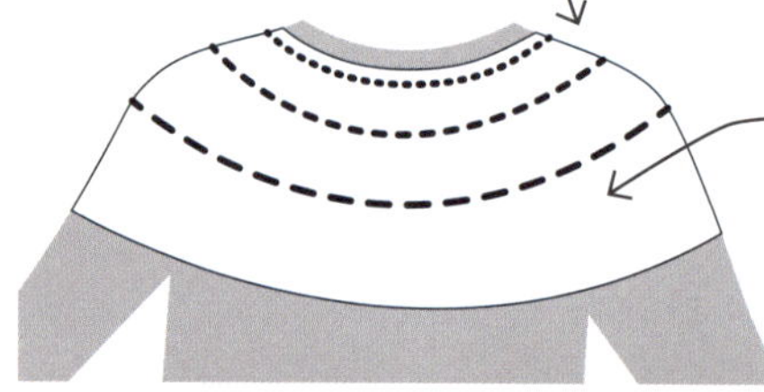

Gestaltung einer Rundpasse

Wenn Sie sich die normale Form Ihres Körpers von den Schultern bis zum Halsausschnitt ansehen, stellen Sie fest, dass die Maschenzahl über den Schultern langsamer und in Halsnähe schneller angepasst werden muss. Deshalb sitzen Rundpassen am besten, wenn die Maschenzahl direkt unterhalb des Halsausschnitts recht schnell angepasst wird. Als Faustregel gilt, dass die Maschenzahl für die untere Hälfte der Passe gleich oder fast gleich der gesamten Maschenzahl an der Übergangsstelle zwischen Körper und Passe ist.

Innerhalb dieser groben Parameter gibt es viel Spielraum. Die Rundpasse ist eine sehr flexible Palette, auf der Sie mit Farben spielen können!

Horizontal oder vertikal:

Die Kartographie- und Treck-Pullover haben einen horizontalen Musterstreifen.

Die Moräne- und Marschland-Pullover sind Beispiele für »Keil«-Muster mit einer ausgeprägten Anpassung über die gesamte Passe verteilt.

Anordnung der Muster:

Die Bergnebel- und Eiskaskaden-Pullover haben Muster innerhalb des Passenbereichs mit der vollen Maschenzahl, wobei oberhalb davon einfache Abnahmerunden in nur einer Farbe gearbeitet werden. So kann man auf einfache Art ein beeindruckendes Muster mit umfangreichem Rapport stricken.

Saum, Bündchen, Halsausschnitt:

Farbmuster im Körper sind kein Problem. Da die Maschenzahl für Strange Brew immer durch 12 teilbar ist, lassen sich alle Muster mit einem Rapport von 2, 3, 4, 6 oder 12 M gleichermaßen gut einstricken. Auch in die Bündchen lassen sich leicht Muster str. Die Maschenzahl für Bündchen, Saum und Halsausschnitt ist immer durch 4 teilbar, sodass verschiedene Rippenmuster (1x1, 2x2, 1x3) ohne weitere Anpassung funktionieren.

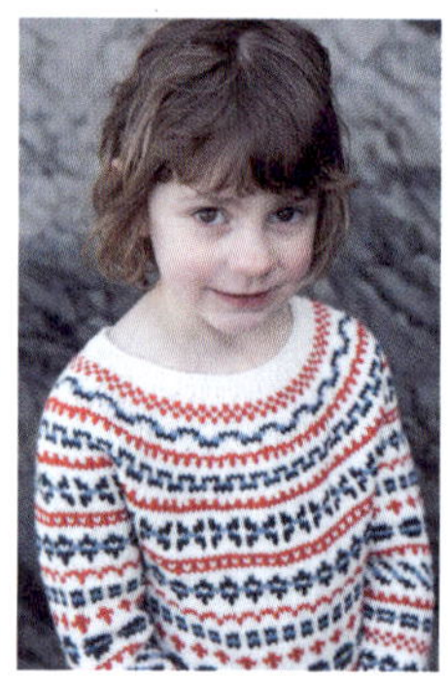
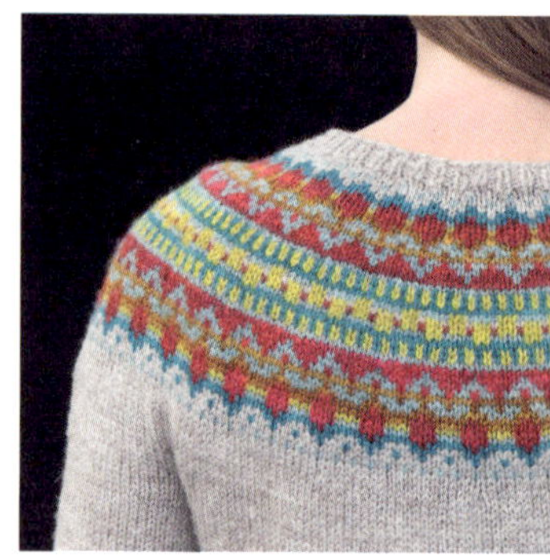
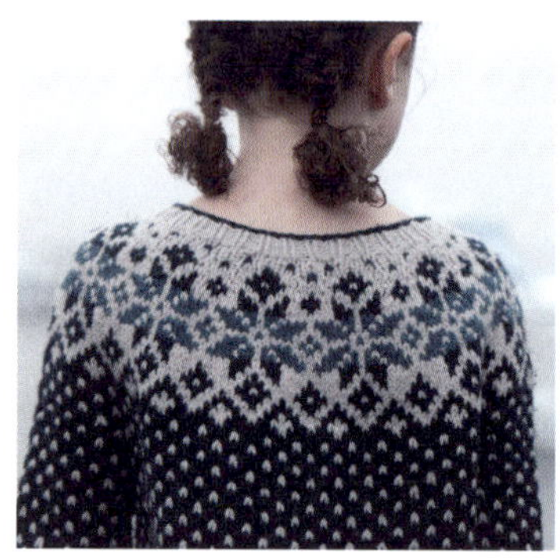
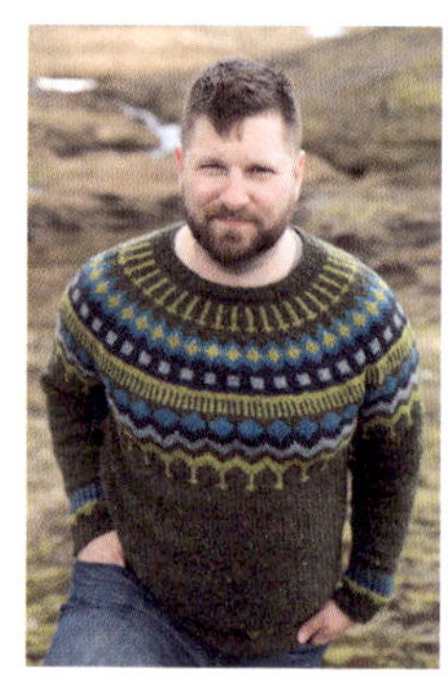
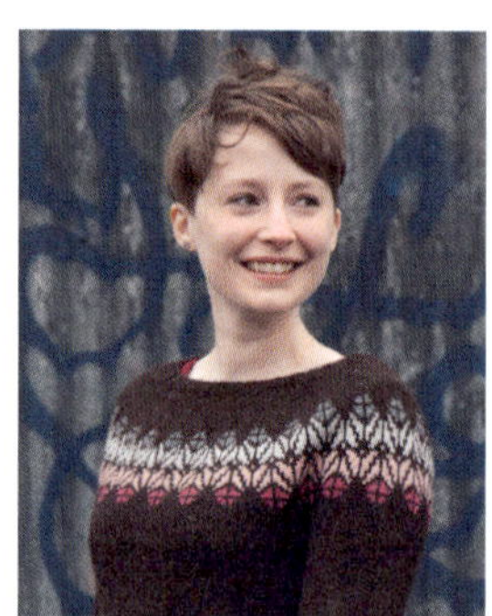
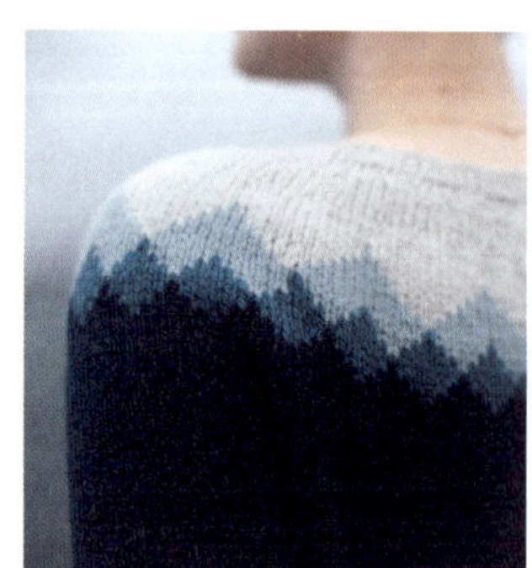

Details – Rundpassen-anleitungen

Strange Brew kann auf zweierlei Art verwendet werden:

Auf die einfache Art: Mit den beiden Strange-Brew-Grundtechniken Top-Down und Bottom-Up können Sie problemlos Ihre Lieblingsfarbmuster einarbeiten. Die Techniken teilen die Passe in drei Musterabschnitte (A, B, C / 1, 2, 3). Jeder Abschnitt hat eine durch 24 teilbare Maschenzahl, sodass jedes Muster mit 2, 3, 4, 6, 8, 12 oder 24 Maschen gleichermaßen passt!

Keil-Methode: Für manche Entwürfe wie etwa tiefe Muster, für die eine vertikale Anpassung erforderlich ist, sollten Sie die Keil-Methode in Betracht ziehen (siehe S. 40).

Alles ist dehnbar: Vergessen Sie nicht, Strickstücke sind dehnbar, und auch diese Zahlen sind nicht in Stein gemeißelt. Ein paar Runden mehr oder weniger in jedem Abschnitt schaden nicht. Wenn Sie ein Muster einarbeiten wollen, das nicht gleich passt, nehmen Sie einfach ein paar Maschen zu oder ab. Strange Brew ist als hilfreicher Startpunkt gedacht – lassen Sie Ihrer Kreativität freien Lauf!

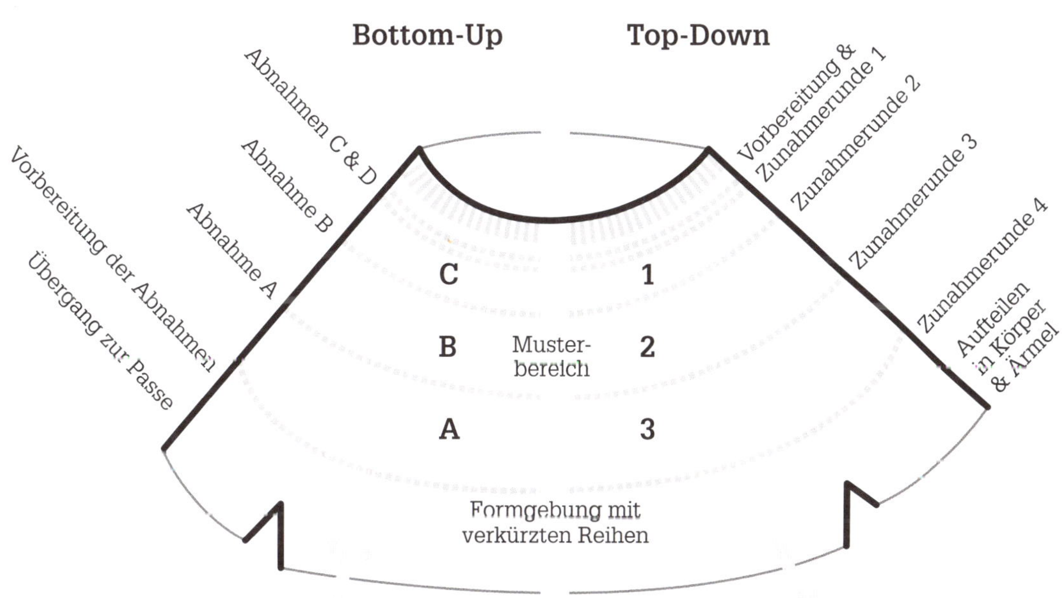

Anzahl der Maschen an der Übergangsstelle zwischen Körper und Passe:

Mittel: 120 (132, 148, 156, 172, 180, 180, **200, 216, 224, 228, 240, 264, 288, 300, 312, 336, 360**, *240, 272, 288, 312, 324, 360, 384*)
Dünn: [144 (160, 176, 192, 208, 228, 240, **244, 252, 268, 280, 300, 324, 348, 360, 384, 416, 448**, *296, 336, 364, 388, 420, 436, 468)*
Socken: [168 (180, 196, 224, 240, 248, 264, **288, 304, 324, 336, 344, 384, 408, 432, 456, 504, 540**, *352, 384, 416, 468, 504, 532, 560)*

Maschen am Halsausschnitt:

Mittel: 56 (60, 64, 72, 72, 76, 76, **80, 84, 84, 88, 88, 88, 88, 92, 92, 92, 96**, *88, 88, 88, 96, 96, 96, 96*)
Dünn: 68 (72, 80, 88, 88, 88, 96, **96, 100, 100, 104, 104, 108, 108, 108, 108, 108, 108**, *104, 104, 108, 108, 112, 112, 112)*
Socken: 80 (88, 88, 96, 96, 108, 108, **116, 120, 120, 120, 128, 128, 128, 132, 132, 132, 132**, *128, 128, 128, 136, 136, 136, 140)*

Gesamtzahl der Runden zwischen dem Übergang zwischen Passe & Körper und dem Rippenmuster am Halsausschnitt (dabei sind die 4-5 Zunahme-/Abnahmerunden enthalten):

Mittel: 18 (18, 20, 22, 24, 26, 28, **33, 35, 37, 39, 41, 41, 43, 45, 49, 55, 57**, *39, 43, 47, 55, 61, 63, 65)*
Dünn: 20 (22, 26, 28, 32, 34, 38, **44, 45, 49, 51, 53, 53, 55, 57, 63, 71, 73**, *51, 57, 61, 71, 75, 79, 83)*
Socken: 22 (26, 28, 32, 36, 38, 42, **49, 52, 54, 57, 59, 61, 63, 65, 73, 79, 83**, *57, 65, 69, 79, 85, 89, 93)*

Angleichung der Muster

Der Übergang, wo eine Runde mit farbigem Einstrickmuster endet und die nächste beginnt, kann etwas unordentlich aussehen. In Strange Brew bieten wir zwei Optionen dafür an: hintere Mitte oder Schulterrückseite. Welche passt am besten zu Ihrem Design?

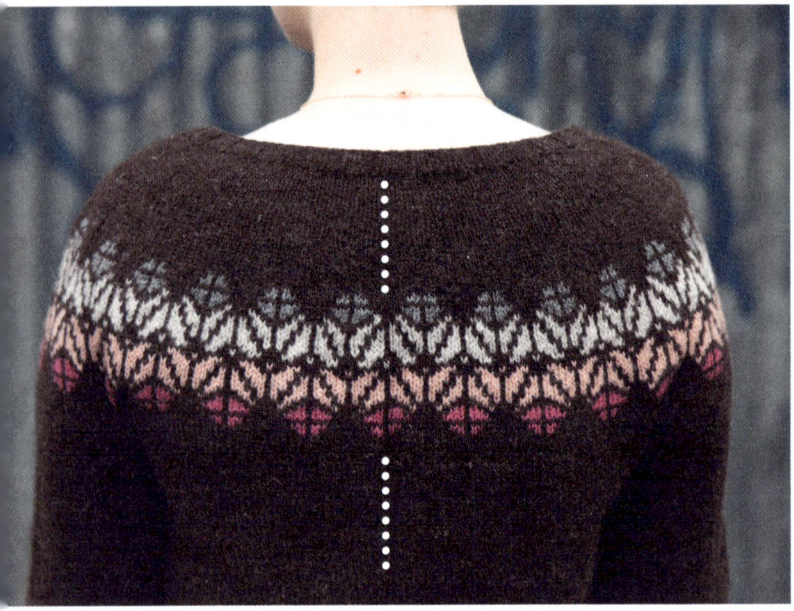

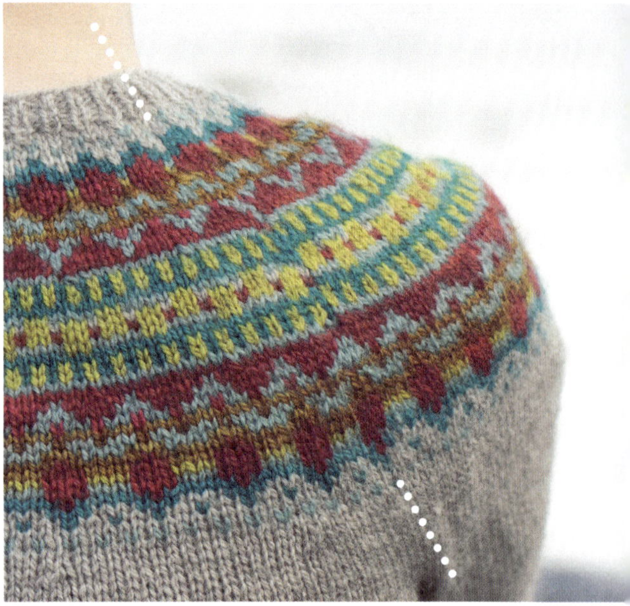

Die hintere Mitte hilft bei der Angleichung der Muster:

Eiskaskade (S. 83) ist ein Design mit großem Musterrapport, weshalb eine Anpassung in der vorderen und hinteren Mitte wichtig ist. Wenn sich Ihr Rundenanfang (RA) in der hinteren Mitte befindet, ist eine Angleichung der Muster in der vorderen Mitte gewährleistet. Das ist wesentlich, wenn Sie eine kleine Anzahl von Mustern mit großem Rapport nehmen. Wenn Sie an der Rundpasse Ihres Pullovers viele Muster mit kleinem Rapport verwenden, wie z.B. bei Treck, fällt es im Allgemeinen nicht auf.

Die Schulterrückseite ist etwas unauffälliger:

Treck (S. 92) hat rund um die Passe Muster mit kleinem Rapport. Wenn sich der RA an der hinteren Schulter befindet, hat das den Vorteil, dass der Übergang etwas weniger auffällt als in der Mitte des Körpers. Bei Mustern mit »Durchschüssen« in der Hauptfarbe (HF) zwischen den KF-Mustern ist das weniger wichtig, während es bei den Designs mit kleinem Rapport und horizontalen Linien stärker auffällt.

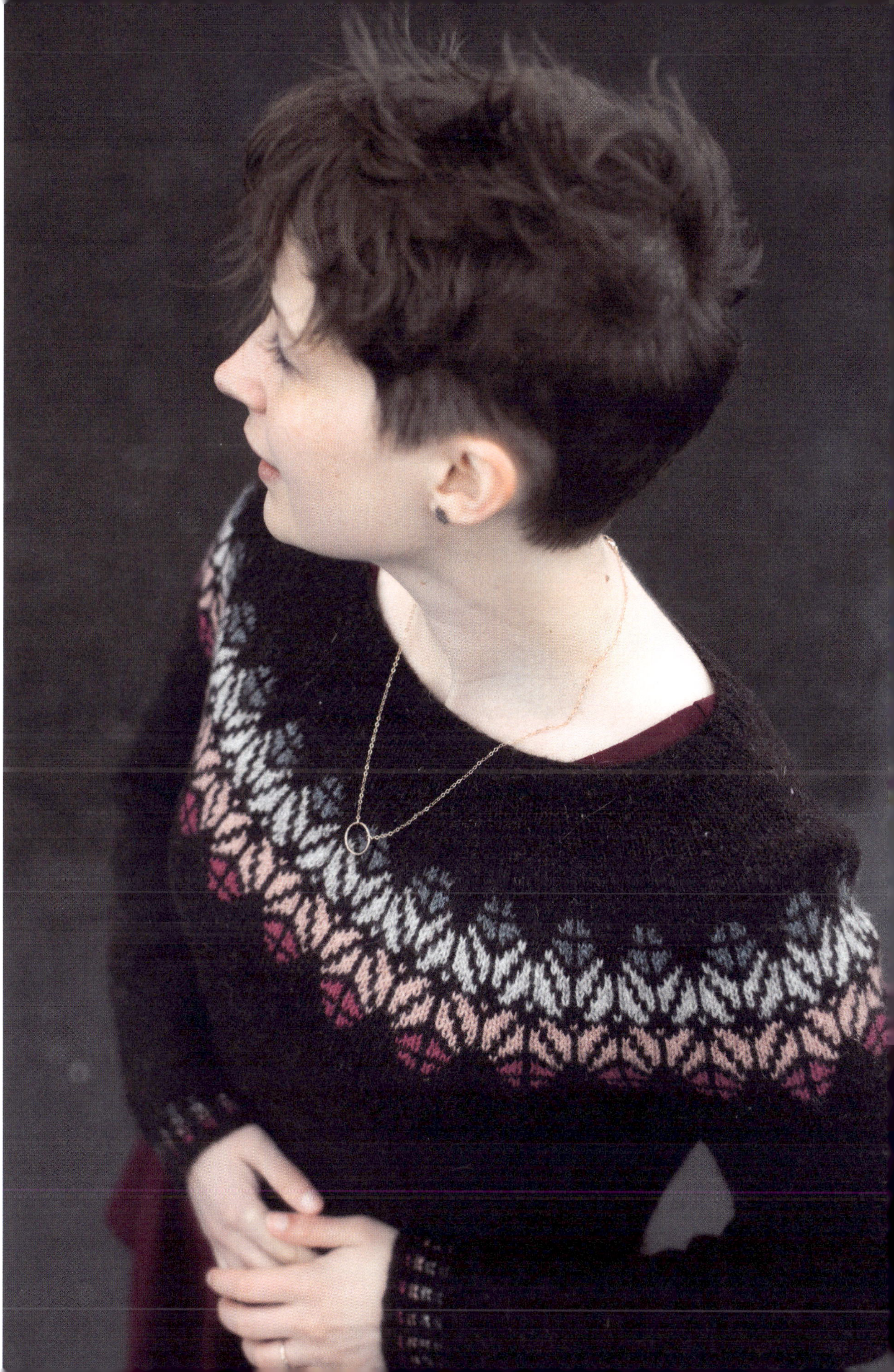

Bottom-Up: Ärmel

Beginnen Sie hier mit Ihrem Bottom-Up-Pullover!
Nicht vergessen, Sie können einen Ärmel als Maschenprobe nutzen (siehe S. 135).

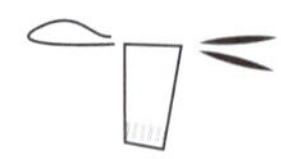

Ärmel:

Mit dünneren Nadeln M locker anschlagen:

Mittel: 24 (24, 28, 28, 28, 32, 32, **36, 36, 40, 40, 44, 44, 48, 48, 48, 48, 48,** *40, 44, 48, 48, 52, 52, 52*) M

Dünn: 28 (28, 32, 32, 36, 36, 40, **44, 44, 48, 48, 52, 52, 56, 56, 56, 60, 60,** *48, 52, 56, 60, 64, 64, 64*) M

Socken: 36 (36, 36, 40, 40, 44, 48, **52, 52, 56, 56, 60, 60, 64, 64, 68, 72, 72,** *60, 64, 68, 72, 76, 76, 76*) M

RA-Markierer einsetzen und zur Runde schließen. Im Rippenmuster str, bis das Strickstück für Kinder-, (**Damen-**, *Herrengrößen)* ab Beginn 4 cm (5 cm, 5 cm) misst. Die Nadeln gegen dickere tauschen und 2 Runden str. Die erste Masche der Runde ist die Mittellinie der Achsel-Maschen.

Zunahmerunde: 2r, 1M, bis 1 M vor Ende str, 1M, 1r [2 M zun]

5 (5, 5, 5, 5, 5, 5, **5, 5, 5, 5, 5, 5, 5, 5, 5, 4, 4,** *5, 5, 5, 5, 5, 4, 3*) Runden str.

Diese 6 (6, 6, 6, 6, 6, 6, **6, 6, 6, 6, 6, 6, 6, 6, 6, 5, 5,** *6, 6, 6, 6, 6, 5, 4*) Runden insgesamt:

Mittel: 2 (4, 3, 5, 6, 5, 7, **7, 8, 7, 8, 6, 9, 10, 12, 14, 16, 19,** *11, 13, 14, 16, 16, 19, 22*) mal. [28 (32, 34, 38, 40, 42, 46, **50, 52, 54, 56, 56, 62, 68, 72, 76, 80, 86,** *62, 70, 76, 80, 84, 90, 96*) Oberarm-Maschen]

Dünn: 3 (4, 5, 6, 7, 9, 7, **8, 9, 8, 10, 10, 13, 13, 15, 18, 20, 22,** *14, 16, 17, 20, 20, 22, 26*) mal. [34 (36, 42, 44, 50, 54, 54, **60, 62, 64, 68, 72, 78, 82, 86, 92, 100, 104,** *76, 84, 90, 100, 104, 108, 116*) Oberarm-Maschen]

Socken: 3 (5, 6, 8, 9, 8, 7, **10, 11, 11, 13, 12, 16, 17, 19, 19, 23, 26,** *15, 17, 19, 21, 24, 27, 30*) mal. [42 (46, 48, 56, 58, 60, 62, **72, 74, 78, 82, 84, 92, 98, 102, 106, 118, 124,** *90, 98, 106, 114, 124, 130, 136*) Oberarm-Maschen]

Alle Runden str, bis der Ärmel 15 (17,5, 20,5, 25,5, 30,5, 33, 38, **40,5, 43, 45,5, 45,5, 48, 48, 48, 48, 51, 51, 51,** *45,5, 48, 51, 53,5, 53,5, 53,5, 53,5)* cm ab Anschlag misst (oder die gewünschte Länge bis zur Achsel).

Ärmel fürs Zusammenfügen mit der Passe vorbereiten:

Mittel: Weitere 3 (4, 4, 4, 4, 5, 6, **6, 6, 7, 7, 7, 7, 7, 8, 9, 10, 10,** *7, 8, 9, 10, 11, 11, 11*) über den RA-Markierer hinaus str und die 5 (7, 7, 7, 7, 9, 11, **11, 11, 13, 13, 13, 13, 13, 15, 17, 19, 19,** *13, 15, 17, 19, 21, 21, 21*) gearbeiteten M davor für die Achsel stilllegen. Die verbliebenen 23 (25, 27, 31, 33, 33, 35, **39, 41, 41, 43, 43, 49, 55, 57, 59, 61, 67,** *49, 55, 59, 61, 63, 69, 75*) M für die Passe separat stilllegen.

Dünn: Weitere 3 (3, 4, 4, 5, 5, 5, **6, 7, 7, 8, 8, 8, 9, 10, 10, 11, 11,** *8, 8, 9, 10, 10, 12, 13*) M über den RA-Markierer hinaus str und die 5 (5, 7, 7, 9, 9, 9, **11, 13, 13, 15, 15, 15, 17, 19, 19, 21, 21,** *15, 15, 17, 19, 19, 23, 25*) gearbeiteten M davor für die Achsel stilllegen. Die verbliebenen 29 (31, 35, 37, 41, 45, 45, **49, 49, 51, 53, 57, 63, 65, 67, 73, 79, 83,** *61, 69, 73, 81, 85, 85, 91*) M für die Passe separat stilllegen.

Socken: Weitere 5 (6, 6, 6, 6, 7, 7, **8, 8, 8, 9, 10, 10, 10, 11, 12, 12, 12,** *9, 10, 11, 11, 12, 13, 14*) M über den RA-Markierer hinaus str und die 9 (11, 11, 11, 11, 13, 13, **15, 15, 15, 17, 19, 19, 19, 21, 23, 23, 23,** *17, 19, 21, 21, 23, 25, 27*) gearbeiteten M davor für die Achsel stilllegen. Die verbliebenen 33 (35, 37, 45, 47, 47, 49, **57, 59, 63, 65, 65, 73, 79, 81, 83, 95, 101,** *73, 79, 85, 93, 101, 105, 109*) M für die Passe separat stilllegen.

Das Garn abschneiden und einen langen Faden an der Achsel zum Vernähen hängen lassen.

Mit den Anweisungen für den Körper (S. 21) fortfahren.

Bottom-Up: Körper

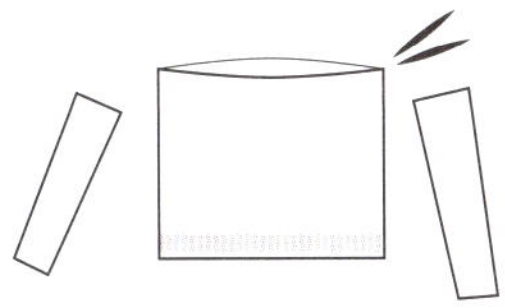

Körper:

Mit dünneren Nadeln M locker anschlagen:

Mittel: 84 (96, 108, 108, 120, 132, 132, **144, 156, 168, 168, 180, 192, 204, 216, 228, 252, 264,** *168, 192, 204, 228, 240, 264, 276*) M.

Dünn: 96 (108, 120, 132, 144, 156, 168, **168, 180, 192, 204, 216, 228, 252, 264, 276, 300, 324,** *204, 228, 252, 264, 288, 312, 336*) M.

Socken: 120 (132, 144, 156, 168, 180, 192, **204, 216, 228, 240, 252, 276, 288, 312, 336, 360, 384,** *240, 264, 288, 324, 348, 372, 396*) M.

Markierer einsetzen, zur Runde schließen. Im Rippenmuster str, bis das Strickstück ab Anschlag für Kinder-, (**Damen**-, *Herren*-)Größen 4 cm (5 cm, 5 cm) misst. Mit dickeren Nadeln fortfahren und entweder den Körper gerade hochstricken oder die Taille formen, so wie untenstehend beschrieben.

Gerader Körper:

Rechts str, bis Körper 17,5 (20,5, 22,5, 25,5, 28, 30,5, 33, **38, 38, 40,5, 40,5, 43, 45,5, 48, 48, 51, 51, 51,** *45,5, 45,5, 48,5, 51, 51, 53,5, 53,5*) cm ab Anschlag misst (oder gewünschte Länge bis Achsel).

Mit Taillenformung:

Damengröße XS (S, SM, M, ML, L, LXL, XL, XXL, 3XL, 4XL), arbeiten Sie die Taillenform wie folgt:

Rechts str, bis der Körper **12 (12, 14,5, 13,5, 16, 16,5, 19, 19, 19, 18,5, 18,5)** cm ab Anschlag misst.

Vorbereitungsrunde:

Mittel: 72r (78, 84, 84, 90, 96, 102, 108, 114, 126, 132), ME, bis zum Ende str.

Dünn: 84r (90, 96, 102, 108, 114, 126, 132, 138, 150, 162), ME, bis zum Ende str.

Socken: 102r (108, 114, 120, 126, 138, 144, 156, 168, 180, 192), ME, bis zum Ende str.

Abnahmerunde: [2r, 2MrabhV, bis 3 M vor dem Markierer str, 2Mzus, 1r, MV] 2-mal [4 M abn]

Mittel: 9 Rd str.
Dünn: 8 Rd str.
Socken: 9 Rd str.

Mittel: Diese 10 Rd insg. 3-mal str. [**132 (144, 156, 156, 168, 180, 192, 204, 216, 240, 252)** M]

Dünn: Diese 9 Rd insg. 4-mal str. [**152 (164, 176, 188, 200, 212, 236, 248, 260, 284, 308)** M]

Socken: Diese 10 Rd insg. 4-mal str. [**188 (200, 212, 224, 236, 260, 272, 296, 320, 344, 368)** M]

Zunahmerunde: [3r, 1M, bis 2 M vor dem Markierer str, 1M, 2r] zweimal [4 M zun]

Mittel: 7 Rd str.
Dünn: 6 Rd str.
Socken: 7 Rd str.

Mittel: Diese 8 Rd insg. 3-mal str [Maschenzahl entspricht Anschlag].

Dünn: Diese 7 Rd insg. 4-mal str [Maschenzahl entspricht Anschlag].

Socken: Diese 8 Rd insg. 4-mal str [Maschenzahl entspricht Anschlag].

Rechts str, bis der Körper **38 (38, 40,5, 40,5, 43, 45,5, 48,5, 48,5, 51, 51, 51)** cm ab Anschlag misst (oder gewünschte Länge bis zur Achsel).

Zusammenfügen mit der Passe vorbereiten:

Mittel: Weitere 3 (4, 4, 4, 4, 5, 6, **6, 6, 7, 7, 7, 7, 7, 8, 9, 10, 10,** *7, 8, 9, 10, 11, 11, 11*) M über den RA-Markierer hinaus str und die 5 (7, 7, 7, 7, 9, 11, **11, 11, 13, 13, 13, 13, 13, 15, 17, 19, 19,** *13, 15, 17, 19, 21, 21, 21*) gearbeiteten M davor für rechte Achsel stilllegen.

Dünn: Weitere 3 (3, 4, 4, 5, 5, 5, **6, 7, 7, 8, 8, 8, 9, 10, 10, 11, 11,** *8, 8, 9, 10, 10, 12, 13*) M über den RA-Markierer hinaus str und die 5 (5, 7, 7, 9, 9, 9, **11, 13, 13, 15, 15, 15, 17, 19, 19, 21, 21,** *15, 15, 17, 19, 19, 23, 25*) gearbeiteten M davor für rechte Achsel stilllegen.

Socken: Weitere 5 (6, 6, 6, 6, 7, 7, **8, 8, 8, 9, 10, 10, 10, 11, 12, 12, 12,** *9, 10, 11, 11, 12, 13, 14*) M über den RA- Markierer hinaus str und die 9 (11, 11, 11, 11, 13, 13, **15, 15, 15, 17, 19, 19, 19, 21, 23, 23, 23,** *17, 19, 21, 21, 23, 25, 27*) gearbeiteten M davor für rechte Achsel stilllegen.

Weiter mit der **Anleitung für die Verbindung zur Passe (S. 22).**

Bottom-Up: Die Verbindung zur Passe

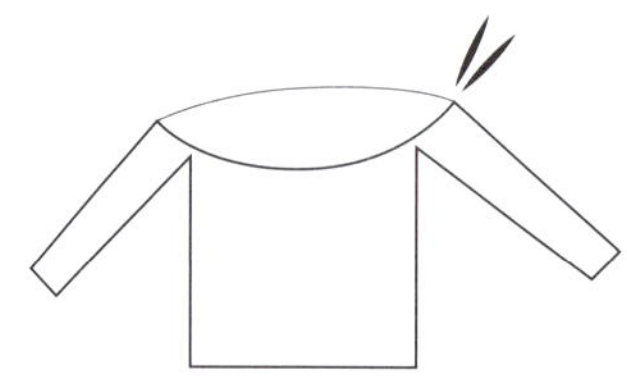

Verbindungsrunde:

Diese Anleitung zeigt Ihnen, wie Körper und Ärmel auf einer einzigen Nadel zusammengefügt werden, um die Ausarbeitung der Passe vorzubereiten. Stricken Sie die folgende Anzahl von Körper-M, wobei Sie mit den Körper-M links von den stillgelegten rechten Achsel-M beginnen:

Mittel: 37 (41, 47, 47, 53, 57, 55, **61, 67, 71, 71, 77, 83, 89, 93, 97, 107, 113,** *71, 81, 85, 95, 99, 111, 117*) Rücken-M.

Dünn: 43 (49, 53, 59, 63, 69, 75, **73, 77, 83, 87, 93, 99, 109, 113, 119, 129, 141,** *87, 99, 109, 113, 125, 133, 143*)Rücken-M.

Socken: 51 (55, 61, 67, 73, 77, 83, **87, 93, 99, 103, 107, 119, 125, 135, 145, 157, 169,** *103, 113, 123, 141, 151, 161, 171*) Rücken-M.

Legen Sie als nächstes folgende Anzahl von Körper-M für die linke Achsel still:

Mittel: 5 (7, 7, 7, 7, 9, 11, **11, 11, 13, 13, 13, 13, 13, 15, 17, 19, 19,** *13, 15, 17, 19, 21, 21, 21*) Achsel-M.

Dünn: 5 (5, 7, 7, 9, 9, 9, **11, 13, 13, 15, 15, 15, 17, 19, 19, 21, 21,** *15, 15, 17, 19, 19, 23, 25*) Achsel-M.

Socken: 9 (11, 11, 11, 11, 13, 13, **15, 15, 15, 17, 19, 19, 19, 21, 23, 23, 23,** *17, 19, 21, 21, 23, 25, 27*) Achsel-M.

Die stillgelegten Maschen von einem der Ärmel str (alle außer den für die Achsel stillgelegten Maschen).

Die Vorderseite bis zu den stillgelegten Achsel-M wie die Rückseite stricken.

Die stillgelegten Maschen für den zweiten Ärmel str (alle außer den für die Achsel stillgelegten Maschen).

Den Markierer für den Muster-RA einsetzen, der sich zwischen dem rechten Ärmel und den Rücken-Maschen befindet.

Nach der Verbindungsrunde zur Passe haben Sie:

Mittel: [120 (132, 148, 156, 172, 180, 180, **200, 216, 224, 228, 240, 264, 288, 300, 312, 336, 360,** *240, 272, 288, 312, 324, 360, 384*) Rundpassen-M]

Dünn: [144 (160, 176, 192, 208, 228, 240, **244, 252, 268, 280, 300, 324, 348, 360, 384, 416, 448,** *296, 336, 364, 388, 420, 436, 468*) Rundpassen-M]

Socken: [168 (180, 196, 224, 240, 248, 264, **288, 304, 324, 336, 344, 384, 408, 432, 456, 504, 540,** *352, 384, 416, 468, 504, 532, 560*) Rundpassen-M]

Vorbereitungsrunde Hintere Mitte (hM):

Sie benötigen den hM-Markierer später u.a. auch noch für die Formgebung mit verkürzten Reihen.

Mittel: 18r (20, 23, 23, 26, 28, 27, **30, 33, 35, 35, 38, 41, 44, 46, 48, 53, 56,** *35, 40, 42, 47, 49, 55, 58*), ME für hintere Mitte (hM), bis RA str.

Dünn: 21r (24, 26, 29, 31, 34, 37, **36, 38, 41, 43, 46, 49, 54, 56, 59, 64, 70,** *43, 49, 54, 56, 62, 66, 71*), ME für hintere Mitte (hM), bis RA st.

Socken: 25r (27, 30, 33, 36, 38, 41, **43, 46, 49, 51, 53, 59, 62, 67, 72, 78, 84,** *51, 56, 61, 70, 75, 80, 85*), ME für hintere Mitte (hM), bis RA str.

Formgebung durch verkürzte Reihen?

Für die Formgebung mit verkürzten Reihen fahren Sie bitte mit der Anleitung auf S. 23 fort. Alternativ können Sie zur Angleichung der Muster und der Passenvorbereitung (S. 24) weitergehen.

Bottom-Up: verkürzte Reihen

Mithilfe von verkürzten Reihen können Sie, falls gewünscht, die Passform etwas verbessern, indem Sie den hinteren Halsausschnitt im Vergleich zur Vorderseite erhöhen.

Wenn Sie einen Kinderpulli stricken, wollen Sie vielleicht doch lieber einen symmetrischen Pulli, der mit beiden Seiten nach vorne getragen werden kann.

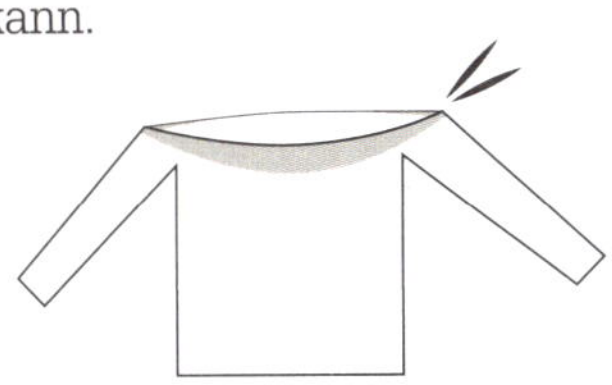

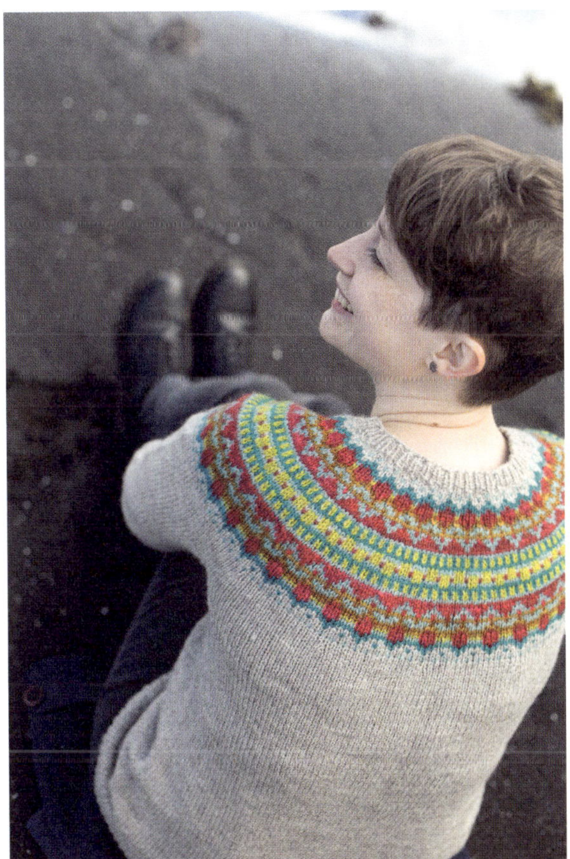

Formgebung mit verkürzten Reihen:

Lassen Sie den RA-Markierer wo er ist und stricken Sie bis zum hM-Markierer. Die erste Masche nach dem hM-Markierer ist die hintere Mittelmasche, über welche die verkürzten Reihen symmetrisch gearbeitet werden.

Vorbereitungsreihe 1 (RS):

Mittel: 30r (30, 38, 38, 37, 37, 37, **36, 44, 44, 44, 52, 51, 59, 59, 67, 67, 75,** *43, 51, 59, 67, 67, 75, 83*), W&W

Dünn: 38r (38, 37, 45, 36, 44, 52, **43, 43, 51, 51, 59, 58, 66, 74, 82, 73, 81,** *50, 66, 74, 73, 73, 81, 89*), W&W

Socken: 46r (46, 45, 53, 52, 52, 60, **59, 59, 67, 66, 66, 74, 82, 81, 89, 105, 113,** *66, 82, 81, 89, 105, 113, 121*), W&W

Vorbereitungsreihe 2 (LS): links bis hM, MV, eine Masche weniger links abstricken als in Vorbereitungsreihe 1, W&W.

Hinweis: Während der gesamten verkürzten Reihen die hM- und RA-Markierer von der einen auf die andere Nadel versetzen, wenn Sie sie erreichen.

Verkürzte Reihe 3 (RS): Bis zur Wickelmasche r str, die Wickelmasche zusammen mit der Umwicklung abstricken, 8r, W&W

Verkürzte Reihe 4 (LS): Bis zur Wickelmasche l str, die Wickelmasche zusammen mit der Umwicklung abstricken, 8l, W&W.

Stricken Sie die verkürzten Reihen 3–4 insg.:

Mittel: 1 (1, 1, 1, 2, 2, 2, **3, 3, 3, 3, 3, 4, 4, 4, 4, 4, 4,** *4, 4, 4, 4, 4, 4, 4*)-mal.

Dünn: 1 (1, 2, 2, 3, 3, 3, **4, 4, 4, 4, 4, 5, 5, 5, 5, 6, 6,** *5, 5, 5, 6, 6, 6, 6*)-mal.

Socken: 1 (1, 2, 2, 3, 3, 3, **4, 4, 4, 5, 5, 5, 5, 6, 6, 6, 6,** *5, 5, 6, 6, 6, 6, 6*)-mal.

Nächste Runde (RS): Bis zum hM-Markierer r str, dann eine Runde r str und dabei alle Wickelmaschen aufnehmen und mit ihrer Umwicklung zusammen abstricken.

Fahren Sie mit der Angleichung der Muster auf S. 24 fort.

Bottom-Up: Aufbau der Passe

Angleichung der Muster:

Bei Mustern mit kurzem Rapport kann der Rundenanfang eine unordentliche »Stolperstelle« in der bunten Musterung sein. Sie können diese Stelle auf dem hinteren Rücken platzieren (das kann dazu beitragen, dass sich die Muster automatisch an der vorderen Mitte ausrichten) oder zwischen den Maschen für den rechten Ärmel und der Rückseite (damit ist die Verbindungsstelle etwas unauffälliger). Für mehr Infos siehe S. 24.

Falls erforderlich, stricken Sie jetzt bis zu Ihrem gewählten RA-Punkt. Danach führen Sie für die Vorbereitung der Passe die nachfolgenden Abnahmen durch.

Abnahme für die Vorbereitung der Rundpasse:

In dieser Runde werden alle Maschenzahlen auf ein Vielfaches von 24 M gebracht, damit alle Muster mit 2, 3, 4, 6, 8, 12 oder 24 M passen.

Mittel:

0–6 Mo (**Damengröße S, ML, L, LXL, XXL**, *Herrengröße* S, L, XL): 1 Runde str.

6–12 Mo (1–2 J, 2–4 J, 4–6 J, 6–8 J, 8–10 J, **Damengröße XS, SM, M, XL, 3XL, 4XL**, *Herrengröße M, XXL, 3XL, 4XL*): [9r (35, 11, 41, 13, 13, **23, 26, 17, 23, 12, 13**, *32, 25, 13, 14*), 2Mzus] ringsherum [120 (120, 144, 144, 168, 168, 168, **192, 216, 216, 216, 240, 264, 288, 288, 312, 312, 336**, *240, 264, 288, 312, 312, 336, 360*) M]

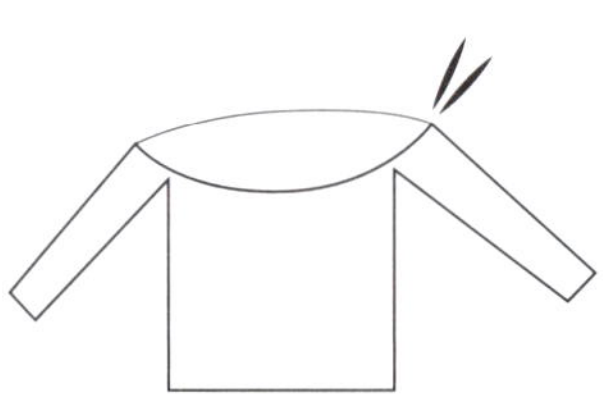

Dünn:

0–6 Mo (2–4 J, 8–10 J, **Damengröße XL, XXL**, *Herrengröße M)*: 1 Runde str.

6–12 Mo (1–2 J, 4–6 J, 6–8 J, **Damengröße XS, S, SM, ML, L, LXL, 3XL**, *Herrengröße S, L, XL, 4XL)*: [8r (20, 11, 17, **59, 19, 65, 23, 25, 27, 11**, *35, 89, 95, 11*), 2Mzus] ringsherum

Damengröße M: [15r, 2Mzus, 16r, 2Mzus] ringsherum

Damengröße 4XL: 8r, [9r, 2Mzus] bis zum Ende

Herrengröße XXL: 6r, [9r, 2Mzus, 10r, 2Mzus] bis zum Ende

Herrengröße 3XL: 2r, [13r, 2Mzus, 14r, 2Mzus] bis zum Ende

[144 (144, 168, 192, 192, 216, 240, **240, 240, 264, 264, 288, 312, 336, 360, 384, 384, 408**, *288, 336, 360, 384, 384, 408, 432*) M]

Socken:

0–6 Mo (4–6 J, 8–10 J, **Damengröße XL, M**, *Herrengröße M*): 1 Runde str.

6–12 Mo (1–2 J, 2–4 J, 6–8 J, 8–10 J, **Damengröße S, SM, ML, L, LXL, XL, XXL, 3XL, 4XL**, *Herrengröße S, L, XL, XXL, 3XL)*: [13r (47, 26, 29, **17, 25, 41, 14, 15, 16, 17, 19, 13**, *20, 50, 11, 19, 17)*, 2Mzus] ringsherum

Herrengröße 4XL: [15r, 2Mzus, 16r, 2Mzus] ringsherum

[168 (168, 192, 216, 240, 240, 264, **288, 288, 312, 336, 336, 360, 384, 408, 432, 480, 504**, *336, 384, 408, 432, 480, 504, 528)* M]

Bottom-Up: Passe

Musterabschnitt A:

Stricken Sie ungefähr:

Mittel: 8 (8, 8, 8, 10, 12, 12, **14, 16, 16, 16, 18, 18, 20, 20, 24, 24, 26**, *18, 20, 22, 28, 28, 30, 32*) Rd in Farbmustern oder HF.

Dünn: 8 (8, 10, 10, 14, 16, 18, **20, 20, 22, 24, 24, 26, 26, 28, 30, 34, 36**, *24, 26, 28, 34, 36, 38, 40*) Rd in Farbmustern oder HF.

Socken: 8 (12, 14, 14, 16, 18, 20, **22, 24, 26, 26, 28, 28, 30, 30, 34, 36, 38**, *26, 30, 32, 38, 40, 42, 44*) Rd in Farbmustern oder HF.

Tipp: Möglicherweise wollen Sie die ersten paar Rd nach der Verbindung zur Passe in HF arbeiten, damit das Muster an der Achsel nicht reingezogen wird. Auch die letzte Runde vor den Abnahmen stricken Sie vielleicht lieber in HF, damit die Abnahme sich nicht auf die Musterung auswirkt.

Abnahmerunde A:

Mittel:

0–6 Mo (6–12 Mo, 1–2 J, 2–4 J, 4–6 J, 6–8 J, 8–10 J, **Damengröße XS, S, SM, M, ML, LXL, XL**, *Herrengröße S, L, 4XL*): [3r (3, 4, 4, 5, 5, 5, **6, 7, 7, 7, 3, 2, 2**, *3, 2, 1*), 2Mzus] ringsherum

Damengröße L *(Herrengröße M)*: [3r, 2Mzus, 4r, 2Mzus] ringsherum

Damengröße XXL (3XL): [(1r, 2Mzus) 3-mal, 2r, 2Mzus] ringsherum

Damengröße 4XL *(Herrengröße 3XL)*: [1r, 2Mzus, 2r, 2Mzus] ringsherum

Herrengröße XL (XXL): [2r, 2Mzus, 2r, 2Mzus, 3r, 2Mzus] ringsherum

[96 (96, 120, 120, 144, 144, 144, **168, 192, 192, 192, 192, 216, 216, 216, 216, 216, 240**, *192, 216, 216, 240, 240, 240, 240)* M]

Dünn:

0–6 Mo (6–12 Mo, 1–2 J, 2–4J, 4–6 J, 8–10 J, **Damengröße XS, S, ML, XXL, 3XL**, *Herrengröße S, 4XL*): [4r (4, 5, 6, 6, 3, **3, 3, 2, 2, 2**, *2, 1*), 2Mzus] ringsherum

6–8 J: [2r, 2Mzus, 3r, 2Mzus] ringsherum

Damengröße SM (M): [3r, 2Mzus, 4r, 2Mzus] ringsherum

Damengröße L: [3r, 2Mzus, 2r, 2Mzus, 2r, 2Mzus] ringsherum

Damengröße LXL *(Herrengröße M)*: [1r, 2Mzus, 2r, 2Mzus] ringsherum

Damengröße XL *(Herrengröße L)*: [1r, 2Mzus (2r, 2Mzus) 3-mal] ringsherum

Damengröße 4XL *(Herrengröße 3XL)*: 8r, [1r, 2Mzus, 1r, 2Mzus, 2r, 2Mzus] bis zum Ende

Herrengröße XL (XXL): [2r, 2Mzus (1r, 2Mzus) 4-mal] ringsherum

[120 (120, 144, 168, 168, 168, 192, **192, 192, 216, 216, 216, 240, 240, 264, 288, 288, 288**, *216, 240, 264, 264, 264, 288, 288)* M]

Socken:

0–6 Mo (6–12 Mo, 1–2 J, 2–4 J, 4–6 J, 6–8 J, **Damengröße XS, S, L, LXL, 4XL**, *Herrengröße S)*: [5r, 5, 6, 7, 3, 3, **4, 4, 3, 2, 1**, *5)*, 2Mzus] ringsherum

8–10 J: [3r, 2Mzus, 4r, 2Mzus] ringsherum

Damengröße SM: [2r, 2Mzus, 2r, 2Mzus, 3r, 2Mzus] ringsherum

Damengröße M (ML): [2r, 2Mzus, 3r, 2Mzus, 3r, 2Mzus] ringsherum

Damengröße XL *(Herrengröße L)*: [3r, 2Mzus (2r, 2Mzus) 3-mal] ringsherum

Damengröße XXL *(Herrengröße XL)*: 12r, [1r, 2Mzus, 2r, 2Mzus] bis zum Ende

Damengröße 3XL *(Herrengröße XXL)*: [1r, 2Mzus, 1r, 2Mzus, 2r, 2Mzus] ringsherum

Herrengröße M: [3r, 2Mzus, 3r, 2Mzus, 4r, 2Mzus] ringsherum

Herrengröße 3XL: [1r, 2Mzus, 2r, 2Mzus] bis zum Ende

Herrengröße 4XL: 24r [1r, 2Mzus] bis zum Ende

[144 (144, 168, 192, 192, 192, 216, **240, 240, 240, 264, 264, 288, 288, 312, 312, 336, 336**, *288, 312, 312, 312, 336, 360, 360)* M]

Bottom-Up: Passe

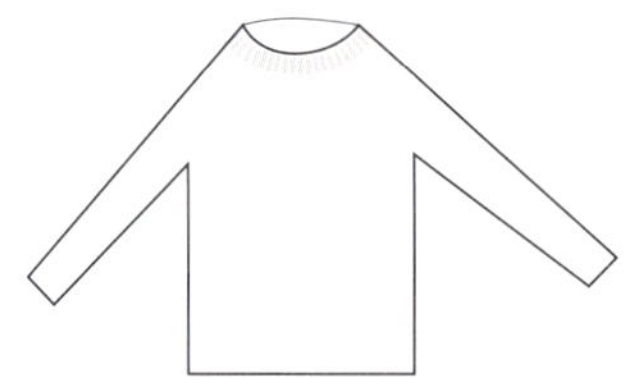

Musterabschnitt B:

Stricken Sie ungefähr:

Mittel: 3 (3, 4, 6, 6, 6, 8, **8, 8, 10, 12, 12, 12, 12, 14, 14, 16, 16,** *10, 12, 14, 16, 18, 18, 18*) Rd in Farbmustern oder HF.

Dünn: 4 (6, 8, 8, 8, 8, 10, **12, 12, 14, 14, 14, 16, 16, 16, 18, 20, 20,** *14, 16, 18, 20, 22, 22, 24*) Rd in Farbmustern oder HF.

Socken: 6 (6, 6, 8, 10, 10, 12, **12, 14, 14, 16, 16, 16, 16, 18, 20, 22, 24,** *16, 18, 20, 22, 24, 26, 26*) Rd in Farbmustern oder HF.

Abnahmerunde B:

Mittel:

0–6 Mo (6–12 Mo, 1–2 J, 2–4 J, 4–6 J, 6–8 J, 8–10 J, **Damengröße S, SM, M, ML, L, LXL, XL, XXL, 3XL,** *Herrengröße S, M, L):* [2r (2, 3, 3, 1, 1, 1, **2, 2, 2, 2, 1, 1, 1, 1, 1,** *2, 1, 1*), 2Mzus] ringsherum

Damengröße XS: [1r, 2Mzus, 2r, 2Mzus] ringsherum

Damengröße 4XL *(Herrengröße XL, XXL, 3XL, 4XL):* [1r, 2Mzus, 1r, [2Mzus, 2r, 2Mzus] ringsherum

[72 (72, 96, 96, 96, 96, 96, **120, 144, 144, 144, 144, 144, 144, 144, 144, 144, 168**, *144, 144, 144, 168, 168, 168, 168*) M]

Dünn:

0–6 Mo (6–12 Mo, 1–2 J, 8–10 J, **Damengröße XS, S, SM, M, ML, XXL, 3XL, 4XL,** *Herrengröße 3XL, 4XL):* [3r (3, 4, 2, **2, 2, 1, 1, 1, 1, 1, 1,** *1, 1*), 2Mzus] ringsherum

2–4 J (4–6 J, 6–8 J: [1r, 2Mzus, 2r, 2Mzus] ringsherum

Damengröße L (LXL, *Herrengröße M):* [1r, 2Mzus, 1r, 2Mzus, 2r, 2Mzus] ringsherum

Damengröße XL *(Herrengröße L, XL, XXL):* [1r, 2Mzus, 2r, 2Mzus, 2r, 2Mzus] ringsherum

Herrengröße S: [2r, 2Mzus, 3r, 2Mzus] ringsherum

[96 (96, 120, 120, 120, 120, 144, **144, 144, 144, 144, 144, 168, 168, 192, 192, 192, 192**, *168, 168, 192, 192, 192, 192, 192*) M]

Socken:

0–6 Mo (6–12 Mo, 2–4 J, 4–6 J, 6–8 J, 8–10 J, **Damengröße L, LXL,** *Herrengröße S, 3XL, 4XL):* [4r (4, 2, 2, 2, 2, 2, **2, 2,** *1, 1*), 2Mzus] ringsherum

1–2 J (**Damengröße 3XL, 4XL,** *Herrengröße XXL):* [1r, 2Mzus, 2r, 2Mzus] ringsherum

Damengröße XS (S, SM): [1r, 2Mzus, 1r, 2Mzus, 2r, 2Mzus] ringsherum

Damengröße M: [1r, 2Mzus, 2r, 2Mzus, 2r, 2Mzus] ringsherum

Damengröße ML: [3r, 2Mzus, 4r, 2Mzus] ringsherum

Damengröße XL (XXL, *Herrengröße M, L, XL):* [2r, 2Mzus (1r, 2Mzus) 3-mal] ringsherum

[120 (120, 120, 144, 144, 144, 144, **168, 168, 168, 192, 216, 216, 216, 216, 216, 240, 240,** *216, 216, 216, 216, 240, 240, 240*) M]

Bottom-Up: Passe

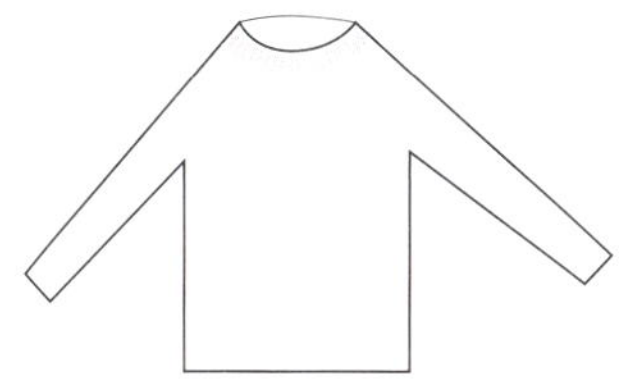

Musterabschnitt C:

Stricken Sie ungefähr:

Mittel: 3 (3, 4, 4, 4, 4, 4, **6, 6, 6, 6, 6, 6, 6, 6, 6, 10, 10**, *6, 6, 6, 6, 10, 10, 10)* Rd in Farbmustern oder HF.

Dünn: 4 (4, 4, 6, 6, 6, 6, **8, 8, 8, 8, 10, 6, 8, 8, 10, 12, 12**, *8, 10, 10, 12, 12, 14, 14*) Rd in Farbmustern oder HF.

Socken: 4 (4, 4, 6, 6, 6, 6, **10, 10, 10, 10, 10, 12, 12, 12, 14, 16, 16**, *10, 12, 12, 14, 16, 16, 18*) Rd in Farbmustern oder HF.

Damit ist der gemusterte Bereich abgeschlossen.

Abnahmerunde C:

Mittel:

0–6 Mo: [2r, 2Mzus, 3r, 2Mzus] ringsherum

6–12 Mo (1–2 J, 2–4 J, 4–6 J, **Damengröße XS, S, SM, M, ML, L, LXL, XL, XXL, 3XL,** *Herrengröße S, M, L):* [4r (1, 2, 2, **3, 1, 1, 1, 1, 1, 1, 1, 1, 1**, *1, 1, 1*), 2Mzus] ringsherum

6–8 J (8–10 J): [2r, 2Mzus (3r, 2Mzus) 4-mal] ringsherum

Damengröße 4XL *(Herrengröße XL, (XXL, 3XL, 4XL):* [1r, 2Mzus, 2r, 2Mzus] ringsherum

[56 (60, 64, 72, 72, 76, 76, **96, 96, 96, 96, 96, 96, 96, 96, 96, 96, 120**, *96, 96, 96, 120, 120, 120, 120)* M]

Bei Kindergrößen nun mit der Überprüfung der Passform fortfahren (S. 28), bei allen Erwachsenengrößen mit der Abnahmerunde D fortfahren (S. 28).

Dünn:

0–6 Mo: 2Mzus, 1r, 2Mzus [1r, 2Mzus, 2r, 2Mzus] bis zum Ende

6–12 Mo (1–2 J, 8–10 J, **Damengröße XS, S, SM, M, ML, XL, XXL, 3XL, 4XL,** *Herrengröße L, XL, XXL, 3XL, 4XL):* [2r (1, 1, **1, 4, 4, 4, 4, 2, 2, 2, 2**, *2, 2, 2, 2, 2)*, 2Mzus] ringsherum

2–4 J (4–6 J, 6–8 J): [1r, 2Mzus (2r, 2Mzus) 3-mal] ringsherum

Damengröße L (LXL, *Herrengröße S, M):* [1r, 2Mzus, 2r, 2Mzus] ringsherum

[68 (72, 80, 88, 88, 88, 96, **96, 120, 120, 120, 120, 120, 120, 144, 144, 144, 144**, *120, 120, 144, 144, 144, 144, 144)* M]

Bei Kindergrößen und Damengröße XS nun mit der Überprüfung der Passform fortfahren (S. 28). Bei allen anderen Größen Abnahmerunde D stricken (S. 28).

Socken:

0–6 Mo (2–4 J, 4–6 J, 6–8 J, 8–10 J, **Damengröße M, ML, L, LXL, XL, XXL,** *Herrengröße S, M, L, XL):* [1r (1, 1, 2, 2, **2, 1, 1, 1**, *1, 1, 1, 1, 1*), 2Mzus] ringsherum

6–12 Mo (1–2 J): [1r, 2Mzus (2r, 2Mzus) 3–mal] ringsherum

Damengröße XS (S, SM): [1r, 2Mzus, 2r, 2Mzus] ringsherum

Damengröße 3XL (4XL): [1r, 2Mzus, 1r, 2Mzus, 2r, 2Mzus] ringsherum

Herrengröße XXL (3XL, 4XL): [1r, 2Mzus, 2Mzus] ringsherum

[80 (88, 88, 96, 96, 108, 108, **120, 120, 120, 144, 144, 144, 144, 144, 144, 168, 168**, *144, 144, 144, 144, 144, 144, 144)* M]

Bei Kindergrößen sowie den Damengrößen S und SM nun mit der Überprüfung der Passform fortfahren (S. 28). Alle anderen Damen– und Herrengrößen fahren mit der Abnahmerunde D fort (S. 28).

Bottom-Up: Passe

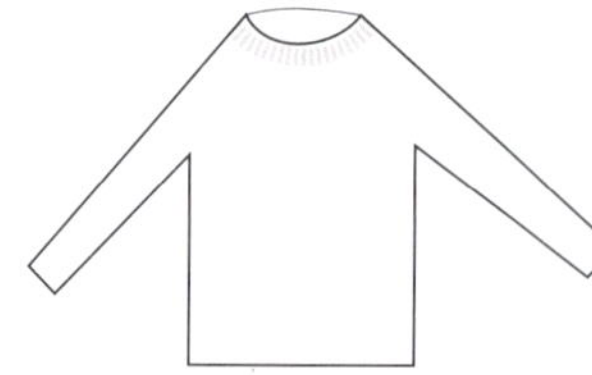

Abnahmerunde D:

Mittel:

Damengröße XS (S, SM, M, ML, L, LXL, XL, XXL, 3XL, 4XL): [**4r (6, 6, 10, 10, 10, 10, 22, 22, 22, 3**), 2Mzus] ringsherum

Herrengröße S (M, L, XL, XXL, 3XL, 4XL): [r10 (10, 10, 3, 3, 3, 3), 2Mzus] ringsherum

[**80 (84, 84, 88, 88, 88, 88, 92, 92, 92, 96**, *88, 88, 88, 96, 96, 96, 96*) M]

Dünn:

Damengröße S (SM, L, LXL, XL, XXL, 3XL, 4XL, *Herrengröße L, XL):* [**4r (4, 8, 8, 2, 2, 2, 2,** *2, 2)*, 2Mzus] ringsherum

Damengröße M (ML, *Herrengröße S, M):* [5r, 2Mzus, 6r, 2Mzus] ringsherum

Herrengröße XXL (3XL, 4XL): [2r, 2Mzus, 3r, 2Mzus] ringsherum

[**- (100, 100, 104, 104, 108, 108, 108, 108, 108, 108**, *104, 104, 108, 108, 112, 112, 112)* M]

Socken:

Damengröße XS (M, ML, L, LXL, XL, XXL, *Herrengröße S, M, L, XL, XXL, 3XL, 4XL):* [**28r (4, 7, 7, 7, 10, 10**, *7, 7, 7, 16, 16, 16, 34)*, 2Mzus] ringsherum

Damengröße 3XL (4XL): [2r, 2Mzus, 3r, 2Mzus, 3r, 2Mzus] ringsherum

[**116 (- , - , 120, 128, 128, 128, 132, 132, 132, 132**, *128, 128, 128, 136, 136, 136, 140)* M]

Passform überprüfen:

Nehmen Sie die Maschen auf eine lange Rundstricknadel oder einen separaten Faden und probieren Sie Ihre einzigartige, wunderschöne Kreation an ... Sie haben es jetzt fast geschafft!

An dieser Stelle sollte Ihre Passe etwa 8,5 (9, 10, 11, 12, 13,5, 14, **16,5, 18, 19, 19,5, 2,5, 21, 21,5, 22, 4, 27,5, 28,5**, *19,5, 22, 23,5, 27,5, 29, 31, 32,5*) cm tief sein.

Hat die Rundpasse eine ausreichende Tiefe? (Vergessen Sie nicht, dass noch ein Bündchen hinzukommt.) Wenn nicht, trennen Sie vielleicht ein Stück auf oder fügen ein paar Rd hinzu oder entfernen welche, bevor Sie die Abnahmen C und D erneut arbeiten und dann mit dem Halsausschnitt fortfahren.

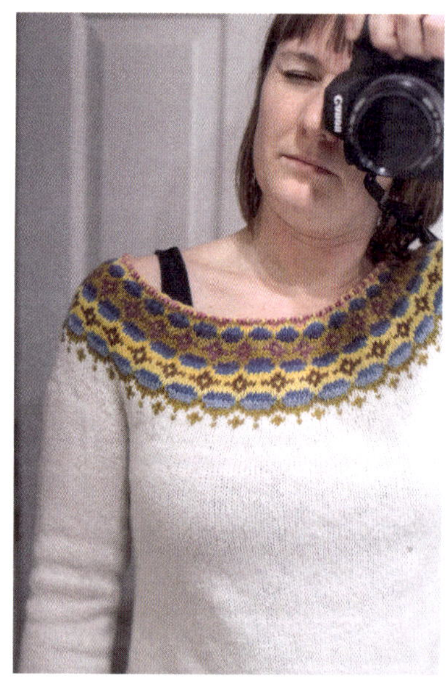

Sie können Ihre Passe jederzeit anprobieren, um zu prüfen, ob die Passform gut ist und Ihnen die Muster gefallen.

Halsausschnitt:

Stricken Sie mit dünneren Nadeln im Rippenmuster 2 (2, 2, 2, 2, 2,5, 2,5, **2,5, 2,5, 2,5, 2,5, 2,5, 3, 3, 3, 3, 3, 3**, *3, 3, 3, 3, 3, 3, 3*) cm. Alle Maschen locker abketten.

Fertigstellung:

Die Ärmel- und Körpermaschen in den Achseln mit Hilfe des Maschenstichs zusammennähen und verbliebene Löcher schließen. Fadenenden verstecken. Siehe S. 138, wie Sie Ihren Pullover waschen und blocken, sowie Tipps zur Aufbewahrung des fertigen Kleidungsstücks.

Ein kleines Beispiel::

Bottom-Up, dünnes Garn, Größe 2–4 Jahre.

Körper und Ärmel werden bis zum Übergang zur Passe gestrickt, dann erfolgen die Abnahmen für die Vorbereitung der Passe.

Musterabschnitt A: Schema A, dann 1 Runde in HF

Abnahme A: [6r, 2Mzus] ringsherum [168 M]

Musterabschnitt B: Schema B, dann 1 Runde in HF

Abnahme B: [1r, 2Mzus, 2r, 2Mzus] ringsherum [120 M]

Musterabschnitt C: Schema C

Abnahme C: [1r, 2Mzus, (2r, 2Mzus) 3-mal] ringsherum [88 M]

Die Methode verlangt 10 + 8 + 6 Musterrunden in der Größe 2–4, und diese Passe hat 10 + 10 + 4 Musterrunden. Die Abnahmen befinden sich fast an denselben Stellen.

Die verkürzten Reihen werden nach dem Passenmuster gestrickt, gefolgt von 1x1 Rippenmuster am Halsausschnitt.

Schema A:

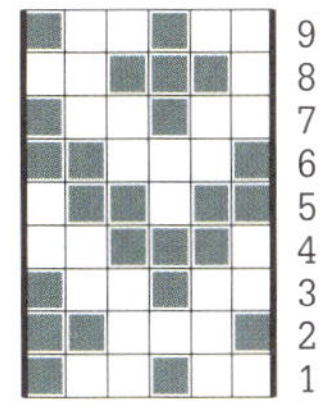

Schema B:

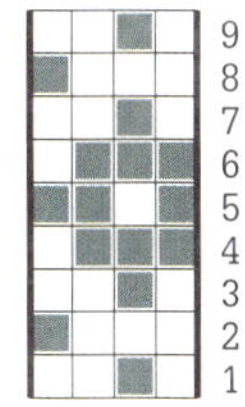

Schema C:

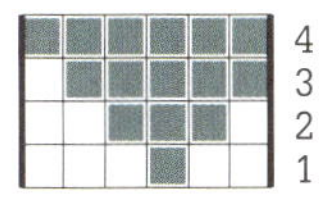

Farbgebung:

Gestrickt aus Sweet Fiber Merino Twist DK in:

☐ HF: Paper Birch

■ Tree Line

Als Beispiel für eine vollständig entwickelte Version dieses Designs können Sie sich Dog Star auf unserer Website www.tincanknits.com ansehen.

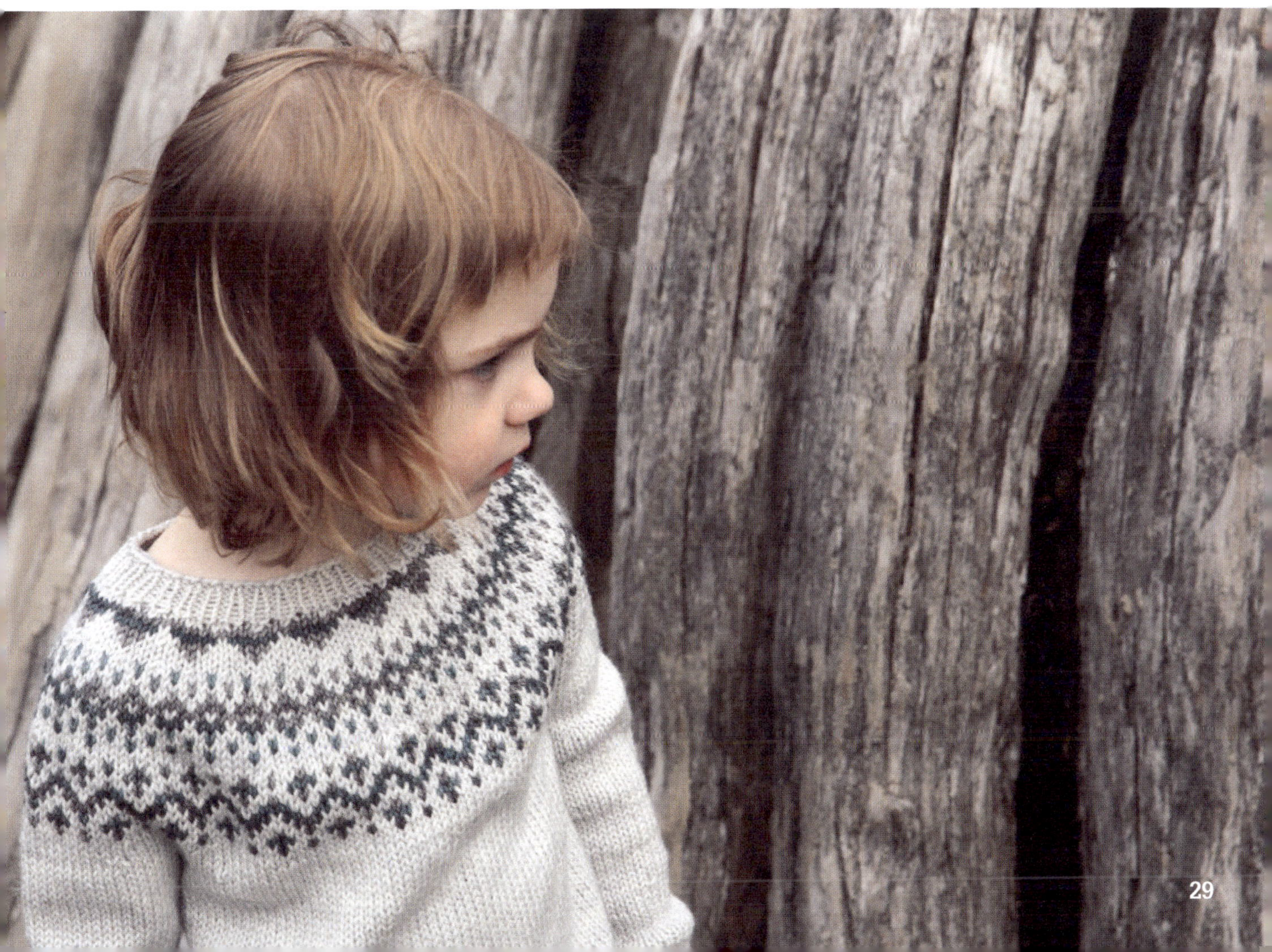

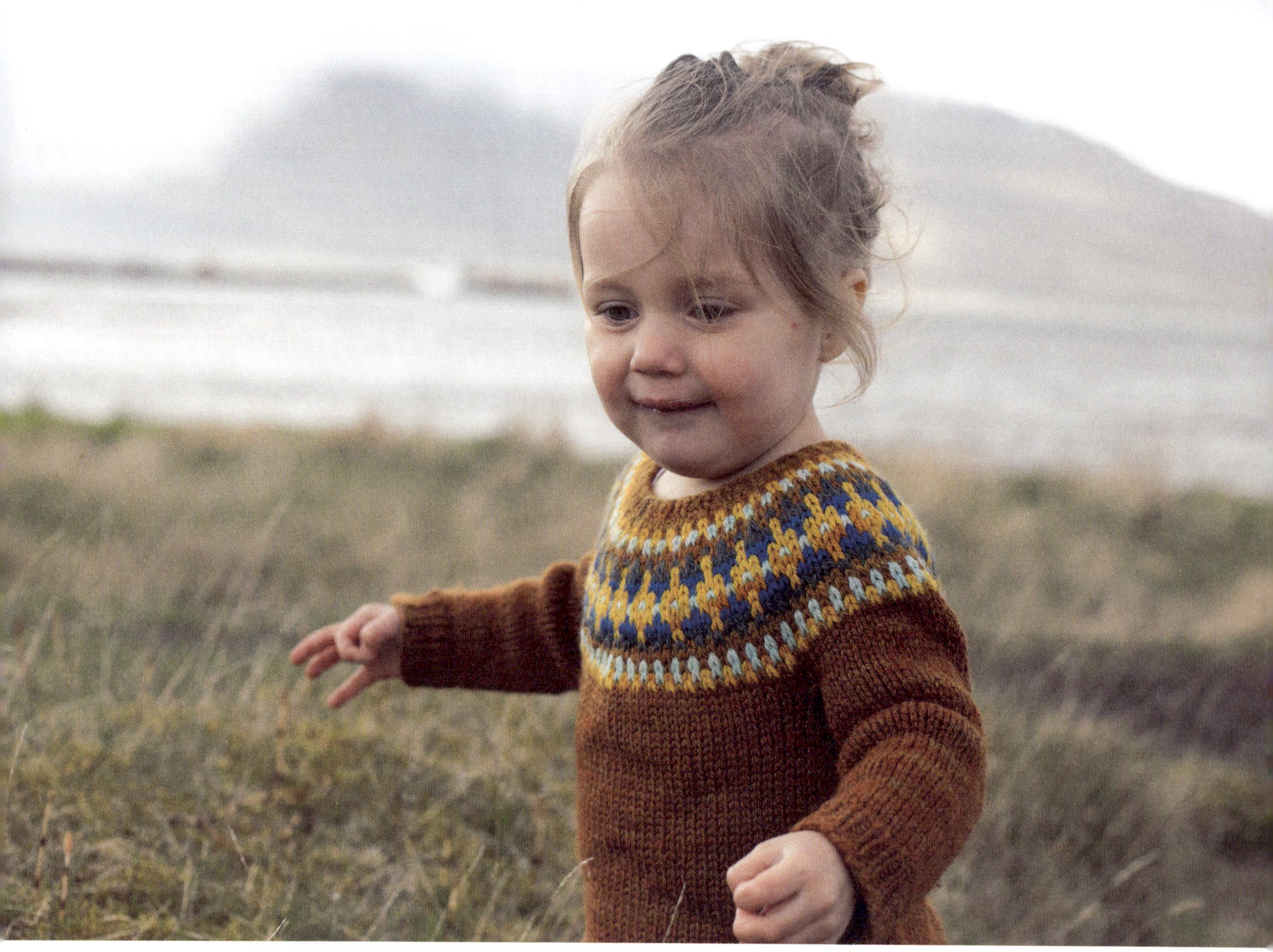

Schema A:

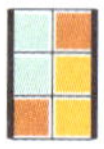

3
2
1

Schema B:

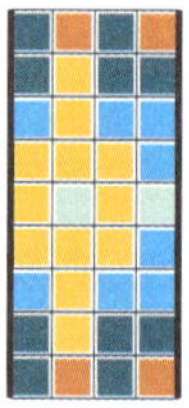

9
8
7
6
5
4
3
2
1

Farbgebung:

Gestrickt mit **Ginger's Hand Dyed Sheepish** in:

- Crunchy Leaves
- Honey Pot
- Breakfast with Ginger
- Birdie on the Shoulder
- Grumpy Bear

Ein kleines Beispiel:

Top-Down, mittleres Garn, Größe 1–2 Jahre.

64 M anschlagen, Halsausschnitt in 1x1 Rippenmuster stricken.

Zunahmerunde 1 in HF: [2r, 1M] ringsherum [96 M]

Musterabschnitt 1: Schema A (3 Runden, nicht 4)

Zunahmerunde 2 in HF: [4r, 1M] ringsherum [120 M]

Musterabschnitt 3: Schema B (9 Runden, nicht 4)

Zunahmerunde 3 in HF: [5r, 1M] ringsherum [144 M]

Musterabschnitt 3: Schema A (3 Runden, nicht 8)

Zunahmerunde 4 in HF: [36r, 1M] ringsherum [148 M]

Ich habe insg. also 3 + 9 + 3 = 15 Musterrunden gestrickt, wo die Anleitung 4 + 4 + 8 = 16 Musterrunden verlangt. Die Zunahmen befanden sich nicht ganz an denselben Stellen, aber es hat funktioniert.

Ich habe am unteren Rand der Passe mit verkürzten Reihen gearbeitet und die übrige Anleitung befolgt wie geschrieben.

Top-Down: Passe

Beginnen Sie hier mit Ihrem Top-Down-Pullover!

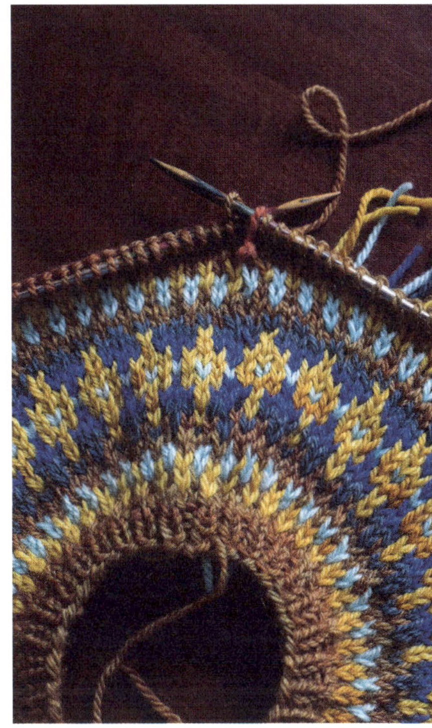

Halsausschnitt:

Mit dünneren Nadeln M locker anschlagen:

Mittel: 56 (60, 64, 72, 72, 76, 76, **80, 84, 84, 88, 88, 88, 88, 92, 92, 92, 96,** *88, 88, 88, 96, 96, 96, 96*) M.

Dünn: 68 (72, 80, 88, 88, 88, 96, **96, 100, 100, 104, 104, 108, 108, 108, 108, 108, 108,** *104, 104, 108, 108, 112, 112, 112*) **M.**

Socken: 80 (88, 88, 96, 96, 108, 108, **116, 120, 120, 120, 128, 128, 128, 132, 132, 132, 132,** *128, 128, 128, 136, 136, 136, 140*) M.

Im Rippenmuster 2 (2, 2, 2, 2, 2,5, 2,5, **2,5, 2,5, 2,5, 2,5, 2,5, 3, 3, 3, 3, 3, 3,** *3, 3, 3, 3, 3, 3, 3*) cm str.

Ab jetzt mit dickeren Nadeln weitermachen.

Kindergrößen: mit Zunahmerunde 1 fortfahren (S. 32).

Erwachsenengrößen: mit der Vorbereitungsrunde fortfahren (unten).

Vorbereitungsrunde:

Mittel:

Damengröße XS (S, SM, M, ML, L, LXL, XL, XXL, 3XL, 4XL, *Herrengröße S, M, L, XL, XXL, 3XL, 4XL):* [**5r (7, 7, 11, 11, 11, 11, 23, 23, 23, 4,** *11, 11, 11, 4, 4, 4, 4*), 1M] ringsherum

[96 (96, 96, 96, 96, 96, 96, 96, 96, 96, 120, *96, 96, 96, 120, 120, 120, 120*) M]

Dünn:

Damengröße XS: mit Zunahmerunde 1 fortfahren.

Damengröße S (SM, L, LXL, XL, XXL, 3XL, 4XL, *Herrengröße L, XL):* [**5r (5, 9, 9, 3, 3, 3, 3,** *3, 3),* 1M] ringsherum

Damengröße M (ML, *Herrengröße S, M):* [6r, 1M, 7r, 1M] ringsherum

Herrengröße XXL (3XL, 4XL): [3r, 1M, 4r, 1M] ringsherum

[96 (120, 120, 120, 120, 120, 120, 144, 144, 144, 144, *120, 120, 144, 144, 144, 144, 144)* M]

Socken:

Damengröße XS (M, ML, L, LXL, XL, XXL, *Herrengröße S, M, L, XL, XXL, 3XL, 4XL):* [**29r (5, 8, 8, 8, 11, 11,** *8, 8, 8, 17, 17, 17, 35),* 1M] ringsherum

Damengröße S (SM): mit Zunahmerunde 1 fortfahren.

Damengröße 3XL (4XL): [3r, 1M, 4r, 1M] ringsherum

[120 (120, 120, 144, 144, 144, 216, 216, 216, 216, 168, *144, 144, 144, 144, 144, 144, 144)* M]

Top-Down: Passe

Zunahmerunde 1:

In dieser Runde werden alle Maschenzahlen auf ein Vielfaches von 24 M gebracht, sodass alle Muster mit 2, 3, 4, 6, 8, 12 oder 24 M passen.

Mittel:

0–6 Mo: [3r, 1M, 4r, 1M] ringsherum

6–12 Mo (1–2 J, 2–4 J, 4–6 J, **Damengröße XS, S, SM, M, ML, L, LXL, XL, XXL, 3XL,** *Herrengröße S, M, L):* [5r (2, 3, 3, **4, 2, 2, 2, 2, 2, 2, 2, 2, 2,** *2, 2, 2)*, 1M] ringsherum

6–8 J (8–10 J): [3r, 1M (4r, 1M) 4-mal] ringsherum

Damengröße 4XL *(Herrengröße XL, XXL, 3XL, 4XL)*: [2r, 1M, 3r, 1M] ringsherum

[72 (72, 96, 96, 96, 96, 96, **120, 144, 144, 144, 144, 144, 144, 144, 144, 144, 168,** *144, 144, 144, 168, 168, 168, 168)* M]

Dünn:

0–6 Mo: 1r, 1M, 2r, 1M, [r2, 1M, 3r, 1M] bis zum Ende

6–12 Mo (1–2 J, 8–10 J, **Damengröße XS, S, SM, M, ML, XL, XXL, 3XL, 4XL,** *Herrengröße L, XL, XXL, 3XL, 4XL):* [3r (2, 2, **2, 5, 5, 5, 5, 3, 3, 3, 3,** *3, 3, 3, 3, 3)*, 1M] ringsherum

2–4 J (4–6 J, 6–8 J): [2r, 1M (3r, 1M) 3-mal] ringsherum

Damengröße L (LXL, *Herrengröße S, M):* [2r, 1M, 3r, 1M] ringsherum

[96 (96, 120, 120, 120, 120, 144, **144, 144, 144, 144, 144, 168, 168, 192, 192, 192, 192**, *168, 168, 192, 192, 192, 192, 192)* M]

Socken:

0–6 Mo (2–4 J, 4–6 J, 6–8 J, 8–10 J, **Damengröße M, ML, L, LXL, XL, XXL,** *Herrengröße S, M, L, XL):* [2r (2, 2, 3, 3, **3, 2, 2, 2, 2, 2,** *2, 2, 2, 2)*, 1M] ringsherum

6–12 Mo (1–2 J): [2r, 1M (3r, 1M) 3-mal] ringsherum

Damengröße XS (S, SM): [2r, 1M, 3r, 1M] ringsherum

Damengröße 3XL (4XL): [2r, 1M, 2r, 1M, 3r, 1M] ringsherum

Herrengröße XXL (3XL, 4XL): [1r, 1M, 2r, 1M] ringsherum

[120 (120, 120, 144, 144, 144, 144, **168, 168, 168, 192, 216, 216, 216, 216, 216, 240, 240,** *216, 216, 216, 216, 240, 240, 240)* M]

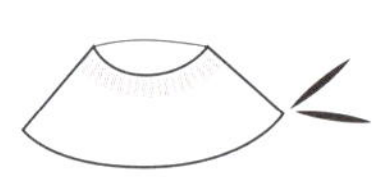

Musterabschnitt 1:

Stricken Sie ungefähr:

Mittel: 3 (3, 4, 4, 4, 4, 4, **6, 6, 6, 6, 6, 6, 6, 6, 6, 10, 10**, *6, 6, 6, 6, 10, 10, 10)* Rd in Farbmustern oder HF.

Dünn: 4 (4, 4, 6, 6, 6, 6, **8, 8, 8, 8, 10, 6, 8, 8, 10, 12, 12,** *8, 10, 10, 12, 12, 14, 14)* Rd in Farbmustern oder HF.

Socken: 4 (4, 4, 6, 6, 6, 6, **10, 10, 10, 10, 10, 12, 12, 12, 14, 16, 16**, *10, 12, 12, 14, 16, 16, 18)* Rd in Farbmustern oder HF.

Dann mit Zunahmerunde 2 fortfahren (S. 33).

Tipp: Sie können die letzte Runde vor dem Zunehmen auch in HF stricken, damit die Zunahme sich nicht auf die Musterung auswirkt.

Top-Down: Passe

Zunahmerunde 2:

Mittel:

0–6 Mo (6–12 Mo, 1–2 J, 2–4 J, 4–6 J, 6–8 J, 8–10 J, **Damengröße S, SM, M, ML, L, LXL, XL, XXL, 3XL,** *Herrengröße S, M, L):* [3r (3, 4, 4, 2, 2, 2, **3, 3, 3, 3, 2, 2, 2, 2, 2,** *3, 2, 2),* 1M] ringsherum

Damengröße XS: [2r, 1M, 3r, 1M] ringsherum

Damengröße 4XL *(Herrengröße XL, XXL, 3XL, 4XL):* [2r, 1M, 2r, 1M, 3r, 1M] ringsherum

[96 (96, 120, 120, 144, 144, 144, **168, 192, 192, 192, 192, 216, 216, 216, 216, 216, 240,** *192, 216, 216, 240, 240, 240, 240)* M]

Dünn:

0–6 Mo (6–12 Mo, 1–2 J, 8–10 J, **Damengröße XS, S, SM, M, ML, XXL, 3XL, 4XL,** *Herrengröße 3XL, 4XL):* [4r (4, 5, 3, **3, 3, 2, 2, 2, 2, 2, 2,** *2, 2),* 1M] ringsherum

2–4 J (4–6 J, 6–8 J): [2r, 1M, 3r, 1M] ringsherum

Damengröße L (LXL, *Herrengröße M):* [2r, 1M, 2r, 1M, 3r, 1M] ringsherum

Damengröße XL *(Herrengröße L, XL, XXL):* [2r, 1M, 3r, 1M, 3r, 1M] ringsherum

Herrengröße S: [3r, 1M, 4r, 1M] ringsherum

[120 (120, 144, 168, 168, 168, 192, **192, 192, 216, 216, 216, 240, 240, 264, 288, 288, 288,** *216, 240, 264, 264, 264, 288, 288)* M]

Socken:

0–6 Mo (6–12 Mo, 2–4 J, 4–6 J, 6–8 J, 8–10 J, **Damengröße L, LXL,** *Herrengröße S, 3XL, 4XL):* [5r (5, 3, 3, 3, 3, **3, 3,** *3, 2, 2),* 1M] ringsherum

1–2 J **(Damengröße 3XL, 4XL,** *Herrengröße XXL):* [2r, 1M, 3r, 1M] ringsherum

Damengröße XS (S, SM): [2r, 1M, 2r, 1M, 3r, 1M] ringsherum

Damengröße M: [2r, 1M, 3r, 1M, 3r, 1M] ringsherum

Damengröße ML: [4r, 1M, 5r, 1M] ringsherum

Damengröße XL (XXL, *Herrengröße M, L, XL):* [r3, 1M, (2r, 1M) 3-mal] ringsherum

[144 (144, 168, 192, 192, 192, 216, **240, 240, 240, 264, 264, 288, 288, 312, 312, 336, 336,** *288, 312, 312, 312, 336, 360, 360)* M]

Musterabschnitt 2:

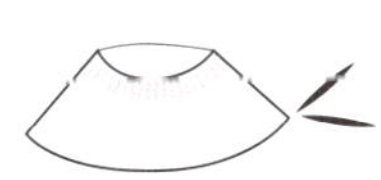

Stricken Sie ungefähr:

Mittel: 3 (3, 4, 6, 6, 6, 8, **8, 8, 10, 12, 12, 12, 12, 14, 14, 16, 16,** *10, 12, 14, 16, 18, 18, 18*) Rd in Farbmustern oder HF.

Dünn: 4 (6, 8, 8, 8, 8, 10, **12, 12, 14, 14, 14, 16, 16, 16, 18, 20, 20,** *14, 16, 18, 20, 22, 22, 24*) Rd in Farbmustern oder HF.

Socken: 6 (6, 6, 8, 10, 10, 12, **12, 14, 14, 16, 16, 16, 16, 18, 20, 22, 24,** *16, 18, 20, 22, 24, 26, 26*) Rd in Farbmustern oder HF.

Mit Zunahmerunde 3 fortfahren (S. 34).

Top-Down: Passe

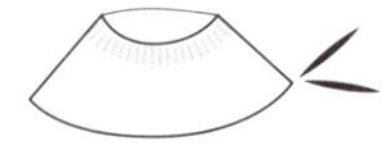

Zunahmerunde 3:

Mittel:

0–6 Mo (6–12 Mo, 1–2 J, 2–4 J, 4–6 J, 6–8 J, 8–10 J, **Damengröße XS, S, SM, M, ML, LXL, XL,** *Herrengröße S, L, 4XL):* [4r (4, 5, 5, 6, 6, 6, **7, 8, 8, 8, 4, 3, 3,** *4, 3, 2),* 1M] ringsherum

Damengröße L *(Herrengröße M):* [4r, 1M, 5r, 1M] ringsherum

Damengröße XXL (3XL): [(2r, 1M) 3-mal, 3r, 1M] ringsherum

Damengröße 4XL *(Herrengröße 3XL):* [2r, 1M, 3r, 1M] ringsherum

Herrengröße XL (XXL): [3r, 1M, 3r, 1M, 4r, 1M] ringsherum

[120 (120, 144, 144, 168, 168, 168, **192, 216, 216, 216, 240, 264, 288, 288, 312, 312, 336,** *240, 264, 288, 312, 312, 336, 360)* M]

Dünn:

0–6 Mo (6–12 Mo, 1–2 J, 2–4 J, 4–6 J, 8–10 J, **Damengröße XS, S, ML, XXL, 3XL,** *Herrengröße S, 4XL):* [5r (5, 6, 7, 7, 4, **4, 4, 3, 3, 3,** *3, 2),* 1M] ringsherum

6–8 J: [3r, 1M, 4r, 1M] ringsherum

Damengröße SM (M): [4r, 1M, 5r, 1M] ringsherum

Damengröße L: [3r, 1M, 3r, 1M, 4r, 1M] ringsherum

Damengröße LXL *(Herrengröße M):* [2r, 1M, 3r, 1M] ringsherum

Damengröße XL *(Herrengröße L):* [2r, 1M (3r, 1M) 3-mal] ringsherum

Damengröße 4XL *(Herrengröße 3XL):* 8r, [2r, 1M, 2r, 1M, r3, 1M] bis zum Ende

Herrengröße XL (XXL): [3r, 1M (2r, 1M) 4-mal] ringsherum

[144 (144, 168, 192, 192, 216, 240, **240, 240, 264, 264, 288, 312, 336, 360, 384, 384, 408,** *288, 336, 360, 384, 384, 408, 432)* M]

Socken:

0–6 Mo (6–12 Mo, 1–2 J, 2–4 J, 4–6 J, 6–8 J, **Damengröße XS, S, L, LXL, 4XL,** *Herrengröße S):* [6r, 6, 7, 8, 4, 4, **5, 5, 4, 3, 2,** *6),* 1M] ringsherum

8–10 J: [4r, 1M, 5r, 1M] ringsherum

Damengröße SM: [3r, 1M, 3r, 1M, 4r, 1M] ringsherum

Damengröße M (ML): [3r, 1M, 4r, 1M, 4r, 1M] ringsherum

Damengröße XL *(Herrengröße L):* [4r, 1M (3r, 1M) 3-mal] ringsherum

Damengröße XXL *(Herrengröße XL):* 12r, [2r, 1M, 3r, 1M] bis zum Ende

Damengröße 3XL *(Herrengröße XXL):* [2r, 1M, 2r, 1M, 3r, 1M] ringsherum

Herrengröße M: [4r, 1M, 4r, 1M, 5r, 1M] ringsherum

Herrengröße 3XL: [2r, 1M, 3r, 1M] bis zum Ende

Herrengröße 4XL: 24r [2r, 1M] bis zum Ende

[168 (168, 192, 216, 240, 240, 264, **288, 288, 312, 336, 336, 360, 384, 408, 432, 480, 504,** *336, 384, 408, 432, 480, 504, 528)* M]

Musterabschnitt 3:

Stricken Sie ungefähr:

Mittel: 8 (8, 8, 8, 10, 12, 12, **14, 16, 16, 16, 18, 18, 20, 20, 24, 24, 26,** *18, 20, 22, 28, 28, 30, 32*) Rd in Farbmustern oder HF.

Dünn: 8 (8, 10, 10, 14, 16, 18, **20, 20, 22, 24, 24, 26, 26, 28, 30, 34, 36,** *24, 26, 28, 34, 36, 38, 40*) Rd in Farbmustern oder HF.

Socken: 8 (12, 14, 14, 16, 18, 20, **22, 24, 26, 26, 28, 28, 30, 30, 34, 36, 38,** *26, 30, 32, 38, 40, 42, 44*) Rd in Farbmustern oder HF.

Mit Zunahmerunde 4 fortfahren (S. 35).

Tipp: Die letzten Rd in Musterabschnitt 3 können Sie in HF str, damit das Muster nicht in die Achsel reingezogen wird.

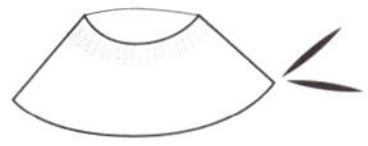

Top-Down: Passe

Zunahmerunde 4:

Mittel:

0–6 Mo **(Damengröße S, ML, L, LXL, XXL,** *Herrengröße S, L, XL):* 1 Runde str.

6–12 Mo (1–2 J, 2–4 J, 4–6 J, 6–8 J, 8–10 J, **Damengröße XS, SM, M, XL, 3XL, 4XL,** *Herrengröße M, XXL, 3XL, 4XL):* [10r (36, 12, 42, 14, 14, **24, 27, 18, 24, 13, 14,** *33, 26, 14, 15*), 1M] ringsherum

[120 (132, 148, 156, 172, 180, 180, **200, 216, 224, 228, 240, 264, 288, 300, 312, 336, 360**, *240, 272, 288, 312, 324, 360, 384)* Rundpassen-M]

Dünn:

0–6 Mo (2–4 J, 8–10 J, **Damengröße XL, XXL,** *Herrengröße M):* 1 Runde str.

6–12 Mo (1–2 J, 4–6 J, 6–8 J, **Damengröße XS, S, SM, ML, L, LXL, 3XL,** *Herrengröße S, L, XL, 4XL):* [9r (21, 12, 18, **60, 20, 66, 24, 26, 28, 12,** *36, 90, 96, 12),* 1M] ringsherum

Damengröße M: [16r, 1M, 17r, 1M] ringsherum

Damengröße 4XL: 8r [10r, 1M] bis zum Ende

Herrengröße XXL: 6r [10r, 1M, 11r, 1M] bis zum Ende

Herrengröße 3XL: 2r [14r, 1M, 15r, 1M] bis zum Ende

[144 (160, 176, 192, 208, 228, 240, **244, 252, 268, 280, 300, 324, 348, 360, 384, 416, 448,** *296, 336, 364, 388, 420, 436, 468)* Rundpassen-M]

Socken:

0–6 Mo (4–6 J, 8–10 J, **Damengröße XL, M,** *Herrengröße M):* 1 Runde str.

6–12 Mo (1–2 J, 2–4 J, 6–8 J, **Damengröße S, SM, ML, L, LXL, XL, XXL, 3XL, 4XL,** *Herrengröße S, L, XL, XXL, 3XL):* [14r (48, 27, 30, **18, 26, 42, 15, 16, 17, 18, 20, 14,** *21, 51, 12, 20, 18),* 1M] ringsherum

Herrengröße 4XL: [16r, 1M, 17r, 1M] ringsherum

[168 (180, 196, 224, 240, 248, 264, **288, 304, 324, 336, 344, 384, 408, 432, 456, 504, 540,** *352, 384, 416, 468, 504, 532, 560)* Rundpassen-M]

Passform überprüfen:

Nehmen Sie die Maschen auf eine lange Rundstricknadel oder einen separaten Faden und probieren Sie Ihr werdendes Meisterwerk an. An dieser Stelle sollte Ihre Passe etwa 10 (11, 12, 12,5, 14, 16, 16,5, **19, 20,5, 21,5, 22, 23, 24, 25, 25,5, 27,5, 30,5, 33**, *23, 25,5, 26,5, 30,5, 32,5, 34,5, 35,5)* cm tief sein.

Hat die Passe die richtige Tiefe? Wenn nicht, stricken Sie ein paar zusätzliche Runden bzw. trennen Sie welche auf.

Angleichung der Muster:

Damit der Musterübergang in der hinteren Mitte liegt, was das Ausrichten von größeren Mustern an der vorderen Mitte erleichtert, fahren Sie bitte direkt mit den verkürzten Reihen fort (S. 36).

Um diese Stelle an die Schulter zu verlegen, wo sie weniger auffällt, RA wie folgt in die hintere Mitte verlegen:

Mittel: RA entfernen, 18r (20, 23, 23, 26, 28, 27, **30, 33, 35, 35, 38, 41, 44, 46, 48, 53, 56**, *35, 40, 42, 47, 49, 55, 58*), ME für hM

Dünn: RA entfernen, 21r (24, 26, 29, 31, 34, 37, **36, 38, 41, 43, 46, 49, 54, 56, 59, 64, 70**, *43, 49, 54, 56, 62, 66, 71*), ME für hM

Socken: RA entfernen, 25r (27, 30, 33, 36, 38, 41, **43, 46, 49, 51, 53, 59, 62, 67, 72, 78, 84**, *51, 56, 61, 70, 75, 80, 85*), ME für hM

Fahren Sie mit den verkürzten Reihen fort (S. 36)

Top-Down verkürzte Reihen

Warum sollte man verkürzte Reihen hinzufügen? Mithilfe von verkürzten Reihen können Sie die Passform etwas verbessern, indem Sie den hinteren Halsausschnitt im Vergleich zur Vorderseite erhöhen.

Warum sollte man auf verkürzte Reihen verzichten? Wenn Sie einen Kinderpulli stricken, wollen Sie vielleicht doch lieber einen symmetrischen Pulli, der mit beiden Seiten nach vorne getragen werden kann.

* Wenn Sie sich gegen verkürzte Reihen entscheiden, müssen Sie trotzdem noch die Vorbereitung für die Trennung der Passe (auf dieser Seite) befolgen, bevor Sie mit der Passentrennungsrunde weitermachen (S. 37).

Verkürzte Reihen:

Diese Anleitung geht davon aus, dass die erste Masche nach dem RA-Markierer die hintere Mittelmasche ist, über welche die verkürzten Reihen symmetrisch gearbeitet werden.

Vorbereitungsreihe 1 (RS):

Mittel: 40r (40, 48, 48, 56, 56, 56, **64, 72, 72, 72, 80, 88, 96, 96, 104, 104, 112,** *80, 88, 96, 104, 104, 112, 120*), W&W

Dünn: 48r (48, 56, 64, 64, 72, 80, **80, 80, 88, 88, 96, 104, 112, 120, 128, 128, 136,** *96, 112, 120, 128, 128, 136, 144*), W&W

Socken: 56r (56, 64, 72, 80, 80, 88, **96, 96, 104, 112, 112, 120, 128, 136, 144, 160, 168,** *112, 128, 136, 144, 160, 168, 176*), W&W

Vorbereitungsreihe 2 (LS): l bis RA, MV, 1 M weniger l abstricken als in Aufbaureihe 1, W&W

Hinweis: Den RA-Markierer versetzen, wenn Sie ihn erreichen

Verkürzte Reihe 3 (RS): bis 10 M vor der Wickelmasche re, W&W

Verkürzte Reihe 4 (LS): bis 10 M vor der Wickelmasche li, W&W

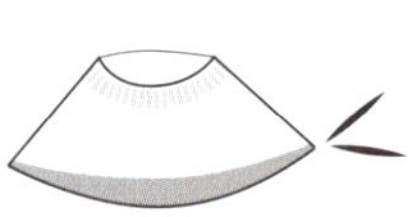

Stricken Sie die verkürzten Reihen 3–4 insgesamt:

Mittel: 1 (1, 1, 1, 2, 2, 2, **3, 3, 3, 3, 3, 4, 4, 4, 4, 4, 4,** *4, 4, 4, 4, 4, 4, 4*)-mal.

Dünn: 1 (1, 2, 2, 3, 3, 3, **4, 4, 4, 4, 4, 5, 5, 5, 5, 6, 6,** *5, 5, 5, 6, 6, 6, 6*)-mal.

Socken: 1 (1, 2, 2, 3, 3, 3, **4, 4, 4, 5, 5, 5, 5, 6, 6, 6, 6,** *5, 5, 6, 6, 6, 6, 6*)-mal.

Nächste Runde (RS): Bis zum RA re, dann eine ganze Runde r und dabei alle Wickelmaschen aufnehmen und mit ihrer Umwicklung abstricken.

Vorbereitung für die Trennung von der Passe:

Mittel: hM-Markierer entfernen, 19r (21, 24, 24, 27, 29, 28, **31, 34, 36, 36, 39, 42, 45, 47, 49, 54, 57,** *36, 41, 43, 48, 50, 56, 59*), ME für RA.

Dünn: hM-Markierer entfernen, 22r (25, 27, 30, 32, 35, 38, **37, 39, 42, 44, 47, 50, 55, 57, 60, 65, 71,** *44, 50, 55, 57, 63, 67, 72*), ME für RA.

Socken: hM-Markierer entfernen, 26r (28, 31, 34, 37, 39, 42, **44, 47, 50, 52, 54, 60, 63, 68, 73, 79, 85,** *52, 57, 62, 71, 76, 81, 86*), ME für RA.

So wandert der RA zur rechten Schulter zwischen die Maschen für Rückseite und rechten Ärmel.

Mit der Trennung von der Passe fortfahren (S. 37).

Top-Down
Trennung von der Passe

Trennungsrunde:

Diese Runde trennt Körper- und Ärmel-M an der Achsel. Die untenstehende Anleitung geht davon aus, dass der RA an der rechten Schulter zwischen den Maschen für den Rücken und den rechten Ärmel liegt.

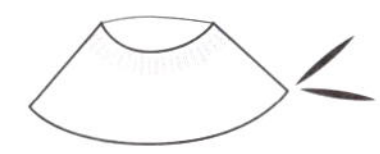

Liegt Ihr RA immer noch bei hM, stricken Sie die Vorbereitung für die Passentrennung (S. 36).

Legen Sie die folgende Anzahl von Maschen für den **rechten Arm** still:

Mittel: 23 (25, 27, 31, 33, 33, 35, **39, 41, 41, 43, 43, 49, 55, 57, 59, 61, 67,** *49, 55, 59, 61, 63, 69, 75*) M.

Dünn: 29 (31, 35, 37, 41, 45, 45, **49, 49, 51, 53, 57, 63, 65, 67, 73, 79, 83,** *61, 69, 73, 81, 85, 85, 91*) M.

Socken: 33 (35, 37, 45, 47, 47, 49, **57, 59, 63, 65, 65, 73, 79, 81, 83, 95, 101,** *73, 79, 85, 93, 101, 105, 109*) M.

Folgende Anzahl von Maschen für die rechte Achsel anschlagen:

Mittel: 5 (7, 7, 7, 7, 9, 11, **11, 11, 13, 13, 13, 13, 13, 15, 17, 19, 19,** *13, 15, 17, 19, 21, 21, 21*) M.

Dünn: 5 (5, 7, 7, 9, 9, 9, **11, 13, 13, 15, 15, 15, 17, 19, 19, 21, 21,** *15, 15, 17, 19, 19, 23, 25*) M.

Socken: 9 (11, 11, 11, 11, 13, 13, **15, 15, 15, 17, 19, 19, 19, 21, 23, 23, 23,** *17, 19, 21, 21, 23, 25, 27*) M.

Diese Anzahl von Maschen für die **Vorderseite** stricken:

Mittel: 37 (41, 47, 47, 53, 57, 55, **61, 67, 71, 71, 77, 83, 89, 93, 97, 107, 113,** *71, 81, 85, 95, 99, 111, 117*) M.

Dünn: 43 (49, 53, 59, 63, 69, 75, **73, 77, 83, 87, 93, 99, 109, 113, 119, 129, 141,** *87, 99, 109, 113, 125, 133, 143*) M.

Socken: 51 (55, 61, 67, 73, 77, 83, **87, 93, 99, 103, 107, 119, 125, 135, 145, 157, 169,** *103, 113, 123, 141, 151, 161, 171*) M.

Für den linken Ärmel ebenso viele Maschen stilllegen wie für den rechten.

Für die linke Achsel die gleiche Anzahl von Maschen anschlagen wie für die rechte.

Für die Rückseite ebenso viele Maschen stricken wie für die Vorderseite.

Sie befinden sich jetzt zwischen den Maschen für Rückseite und rechte Achsel.

Die gesamte Maschenzahl für den Körper beträgt wie folgt:

Mittel: 84 (96, 108, 108, 120, 132, 132, **144, 156, 168, 168, 180, 192, 204, 216, 228, 252, 264,** *168, 192, 204, 228, 240, 264, 276*) M

Dünn: 96 (108, 120, 132, 144, 156, 168, **168, 180, 192, 204, 216, 228, 252, 264, 276, 300, 324,** *204, 228, 252, 264, 288, 312, 336*) M

Socken: 120 (132, 144, 156, 168, 180, 192, **204, 216, 228, 240, 252, 276, 288, 312, 336, 360, 384,** *240, 264, 288, 324, 348, 372, 396*) M

Um den RA für den Körper einzusetzen, stricken Sie:

Mittel: 2 (3, 3, 3, 3, 4, 5, **5, 5, 6, 6, 6, 6, 6, 7, 8, 9, 9,** *6, 7, 8, 9, 10, 10, 10*) M,

Dünn: 2 (2, 3, 3, 4, 4, 4, **5, 6, 6, 7, 7, 7, 8, 9, 9, 10, 10,** *7, 7, 8, 9, 9, 11, 12*) M,

Socken: 4 (5, 5, 5, 5, 6, 6, **7, 7, 7, 8, 9, 9, 9, 10, 11, 11, 11,** *8, 9, 10, 10, 11, 12, 13*) M,

dann ME für neuen RA. Die erste Masche der Runde ist die Mittellinie der Achsel-M.

Mit der Anleitung für den Körper (S. 38) fortfahren.

Top-Down **Körper**

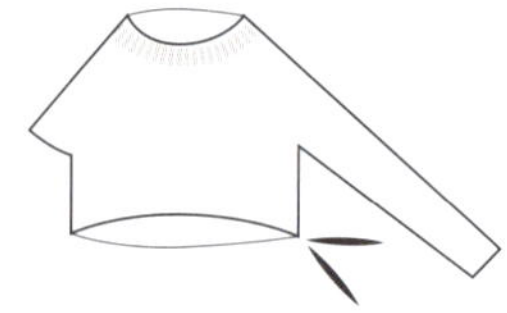

Variante mit geradem Körper:

Rechts str, bis der Körper 14 (16,5, 19, 21,5, 24, 26,5, 29, **33, 33, 35,5, 35,5, 38, 40,5, 43, 43, 45,5, 45,5, 45,5**, *40,5, 40,5, 43, 45,5, 45,5, 48,5, 48,5*) cm ab der Achsel misst, oder bis 4 (**5**, *5*) cm vor Erreichen der gewünschten Länge für Kinder- (**Damen**-, *Herren*-)Größen.

Ab jetzt mit dünneren Nadel im Rippenmuster 4 (**5**, *5*) cm für Kinder- (**Damen**-, *Herren*-)Größen str. Alle Maschen locker abketten.

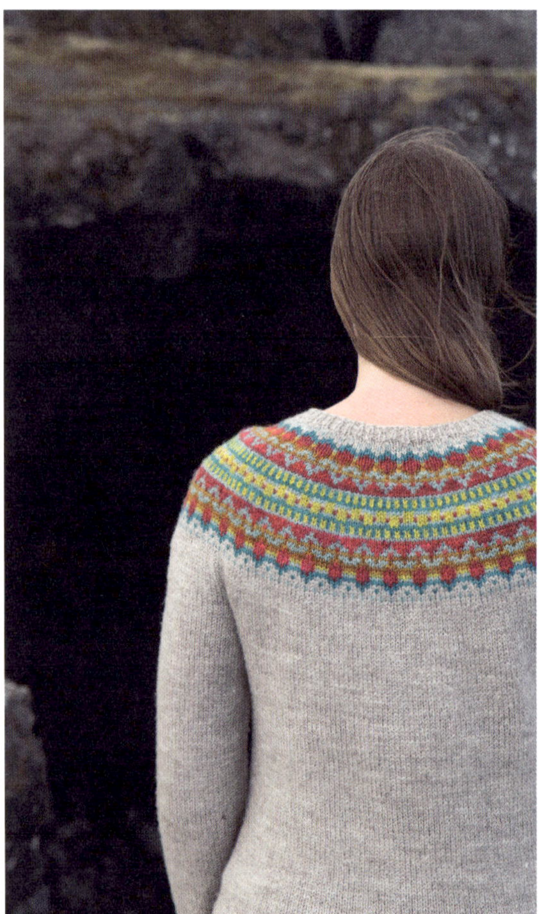

Der Treck-Pullover ist tailliert.

Variante mit Taillenformung:

Für **Damengröße XS (S, SM, M, ML, L, LXL, XL, XXL, 3XL, 4XL)** arbeiten Sie die Taillenform so:

Rechts str, bis der Körper **6,5 (6,5, 6,5, 7,5, 7,5, 9, 9, 10, 11,5, 12,5, 15,5) cm** ab der Achsel misst.

Vorbereitungsrunde:

Mittel: 72r (**78, 84, 84, 90, 96, 102, 108, 114, 126, 132**), ME, bis zum Ende str.

Dünn: 84r (**90, 96, 102, 108, 114, 126, 132, 138, 150, 162**), ME, bis zum Ende str.

Socken: 102r (**108, 114, 120, 126, 138, 144, 156, 168, 180, 192**), ME, bis zum Ende str.

Abnahmerunde: [2r, 2MrabhV, bis 3 M vor dem Markierer str, 2Mzus, 1r, MV] zweimal [4 M abn]

Mittel: 7 Rd str.
Dünn: 6 Rd str.
Socken: 7 Rd str.

Mittel: Diese 8 Rd insg. 3-mal str. [**132** (**144, 156, 156, 168, 180, 192, 204, 216, 240, 252**) M]

Dünn: Diese 7 Rd insg. 4-mal str.[**152** (**164, 176, 188, 200, 212, 236, 248, 250, 284, 308**) M]

Socken: Diese 8 Rd insg. 4-mal str. [**188** (**200, 212, 224, 236, 260, 272, 296, 320, 344, 368**) M]

Zunahmerunde: [3r, 1M, bis 2 M vor dem Markierer str, 1M, 2r] zweimal [4 M zun]

Mittel: 9 Rd str.
Dünn: 8 Rd str.
Socken: 9 Rd str.

Mittel: Diese 10 Rd insg. 3-mal str. [Maschenzahl entspricht der Gesamtzahl.]

Dünn: Diese 9 Rd insg. 4-mal str. [Maschenzahl entspricht der Gesamtzahl.]

Socken: Diese 10 Rd insg. 4-mal str. [Maschenzahl entspricht der Gesamtzahl.]

Rechts str, bis der Körper **33 (33, 35,5, 35,5, 38, 40,5, 43, 43, 45,5, 45,5, 45,5**) cm ab der Achsel misst (oder bis 5 cm vor Erreichen der gewünschte Länge bis zur Achsel).

Ab jetzt mit dünneren Nadel 5 cm im Rippenmuster stricken. Alle Maschen locker abketten.

Top-Down Ärmel

Ärmel:

Stillgelegte M auf eine dickere Nadel nehmen. Die Körper-M für die Achsel aufnehmen und:

Mittel: 2 (3, 3, 3, 3, 4, 5, **5, 5, 6, 6, 6, 6, 6, 7, 8, 9, 9,** *6, 7, 8, 9, 10, 10, 10*) M,

Dünn: 2 (2, 3, 3, 4, 4, 4, **5, 6, 6, 7, 7, 7, 8, 9, 9, 10, 10,** *7, 7, 8, 9, 9, 11, 12*) M,

Socken: 4 (5, 5, 5, 5, 6, 6, **7, 7, 7, 8, 9, 9, 9, 10, 11, 11, 11,** *8, 9, 10, 10, 11, 12, 13*) M,

Me für Achsel, dann aufnehmen und weitere:

Mittel: 3 (4, 4, 4, 4, 5, 6, **6, 6, 7, 7, 7, 7, 7, 8, 9, 10, 10,** *7, 8, 9, 10, 11, 11, 11*) M,

Dünn: 3 (3, 4, 4, 5, 5, 5, **6, 7, 7, 8, 8, 8, 9, 10, 10, 11, 11,** *8, 8, 9, 10, 10, 12, 13*) M,

Socken: 5 (6, 6, 6, 6, 7, 7, **8, 8, 8, 9, 10, 10, 10, 11, 12, 12, 12,** *9, 10, 11, 11, 12, 13, 14*) M,

dann um die stillgelegten M und aufgenommenen M bis Ende beim RA-Markierer herumstricken.

Mittel: [28 (32, 34, 38, 40, 42, 46, **50, 52, 54, 56, 56, 62, 68, 72, 76, 80, 86**, *62, 70, 76, 80, 84, 90, 96*) Oberarm-M]

Dünn: [34 (36, 42, 44, 50, 54, 54, **60, 62, 64, 68, 72, 78, 82, 86, 92, 100, 104**, *76, 84, 90, 100, 104, 108, 116*) Oberarm-M]

Socken: [42 (46, 48, 56, 58, 60, 62, **72, 74, 78, 82, 84, 92, 98, 102, 106, 118, 124**, *90, 98, 106, 114, 124, 130, 136*) Oberarm-M]

In Rd weiterstricken für:

Mittel: 5 (2,5, 7,5, 7,5, 10, 15,5, 15,5, **18, 18, 23, 20,5, 28, 20,5, 18, 12,5, 10, 10, 5**, *12,5, 10, 10, 7,5, 7,5, 7,5, 2,5)* cm.

Dünn: 5 (5, 5, 7,5, 5, 10, 18, **18, 15,5, 23, 20,5, 23, 15,5, 15,5, 12,5, 7,5, 10, 7,5,** *10, 10, 10, 7,5, 7,5, 10, 5)* cm.

Socken: 5 (2, 5, 5, 7,5, 12,5, 20,5, **15,5, 15,5, 18, 15,5, 20,5, 12,5, 10, 5, 7,5, 7,5, 2,5,** *10, 10, 7,5, 7,5, 2,5, 5, 1,5)* cm.

Abnahmerunde: 2r, 2MrabhV, bis 3 M vor Ende str, 2Mzus, 1r [2 M abn]

5 (5, 5, 5, 5, 5, 5, **5, 5, 5, 5, 5, 5, 5, 5, 5, 4, 4, 5,** *5, 5, 5, 5, 4, 3*) Rd str.

Diese 6 (6, 6, 6, 6, 6, **6, 6, 6, 6, 6, 6, 6, 6, 6, 5, 5,** *6, 6, 6, 6, 6, 5, 4*) Rd insgesamt:

Mittel: 2 (4, 3, 5, 6, 5, 7, **7, 8, 7, 8, 6, 9, 10, 12, 14, 16, 19,** *11, 13, 14, 16, 16, 19, 22*)-mal.
[24 (24, 28, 28, 28, 32, 32, **36, 36, 40, 40, 44, 44, 48, 48, 48, 48, 48,** *40, 44, 48, 48, 52, 52, 52*) Bündchen-M]

Dünn: 3 (4, 5, 6, 7, 9, 7, **8, 9, 8, 10, 10, 13, 13, 15, 18, 20, 22**, *14, 16, 17, 20, 20, 22, 26*)-mal.
[28 (28, 32, 32, 36, 36, 40, **44, 44, 48, 48, 52, 52, 56, 56, 56, 60, 60,** *48, 52, 56, 60, 64, 64, 64*) Bündchen-M]

Socken: 3 (5, 6, 8, 9, 8, 7, **10, 11, 11, 13, 12, 16, 17, 19, 19, 23, 26,** *15, 17, 19, 21, 24, 27, 30*)-mal.
[36 (36, 36, 40, 40, 44, 48, **52, 52, 56, 56, 60, 60, 64, 64, 68, 72, 72,** *60, 64, 68, 72, 76, 76, 76*) Bündchen-M]

Weiterstricken bis der Ärmel 11,5 (14, 16,5, 21,5, 26,5, 29, 34,5, **35,5, 38, 40,5, 40,5, 43, 43, 43, 43, 45,5, 45,5, 45,5,** 40,5, 43, 45,5, 48,5, 48,5, 48,5, 48,5) cm ab der Achsel misst, oder bis 4 (**5,** *5)* cm vor Erreichen der gewünschten Länge für Kinder- **(Damen-,** *Herren-)*Größen.

Ab jetzt mit dünneren Nadel für Kinder- **(Damen-,** *Herren-)*Größen im Rippenmuster 4 (**5**, 5) cm str. Alle Maschen locker abketten.

Fertigstellung:

Verbliebene Löcher unter der Achsel zunähen. Fadenenden verstecken, den Pullover waschen und blocken (S. 138).

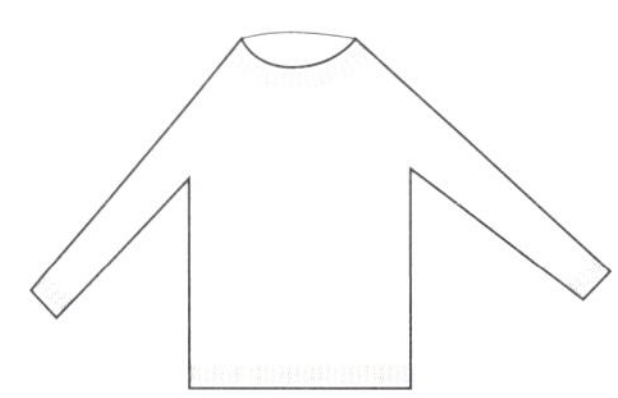

Keil-Methode

Die Strange-Brew-Methoden für Rundpassen sind sehr wandlungsfähig, aber etwas, das nicht berücksichtigt wird, ist die vertikale Ausrichtung über die gesamte Passe. Für einige Designs ist deshalb ein anderer Ansatz besser: der Keil.

Das Ziel ist es, ein keilförmiges Schema zu erstellen, das die Zu- und Abnahmen enthält. Dieses Keilschema wiederholt sich in der gesamten Passe.

Die maßgeblichen Zahlen finden Sie auf S. 17:

Maschenzahl am Halsausschnitt: ____________
Maschenzahl am unteren Rand der Passe: _____
Gesamtzahl der Passenrunden: ____________

Wie kommen Sie jetzt von einer Zahl zur anderen?

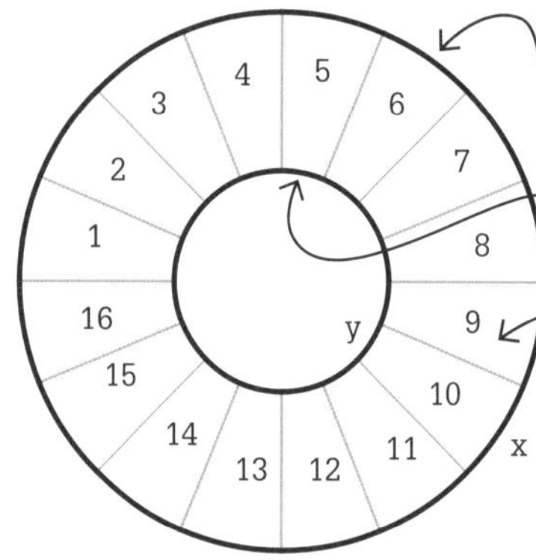

Top-Down mit Keil:

1. Stricken Sie das Rippenmuster und anschließend eine Zunahmerunde. (Diese Zunahme zu Anfang kann ziemlich steil ausfallen.)

2. Arbeiten Sie ein Keilschema aus, dessen Breite sich in etwa verdoppelt. Der Keil sollte seine doppelte Breite bis zur Hälfte des Schemas erreicht haben.

3. Stricken Sie eine Zunahmerunde zum Versäubern, um die Maschenzahl am unteren Passenrand zu erreichen.

Bottom-Up mit Keil:

1. Arbeiten Sie eine Abnahmerunde zum »Versäubern«, um auf ein gerades Vielfaches der vollen Keilmaschenzahl zu kommen.

2. Arbeiten Sie ein Keilschema aus, dessen Breite sich in etwa halbiert. Die Abnahmen sollten etwa bei der Hälfte des Schemas beginnen.

3. Stricken Sie eine Abnahmerunde nach dem Schema, um die gewünschte Maschenzahl für den Halsausschnitt zu erreichen. (Diese Abnahme am Schluss kann ziemlich steil ausfallen.)

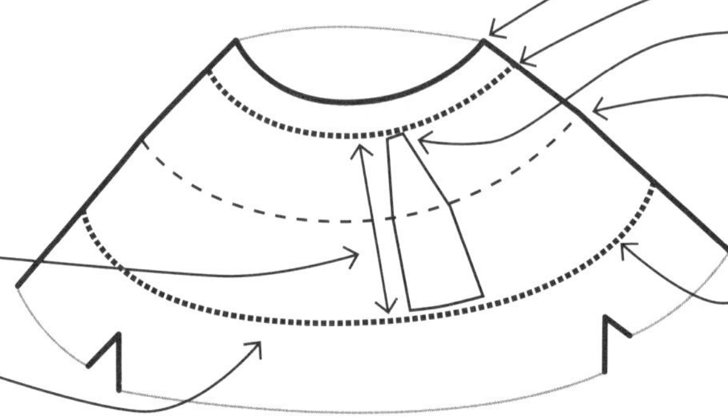

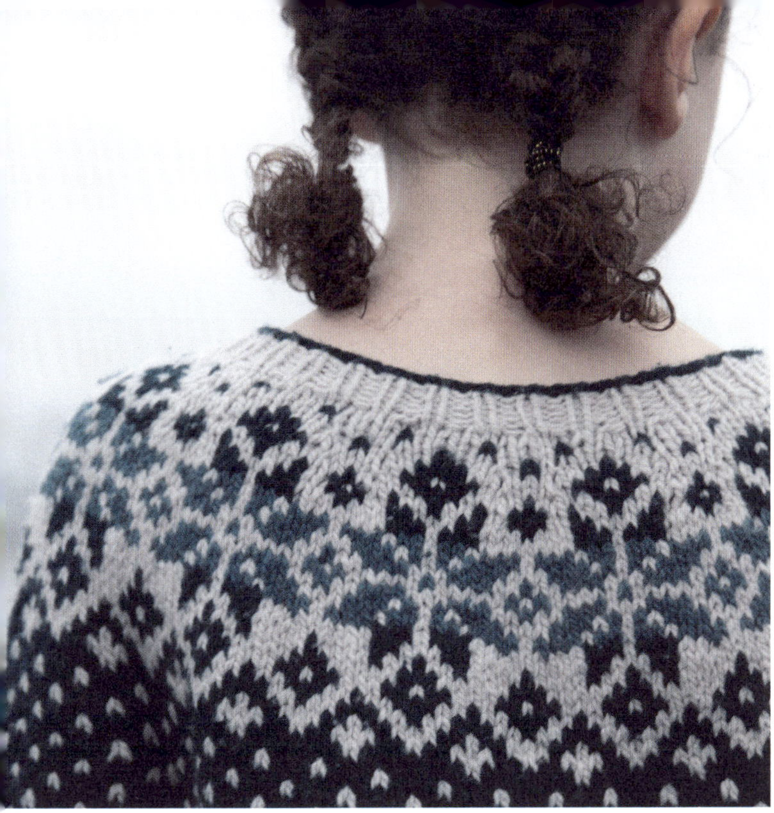

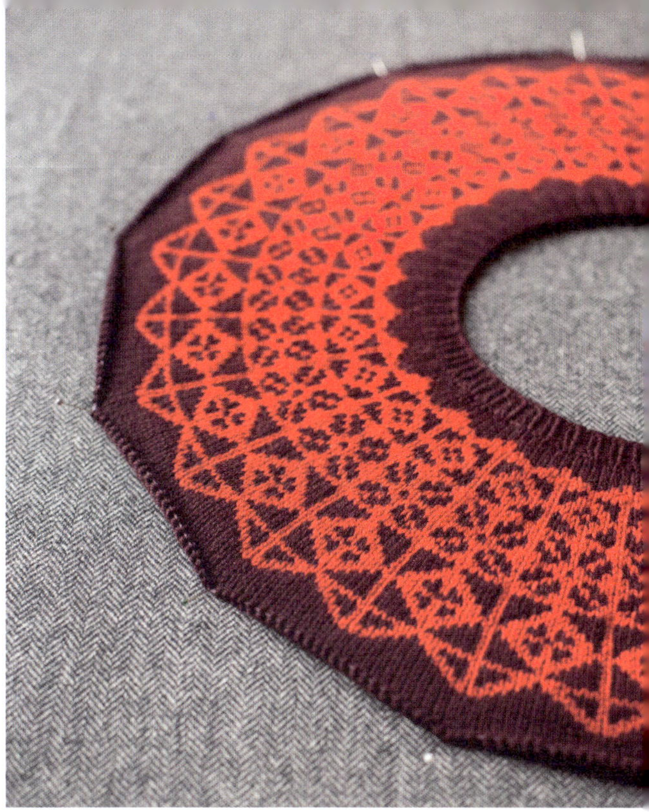

Moräne:

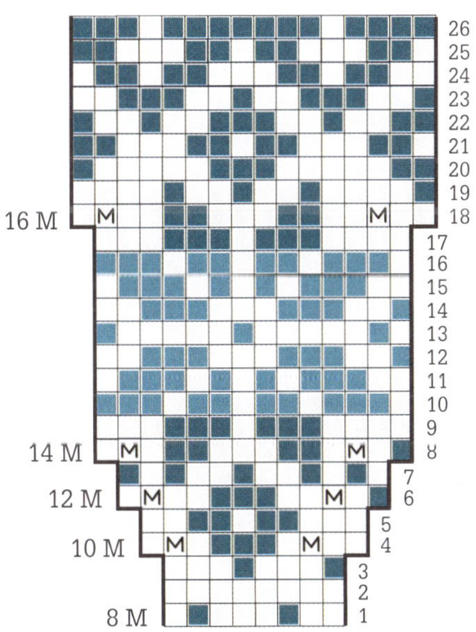

Hinweise:

Die meisten Maschen werden in der ersten Hälfte des Schemas zugenommen.

Die Maschenzahl verdoppelt sich in beiden Fällen.

Dies sind zwar beides Top-down-Beispiele, aber die Keilmethode funktioniert von unten nach oben genauso, nur mit dem Unterschied, dass innerhalb des Musters zu- statt abgenommen wird.

Kompass:

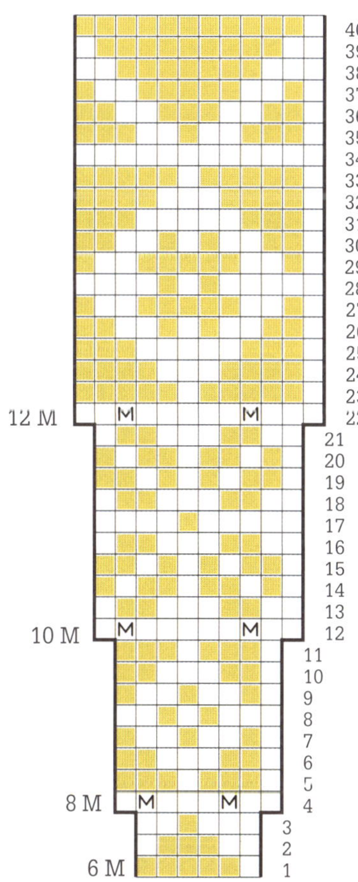

Hinweise zur Schema-Tiefe:

Sie können am unteren Rand der Passe ein paar Runden ohne Musterung stricken, damit das Muster nicht in den Achseln an der Übergangsstelle zwischen Körper und Passe reingezogen wird.

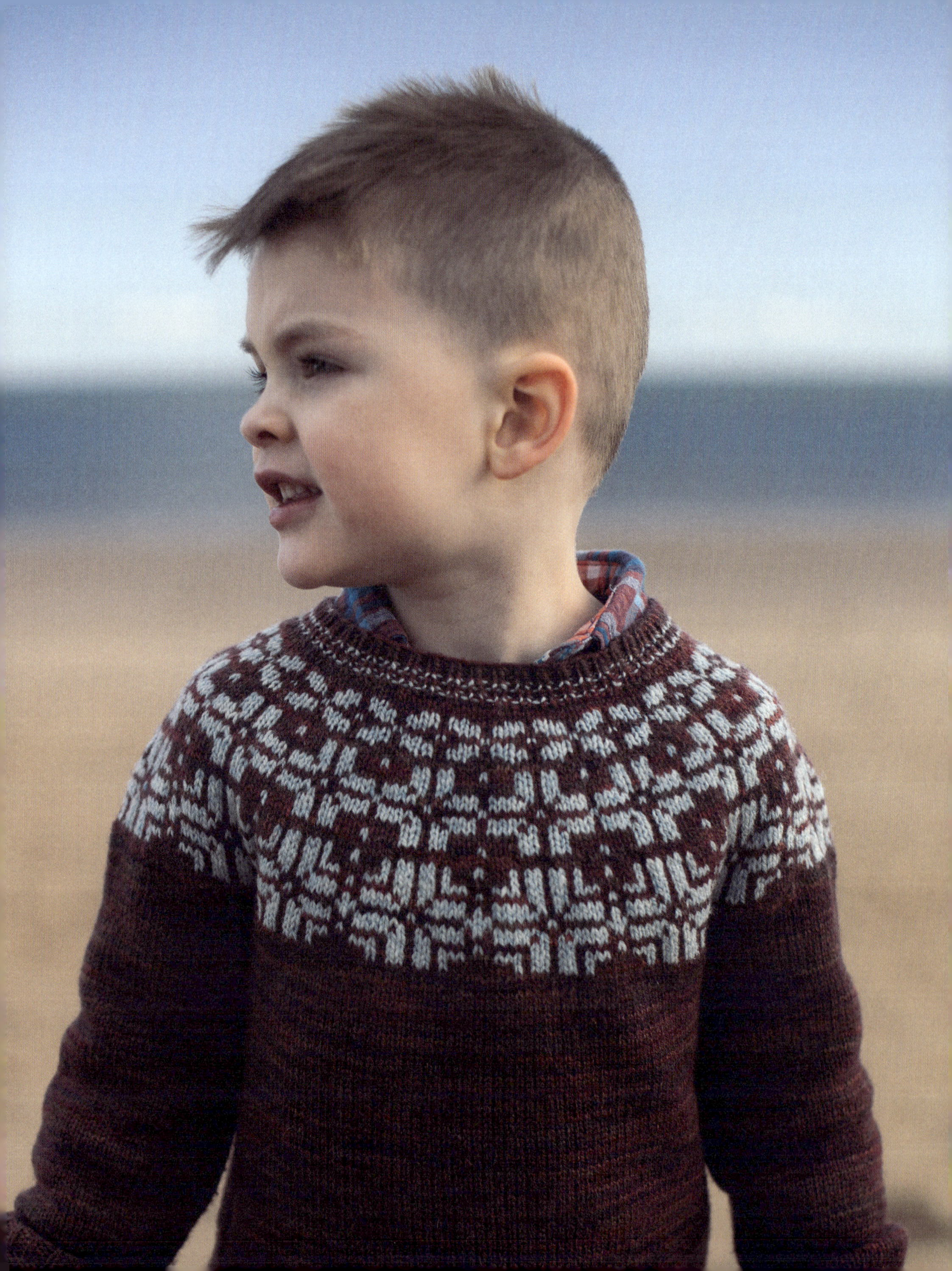

Schema:

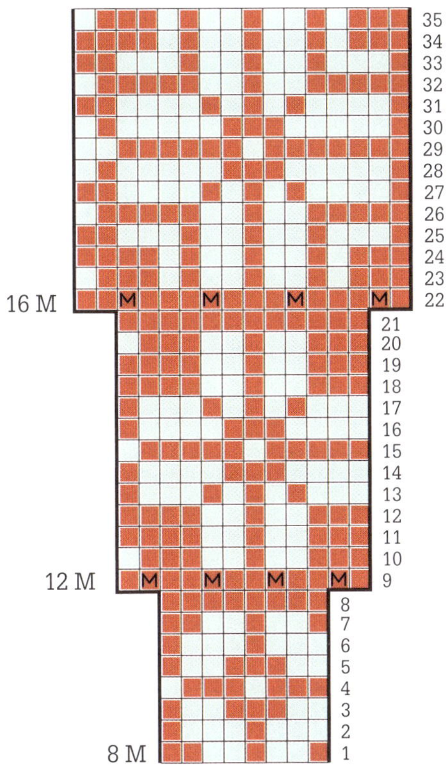

Farbgebung:

■ **Old Maiden Aunt Corriedale Sportweight** in »With a Kiss«

□ **De Rerum Natura Ulysse** in »Ciel«

Erläuterungen

M 1M - eine Masche auf die bevorzugte Art in der gezeigten Farbe zunehmen

Ein kleines Beispiel:

Top-down, Sockenwolle, 4–6 J.

Ich habe 96 M angeschlagen und im Rippenmuster 1x1 mit KF-Streifen gestrickt.

Ich wollte einen Keil stricken, dessen Maschenzahl sich verdoppelt, also habe ich die finale Maschenzahl der Passe für diese Größe ausgerechnet:

240 M nach Zunahmerunde 5.

240 : 2 = 120 M, ich habe mein Einstrickmuster also mit 120 M insg. begonnen (15 Wdh. des Rapports).

Mustervorbereitungsrunde: re, dabei Zunahme von 24 M, gleichmäßig verteilt. Das ergab [4r, 1M] rundum [120 M].

35 Rd des Musters arbeiten [240 M].

Ich habe eine weitere Runde in HF gestrickt und habe dann ohne verkürzte Reihen mit der Trennung von der Passe weitergemacht.

Die Anleitung verlangt 6 + 10 + 16 Musterrunden + 4 Zunahmerunden bei insg. 32 Rd innerhalb des Passenmusterbereichs. Ich dagegen habe 36 gestrickt und kam gut hin.

Zusammengefasst: Keilschemata, bei denen die Maschenzahl verdoppelt (oder halbiert) wird, funktionieren gut. Platzieren Sie die Zunahme (bzw. Abnahme) für die Vorbereitung, falls erforderlich, auf der Oberseite der Passe, beim Halsausschnitt.

Es lebe das Steeken!

Was ist Steeken? Ein Steek (setzen Sie sich bitte, wenn Sie zum ersten Mal davon hören) ist die Stelle, an der Sie Ihr Strickstück verstärken und aufschneiden, um einen Pullover in eine Strickjacke zu verwandeln. Die entsprechende Stricktechnik nennt man Steeken.

Warum nicht in Hin- und Rückreihen stricken? Einstrickmusterstreifen lassen sich am besten in der Runde arbeiten, es sieht viel ordentlicher aus, auch die Flottierfäden werden schöner und lockerer, man sieht besser, wie sich das Muster auf der rechten Seite formt, und es fällt auch leichter, die Spannung gleichmäßig zu halten. Wenn Sie einen Steek in Ihren Strange-Brew-Pullover einstricken wollen, möchten Sie Ihr Design vielleicht etwas anpassen.

Einen Steek planen:

1. Steekmaschen: Für den Steek nehmen Sie die 5 zentralen Maschen als Steekmaschen. Diese 5 M sind während der gesamten Passe »heilig«, Zu- und Abnahmen werden jenseits dieser M durchgeführt und wirken sich nicht auf sie aus.

Wenn Sie mit Ihrem Pullover fertig sind, verstärken Sie den Steek und schneiden ihn in der Mitte auf. Dann stricken Sie auf beiden Seiten der Steekmaschen Knopfleisten an.

Wenn der Pullover aufgeschnitten wird, sind die Steekmaschen verschwunden. Sie gewinnen die Breite der Knopfleisten hinzu, brauchen also keine 5 M zu den Strange-Brew-Zahlen hinzufügen.

2. Angleichung der Muster: Wenn Sie einen Pullover mit Steek stricken, sollte der Musteranfang am Steek liegen. Je nach Muster müssen Sie eventuell Randmaschen hinzufügen, damit Ihre Musterung rund um die Steekmaschen symmetrisch wird.

3. So arbeiten Sie Ihre Steekmaschen: in 2 Farbrunden, die Farben sollten sich am Steek abwechseln wie in den Schemata unten gezeigt. Wenn das so ist, bedeutet das, dass Sie nicht in einen langen, freiliegenden Faden hineinschneiden und die Farben fest verankert sind.

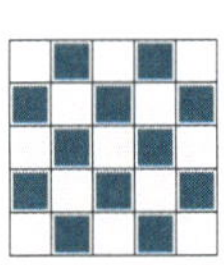

Schachbrett-Steekmaschen

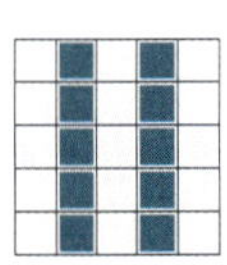

Steekmaschen-streifen

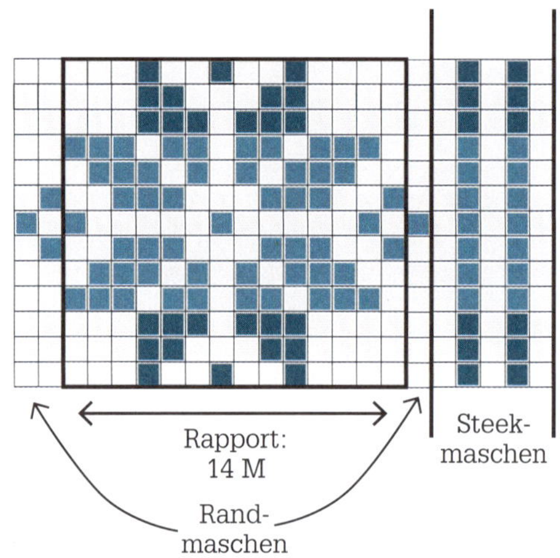

Ein kleines Beispiel:

Im obenstehenden Schema haben wir 5 Steekmaschen und eine Schneeflocke mit 14 Maschen. Um die Motive symmetrisch anzuordnen, fügte ich 1 Randmasche am Anfang der Runde und 2 Randmaschen am Ende hinzu. So können die kleinen Kreuze zwischen den Schneeflocken direkt vor oder hinter der Knopfleiste vollendet werden.

Wenn Sie dieses Schema für eine Rundpasse verwenden wollen, benötigen Sie ein Vielfaches von 14 M plus 8 (5 Steekmaschen und 3 Randmaschen).

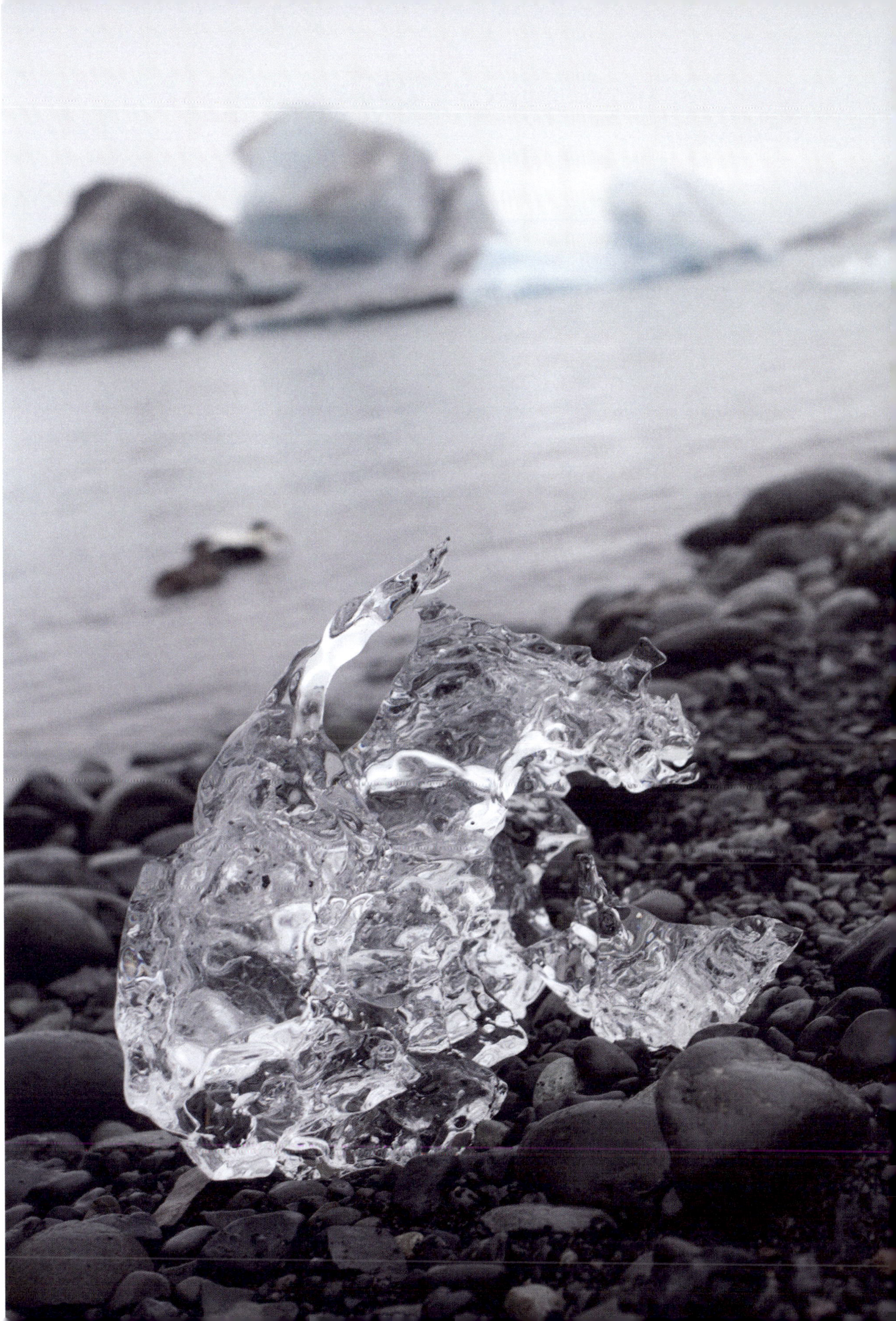

Anthologie

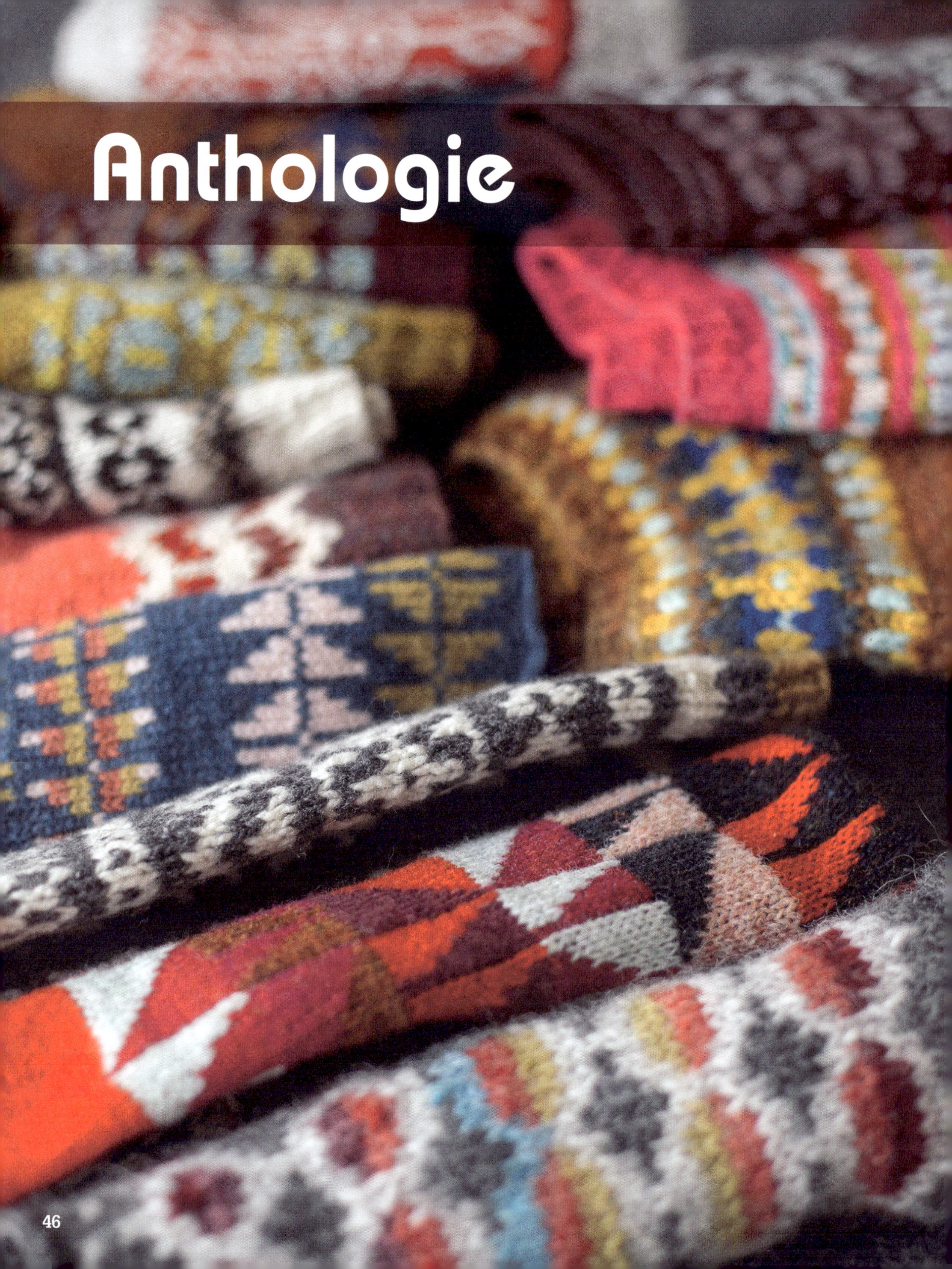

Alle Designs aus dieser Kollektion begannen mit einem unverbindlichen Versuch. Wir fingen mit einem Probestück oder einem Versuchsprojekt wie einer Mütze, einem Loopschal oder einem kleinen Pulli an.

Mit Anthologie als Vorlage können Sie die Welt der Farbmuster erkunden. Es ist eine großartige Möglichkeit, mit Farben zu spielen und Motive auszuprobieren. Wenn Sie ein Versuchsprojekt stricken, bedeutet das, dass nur wenige Ihrer geliebten Maschen verschwendet sein werden. Auf S. 126 besprechen wir Garnsorten, Probestücke und Maschenproben, und auf S. 128 Motive, die Sie ausprobieren sollten.

Größen:

Mütze: Neugeborenes (Baby, Kleinkind, Kind, **Erwachsenengröße SM, Erwachsenengröße L**), passt bei einem Kopfumfang von: 35,5 (40,5, 45,5, 48,5, **53,5, 58,5**) cm

Loopschal: Kleinkind (Kind, **Erwachsene**), Umfang ungefähr 45,5 (49,5, **54,5**) cm und Höhe 15,5 (18, **25,5**) cm

Schlauch-Loop: Kind kurz (Kind lang, **Erwachsene kurz, Erwachsene lang**) Umfang ungefähr 45,5 (101,5, **56, 137**) cm und Höhe 18 (18, **24, 24**) cm

Materialien:

Garne: Unten finden Sie die benötigte Garnmenge für Sockenwolle, mittleres oder dünnes Garn, die sich aus zwei oder mehr Farben zusammensetzen kann. Geschätzt wurde der Bedarf für eine Mütze oder einen Loopschal mit aufwendiger Musterung.

	Mittleres Garne:	Dünnes Garne:	Sockenwolle:
Mütze:	95 (110, 140, 175, **210, 250**)	110 (140, 165, 200, **250, 295**)	130 (160, 185, 230, **275, 330**)
Loopschal:	160 (185, **230**)	200 (230, **275**)	275 (320, **365**)
Schlauchloop:	320 (685, **460, 915**)	405 (805, **550, 1100**)	550 (870, **735, 1280**)
Maschenprobe:	18 M & 21 Rd / 10 cm für Einstrickmusterstreifen mit dickeren Nadeln	22 M & 26 Rd / 10 cm für Einstrickmusterstreifen mit dickeren Nadeln	26 M & 30 Rd / 10 cm für Einstrickmusterstreifen mit dickeren Nadeln
Nadelstärken:	Nr. 4 & 5	Nr. 3,5 & 4	Nr. 2,75 & 3,5

Die Nadelstärken sind nur Empfehlungen; machen Sie eine Maschenprobe, um die dickere Nadelstärke zu bestimmen, mit der Sie die richtigen Maße beim Einstrickmuster erreichen. Dafür brauchen Sie NS in beiden Stärken für die Größen Neugeborenes & Baby plus dickere NS für Kleinkind, Kind und Erwachsene. Für den einfachen Loopschal benötigen Sie eine 40 cm lange Rundstricknadel in beiden Stärken. Für den Schlauchloop brauchen Sie eine 40 cm lange Rundstricknadel in der dickeren Stärke. Alternativ können Sie die Magic-Loop-Technik nutzen, um mit einer einzelnen langen Rundnadel in Runden zu stricken.

Zubehör: Maschenmarkierer, Stopfnadel

Anthologie-MÜTZEN-Anleitung:

Diese Mütze wird vom Bündchen bis zur Spitze in Runden gestrickt, wahlweise mit normaler oder umgeschlagenem Bündchen. Die Maschenzahl ist immer durch 6 teilbar, sodass Muster mit 2, 3 oder 6 Maschen gleichermaßen passen. Für ein Muster, dessen Maschenzahl nicht durch 6 teilbar ist, nehmen Sie einfach nach dem Rippenmuster ein paar Maschen zu oder ab, damit das gewählte Muster passt. Denken Sie daran, dass Sie die Maschenzahl vor den Abnahmen an der Spitze wieder auf die gleiche Zahl bringen wie beim Anschlag.

Schlagen Sie mit dünneren Nadeln folgende Maschenzahl an:

Mittel: 60 (72, 84, 90, **96, 102**) M.

Dünn: 78 (90, 102, 108, **114, 120**) M.

Socken: 90 (108, 120, 126, **132, 144**) M.

RA-Markierer einsetzen und zur Runde schließen.

Für ein normales Bündchen 2,5 (2,5, 4, 4, **4, 4,5**) cm im Rippenmuster 1x1 str oder 6,5 (6,5, 7,5, 9, **10, 10**) cm für die umgeschlagene Variante. Die Nadeln gegen dickere tauschen und 1 Rd str.

Mit Einstrickmustern arbeiten, bis die Mütze ab Anschlag 10 (11,5, 13,5, 14, **14,5, 16,5**) cm (normales Bündchen) bzw. 14 (15,5, 17, 19, **21, 22**) cm (Umschlagvariante) misst. Wenn Sie die in der Maschenprobe angegebene Rundenzahl erreicht haben, entspricht das ungefähr folgender Anzahl von Farbmusterrunden:

Mittel: 15 (17, 19, 20, **21, 24**) Rd.

Dünn: 19 (22, 23, 25, **27, 30**) Rd.

Socken: 22 (25, 27, 29, **31, 35**) Rd.

Abnahmen für die Spitze:

Vorbereitung der Abnahmen für die Spitze::

Mittel: [10r (12, 14, 15, **16, 17**), ME] rundherum

Dünn: [13r (15, 17, 18, **19, 20**), ME] rundherum

Socken: [15r (18, 20, 21, **22, 24**), ME] rundherum

Das Strickstück ist jetzt in 6 Abschnitte aufgeteilt.

Rd 1: [1r, 2MrabhV, bis 2 M vor dem Markierer str, 2Mzus, MV] rundherum [12 M abn]

Rd 2: rechts

Stricken Sie Runde 1-2 insgesamt:

Mittel: 3 (4, 5, 6, **6, 7**)-mal. [24, 24, 24, 18, **24, 18**) M]

Dünn: 5 (6, 7, 7, **8, 8**)-mal. [18 (18, 18, 24, **18, 24**) M]

Socken: 6 (7, 8, 9, **9, 10**)-mal. [18 (24, 24, 18, **24, 24**) M]

Wenn 24 M übrigbleiben, stricken Sie: [1r, 1labh-2Mzus-Müberz] rundherum

Wenn 18 M übrigbleiben, stricken Sie: [1r, 2MrabhV] ringsherum

Nächste Runde: [2MrabhV ringsherum] [6 M]

Faden abschneiden, Fadenende durch die verbliebenen Maschen ziehen und zuziehen. **Fadenenden verstecken** sowie die Mütze **waschen und blocken**, um das Maschenbild auszugleichen.

Anthologie-LOOP-Anleitung:

Dieser Loopschal wird in Rd von einem Ende zum anderen gestrickt. Die Maschenzahl ist immer durch 12 teilbar, sodass Muster mit 2, 3, 4, 6 oder 12 Maschen gleichermaßen passen. Wenn Sie ein Muster mit abweichendem Rapport nehmen wollen, machen Sie Ihren Schal einfach ein paar Maschen größer oder kleiner.

Mit dünneren Nadeln folgende Anzahl von Maschen in HF anschlagen:

Mittel: 84 (84, **96**) M.

Dünn: 96 (108, **120**) M.

Socken: 120 (132, **144**) M.

RA-Markierer einsetzen und zur Runde schließen.

2,5 cm hoch im Rippenmuster 1x1 (*1r, 1l*), 2x2 *(2r, 2l)* oder 3x1 *(3r, 1l)* str. Die Nadeln gegen dickere tauschen und 1 Rd str. Mit Einstrickmustern arbeiten, bis der Loop ab Anschlag 12,5 (15,5, **23**) cm misst. Wenn Sie die in der Maschenprobe angegebene Rundenzahl erreicht haben, entspricht das ungefähr folgender Anzahl von Farbmusterrunden:

Mittel: 20 (25, **41**) Rd.

Dünn: 25 (32, **51**) Rd.

Socken: 29 (37, **59**) Rd.

1 Runde in HF str. Ab jetzt mit dünneren Nadeln 2,5 cm im Rippenmuster str, so wie zu Beginn. Alle Maschen locker abketten. **Fadenenden verstecken** sowie den Loop **waschen und blocken**, um das Maschenbild auszugleichen.

Anthologie-SCHLAUCHLOOP-Anleitung:

Dieser Loop wird in Runden gestrickt, sodass ein langer Schlauch entsteht. Dessen Ende wird mit dem Anfang zusammengefügt, um den Schal zu vollenden. Die Maschenzahlen sind immer durch 12 teilbar, sodass alle Muster mit 2, 3, 4, 6 oder 12 Maschen gleichermaßen passen. Wenn Sie ein Muster mit abweichendem Rapport nehmen wollen, machen Sie Ihren Schal einfach ein paar Maschen größer oder kleiner.

Sie können entweder mit dem provisorischen Maschenanschlag arbeiten und die Enden danach mit dem Maschenstich miteinander verbinden, oder Sie schlagen die Maschen auf die normale Art an und nähen die beiden Enden zusammen.

Bei beiden Methoden schlagen Sie folgende Maschenzahl an:

Mittel: 60 (60, **84, 84**) M.

Dünn: 84 (84, **108, 108**) M.

Socken: 96 (96, **120, 120**) M.

RA-Markierer einsetzen und zur Runde schließen.

Mit Einstrickmustern arbeiten, bis der Schal ab Anschlag 45,5 (101,5, **56, 137**) cm misst. Wenn Sie die in der Maschenprobe angegebene Rundenzahl erreicht haben, entspricht das ungefähr:

Mittel: 95 (210, **116, 284**) Rd.

Dünn: 117 (260, **143, 351**) Rd.

Socken: 135 (300, **165, 405**) Rd.

Wenn Sie den provisorischen Anschlag verwendet haben, trennen Sie den Anschlag jetzt auf, legen die Maschen auf eine separate Nadel und schließen den Loop mit dem Maschenstich zur Runde. Wenn Sie die Maschen normal angeschlagen haben, ketten Sie alle Maschen locker ab und nähen die beiden Enden zusammen. Verstecken Sie nun die Fadenenden und waschen sowie blocken Sie den Schal oder die Mütze, um die Einstrickmuster zu glätten.

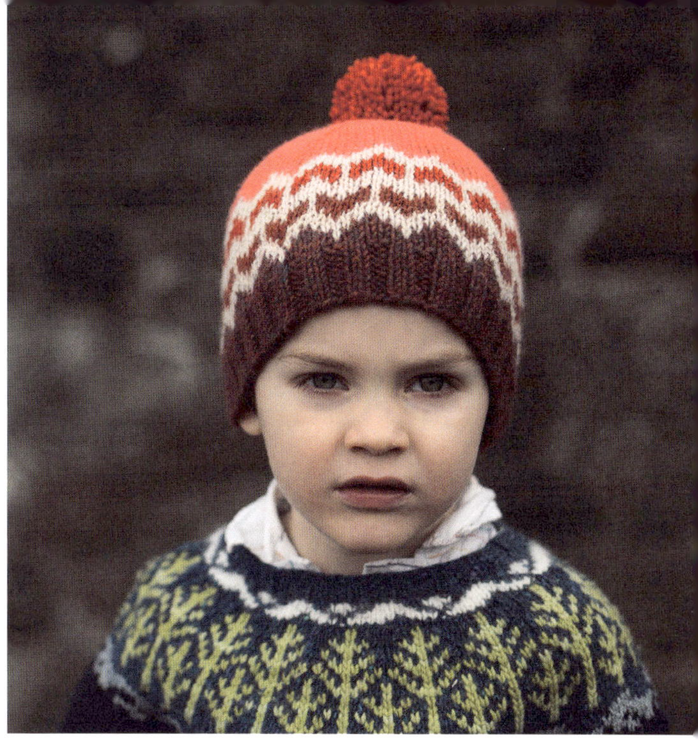

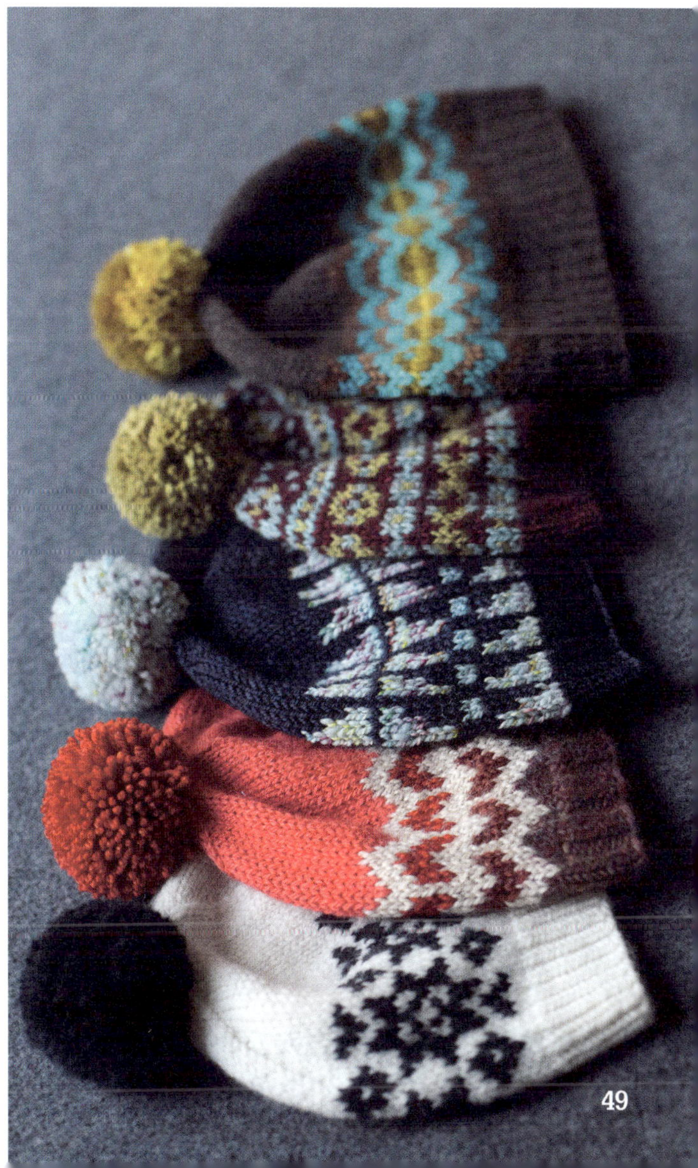

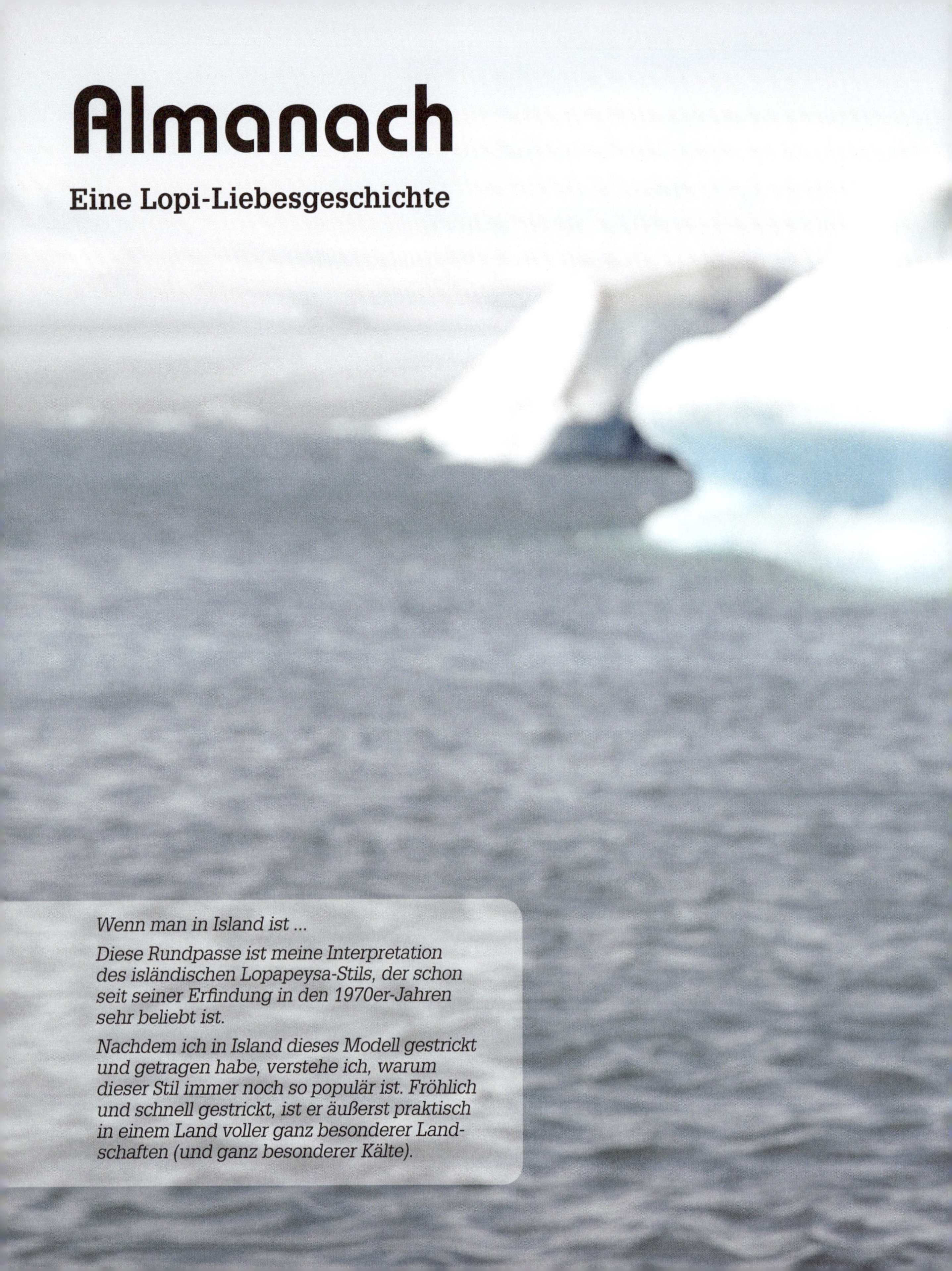

Almanach

Eine Lopi-Liebesgeschichte

Wenn man in Island ist ...

Diese Rundpasse ist meine Interpretation des isländischen Lopapeysa-Stils, der schon seit seiner Erfindung in den 1970er-Jahren sehr beliebt ist.

Nachdem ich in Island dieses Modell gestrickt und getragen habe, verstehe ich, warum dieser Stil immer noch so populär ist. Fröhlich und schnell gestrickt, ist er äußerst praktisch in einem Land voller ganz besonderer Landschaften (und ganz besonderer Kälte).

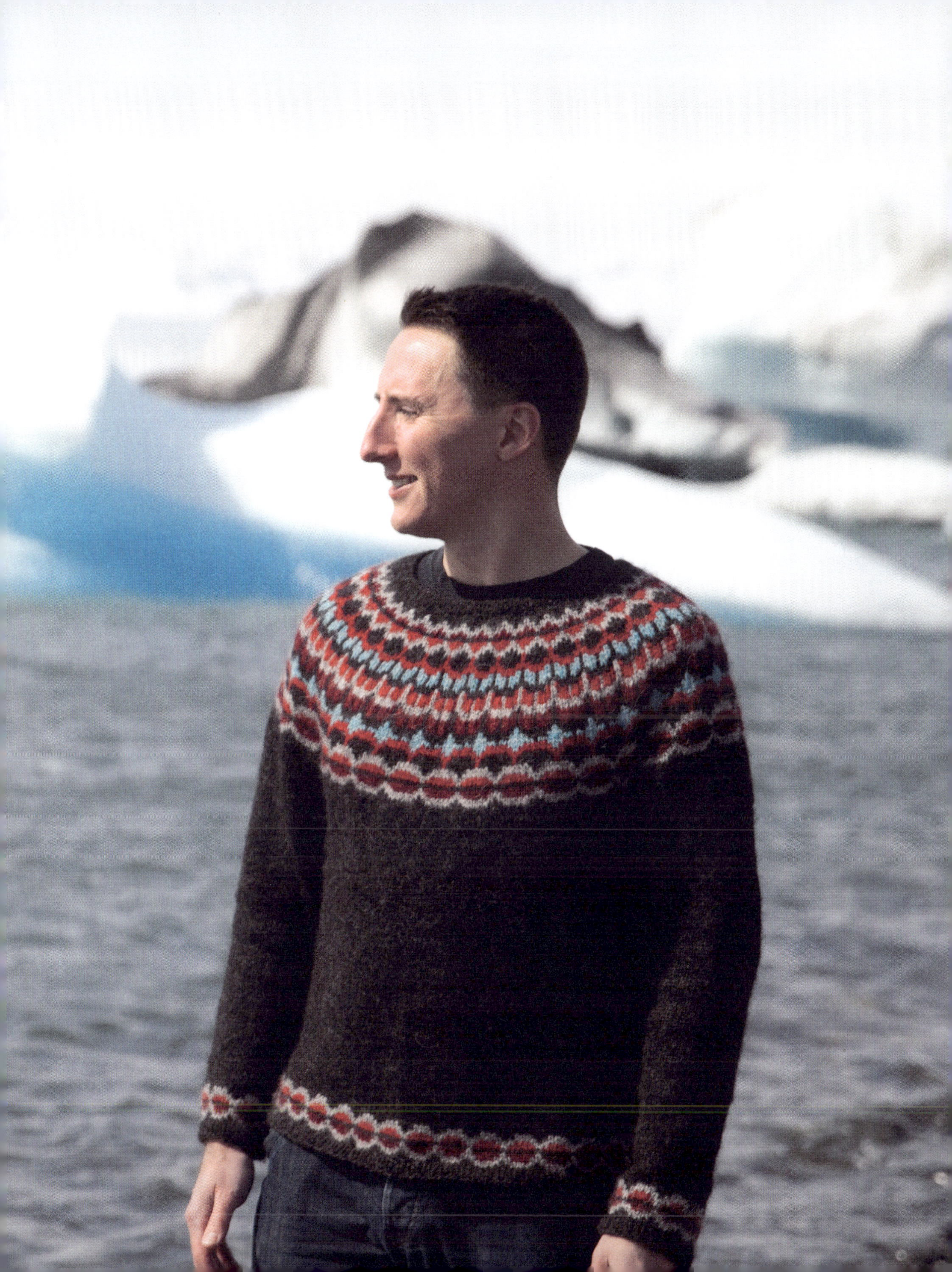

Materialien:

Garne: Für mitteldicke Garne – siehe Tabelle für die benötigte Garnmenge (die gezeigten Modelle sind aus **Ístex Léttlopi**, siehe Rapportseite für die Farbgebung)

Maschenprobe: 18 M & 24 Rd / 10 cm glatt rechts mit dickeren Nadeln
18 M & 23,5 Rd / 10 cm mit Einstrickmusterstreifen und dickeren Nadeln

Nadeln Nr. 3,5 & 4,5 (oder andere Stärke, um der Maschenprobe zu entsprechen);
0–6 Mo–4 J: Rundstricknadel von 40 cm und NS in allen Größen*,
4 Jahre–XS: Rundstricknadeln von 40 und 60 cm sowie NS in allen Größen* S–4XL: Rundstricknadeln von 40 und 80 cm sowie NS in allen Größen*
**Alternativ können Sie die Magic-Loop-Technik nutzen, um mit einer einzelnen langen Rundnadel in Rd zu stricken.*

Zubehör: Maschenmarkierer, Stopfnadel

Größen:

In dieser Tabelle sind die Maße des fertigen Kleidungsstücks aufgeführt. Wählen Sie Ihre Größe anhand Ihres Brustumfangs plus des gewünschten Spielraums.

							Garnmenge	
	Größe	a	b	c	d	e	HF	KF*
Kindergrößen	0–6 Mo	47 cm	15 cm	18 cm	16 cm	11,5 cm	230 m	140 m
	6–12 Mo	55 cm	18 cm	20 cm	18 cm	12,5 cm	300 m	185 m
	1–2 J	61 cm	20 cm	23 cm	19 cm	14 cm	345 m	185 m
	2–4 J	61 cm	25,5 cm	25,5 cm	21,5 cm	15 cm	415 m	230 m
	4–6 J	67,5 cm	30,5 cm	28 cm	23 cm	16,5 cm	435 m	275 m
	6–8 J	75 cm	33 cm	30,5 cm	23,5 cm	17 cm	525 m	320 m
	8–10 J	75 cm	38 cm	33 cm	26 cm	18 cm	595 m	365 m
Damengrößen	**XS**	**81 cm**	**43 cm**	**38 cm**	**28 cm**	**20,5 cm**	**620 m**	**365 m**
	S	**87,5 cm**	**43 cm**	**38 cm**	**29 cm**	**21 m**	**665 m**	**415 m**
	SM	**95 cm**	**45,5 cm**	**40,5 cm**	**30,5 cm**	**21 cm**	**735 m**	**460 m**
	M	**95 cm**	**45,5 cm**	**40,5 cm**	**30,5 cm**	**23,5 cm**	**780 m**	**460 m**
	ML	**102 cm**	**48,5 cm**	**43 cm**	**30,5 cm**	**23,5 cm**	**825 m**	**505 m**
	L	**108 cm**	**48,5 cm**	**45,5 cm**	**35 cm**	**24 cm**	**895 m**	**550 m**
	LXL	**115,5 cm**	**48,5 cm**	**48,5 cm**	**38 cm**	**25,5 cm**	**915 m**	**550 m**
	XL	**122 cm**	**48,5 cm**	**48,5 cm**	**40,5 cm**	**26,5 cm**	**1005 m**	**595 m**
	XXL	**128,5 cm**	**51 cm**	**51 cm**	**43 cm**	**28 cm**	**1075 m**	**595 m**
	3XL	**142,5 cm**	**51 cm**	**51 cm**	**45 cm**	**29 cm**	**1165 m**	**595 m**
	4XL	**148,5 cm**	**51 cm**	**51 cm**	**48,5 cm**	**30,5 cm**	**1215 m**	**595 m**
Herrengrößen	*S*	*95 cm*	*45,5 cm*	*45,5 cm*	*35 cm*	*23,5 cm*	*800 m*	*505 m*
	M	*108 cm*	*48,5 cm*	*45,5 cm*	*39,5 cm*	*25 cm*	*915 m*	*550 m*
	L	*115,5*	*51 cm*	*48,5 cm*	*43 cm*	*25,5 cm*	*960 m*	*595 m*
	XL	*128,5 cm*	*53,5 cm*	*51 cm*	*45 cm*	*27,5 cm*	*1100 m*	*640 m*
	XXL	*136 cm*	*53,5 cm*	*51 cm*	*47,5 cm*	*29 cm*	*1145 m*	*640 m*
	3XL	*148,5 cm*	*53,5 cm*	*53,5 cm*	*51 cm*	*30,5 cm*	*1235 m*	*685 m*
	4XL	*156 cm*	*53,5 cm*	*53,5 cm*	*54 cm*	*33 cm*	*1325 m*	*685 m*

** Es wird die gesamte KF–Garnmenge angegeben, da es viele Varianten gibt, und es auch davon abhängt, wie viele KF Sie für dieses Design verwenden.*

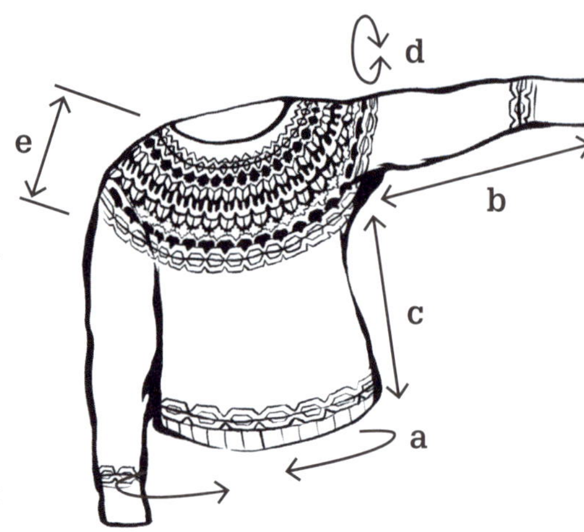

Anmerkungen zu den Größen:

John trägt Herrengröße M (108 cm) mit 7,5 cm Mehrweite. »Mehrweite« ist die Differenz in cm zwischen den Körpermaßen und den Maßen des fertigen Strickstücks. Bei Nina hat der Pullover 14 cm Mehrweite.

Max trägt die Größe 4–6 J (67,5 cm) mit 10 cm Mehrweite.

Aufbau: Top-Down

Halsausschnitt:

Mit dünneren Nadeln in HF 56 (60, 64, 68, 72, 72, 74, **74, 78, 80, 80, 80, 84, 84, 84, 86, 86, 90,** *80, 84, 84, 86, 88, 88, 90*) M anschlagen, ME und zur Runde schließen.

3 (3, 3, 4, 4, 4, 4, **4, 4, 4, 5, 5, 6, 6, 7, 7, 7, 7,** *5, 5, 6, 6, 7, 7, 7*) Rd im Rippenmuster 1x1 (1r, 1l) str.

Ab jetzt mit dickeren Nadeln weiterstricken.

Vorbereitungsrunde: (Folgen Sie der Anleitung für Ihre Größe)

0–6 Mo (6–12 Mo, 1–2 J, 4–6 J, Damengröße M, ML, L, 4XL, *Herrengröße S, 3XL*): [14r (15, 8, 6, **20, 8, 7, 2,** *8, 2*), 1M] ringsherum
2–4 J: [[8r, 1M, 9r, 1M] ringsherum
6–8 J: [4r, 1M, 5r, 1M] ringsherum
8–10 J: 4r, [5r, 1M] bis zum Ende
Damengröße XS (S): 9r (3), [2r, 1M, 3r, 1M] bis zum Ende
Damengröße SM: [2r, 1M, 3r, m1] ringsherum
Damengröße LXL (XL, *Herrengröße L*): [3r, 1M, 4r, 1M] ringsherum
Damengröße XXL (*Herrengröße XL*): 2r, [3r, 1M] bis zum Ende
Damengröße 3XL: 6r, [2r, 1M] bis zum Ende
Herrengröße M: [4r, 1M, 5r, 1M, r5, 1M] ringsherum
Herrengröße XXL: [2r, 1M, (3r, 1M) 3-mal] ringsherum
Herrengröße 4XL: 6r, [1r, 1M, (2r, 1M) 3-mal] bis zum Ende
[60 (64, 72, 76, 84, 88, 88, **100, 108, 112, 84, 90, 96, 108, 108, 114, 126, 135,** *90, 102, 108, 114, 120, 132, 138*) M]

1 Runde str.

Passenmusterung:

0–6 Mo (6–12 Mo, 1–2 J, 2–4 J): Schema A str. Der Rapport wiederholt sich 15 (16, 18, 19)-mal pro Runde.

4–6 J (6–8 J, 8–10 J): Schema B str. Der Rapport wiederholt sich 21 (22, 22)-mal pro Runde

Damengröße XS (S, SM): Schema C str. Der Rapport wiederholt sich **25 (27, 28)**-mal pro Rd.

Damengröße M (ML, L, LXL, XL, XXL 3XL, 4XL, *Herrengröße S, M, L, XL, XXL, 3XL, 4XL*): Schema D str. Der Rapport wiederholt sich **28 (30, 32, 36, 36, 38, 42, 45,** *30, 34, 36, 38, 40, 44, 46*)-mal pro Rd.

[120 (128, 144, 152, 168, 176, 176, **200, 216, 224, 224, 240, 256, 288, 288, 304, 336, 360,** *240, 272, 288, 304, 320, 352, 368*) M]

Die restliche Passe, der Körper und die Ärmel werden bis zum Bündchen/Saum in HF gestrickt.

1 Runde str.

RA zur hinteren Mitte verlegen: RA entfernen, 20r (20, 24, 24, 28, 28, 28, **32, 32, 36, 36, 40, 40, 44, 44, 48, 52, 56,** *36, 40, 44, 48, 48, 56, 60*), hM-Markierer einsetzen. Die erste Masche der Rd. ist die hintere Mittelmasche.

Anpassungsrunde: rechts 0 (4, 4, 4, 4, 4, 4, **0, 0, 0, 4, 0, 8, 0, 12, 8, 0, 0,** *0, 0, 0, 8, 4, 8, 16*) M gleichmäßig verteilt zunehmen

[120 (132, 148, 156, 172, 180, 180, **200, 216, 224, 228, 240, 264, 288, 300, 312, 336, 360,** *240, 272, 288, 312, 324, 360, 384*) M]

0 (3, 6, 8, 1, 2, 4, **0, 1, 1, 0, 0, 0, 3, 5, 8, 11, 14,** *0, 3, 3, 8, 11, 14, 20*) Rd str.

Die Tiefe der Passe beträgt an dieser Stelle ca. 11,5 (12,5, 14, 15,5, 16,5, 17, **18, 20,5, 21, 21, 23,5, 23,5, 24, 25,5, 26,5, 28, 29, 30,5,** *23,5, 25, 25,5, 27,5, 29, 30,5, 33*) cm. Wenn Sie eine andere Anzahl von Rd benötigen als in der Maschenprobe angegeben, stricken Sie in diesem Abschnitt ein paar Rd mehr (oder weniger), um die gewünschte Passentiefe zu erreichen.

Formgebung mit verkürzten Reihen:

(optional)

Bevor Sie mit der Aufteilung der Maschen für Ärmel und Körper beginnen, können Sie für eine bessere Passform noch den hinteren Halsausschnitt mithilfe von verkürzten Reihen erhöhen.

Verkürzte Reihe 1 (RS): 25r (29, 34, 30, 35, 38, 38, **38, 43, 46, 47, 51, 59, 67, 71, 68, 76, 84,** *51, 62, 67, 75, 72, 84, 92*), W&W

Verkürzte Reihe 2 (LS): links bis hM, MV, 24l (28, 33, 29, 34, 37, 37, **37, 42, 45, 46, 50, 58, 66, 70, 67, 75, 83,** *50, 61, 66, 74, 71, 83, 91*), W&W

Hinweis: Den hM-Markierer versetzen, wenn Sie ihn erreichen.

Verkürzte Reihe 3 (RS): bis zur Wickelmasche re, die Wicklung zusammen mit der Wickelmasche abstricken, um das Loch zu schließen, 6r, W&W

Verkürzte Reihe 4 (LS): bis zur Wickelmasche li, die Wicklung zusammen mit der Wickelmasche abstricken, um das Loch zu schließen, 6l, W&W

Symbole & Abkürzungen:

- **1M** - 1 Masche zunehmen (in der angegebenen Farbe)
- **1labh** - 1 Masche links abheben, sofern nicht anders angegeben
- **2MrabhV** - 2 Maschen rechts abheben (immer jeweils eine), dann die 2 abgehobenen M verschränkt zusammenstricken

Farbgebung:

Modelle aus **Ístex Léttlopi** in:

- HF - 0056
- 1707
- 9423
- 1404
- 1703
- HF - 0005
- 0056
- 1409
- 9434
- 1404

Hinweise zu den Schemata:

Lesen Sie alle Schemarunden von rechts nach links.

In den Anleitungen ist vermerkt, welches Schema Sie für welche Größe verwenden müssen.

Schema A:

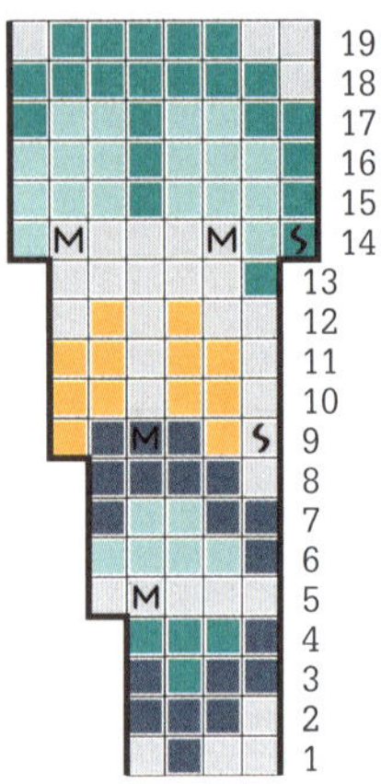

Schema B:

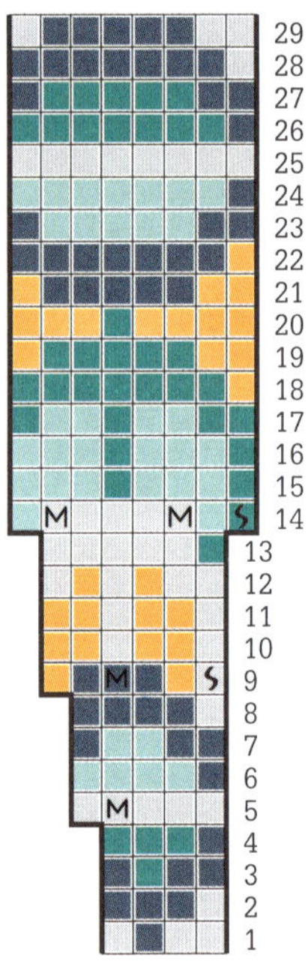

Schema C:

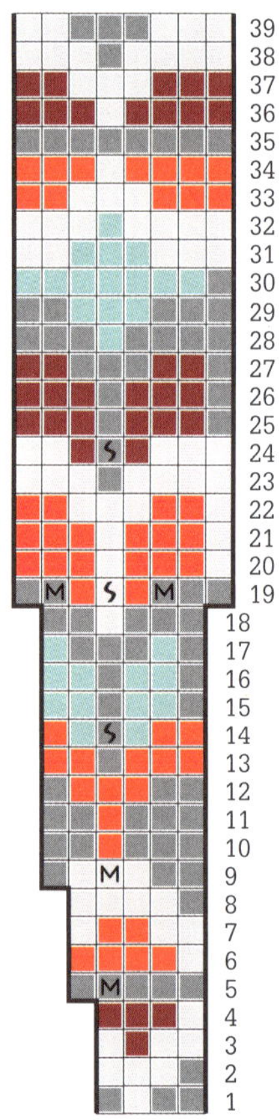

Schema D:

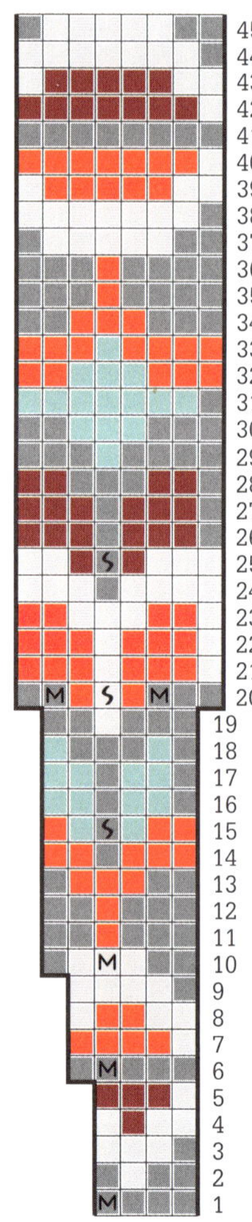

Schema E:

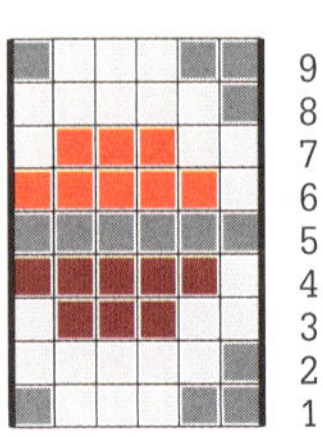

Schema F:

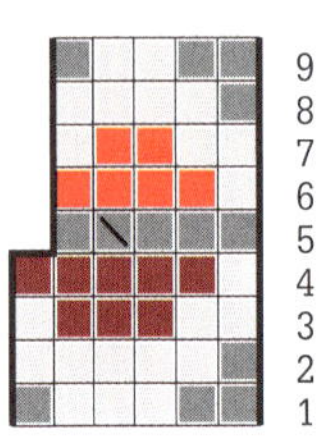

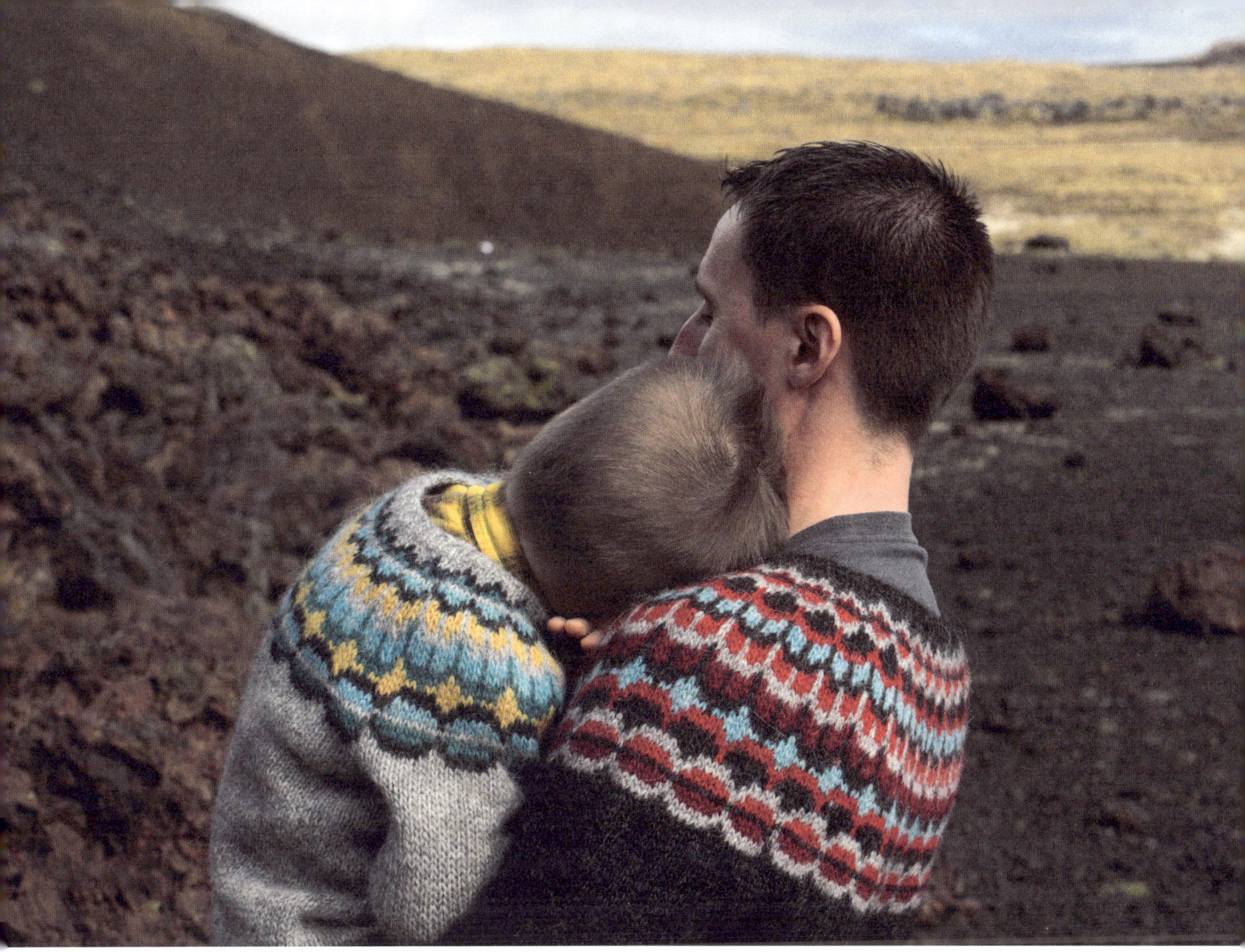

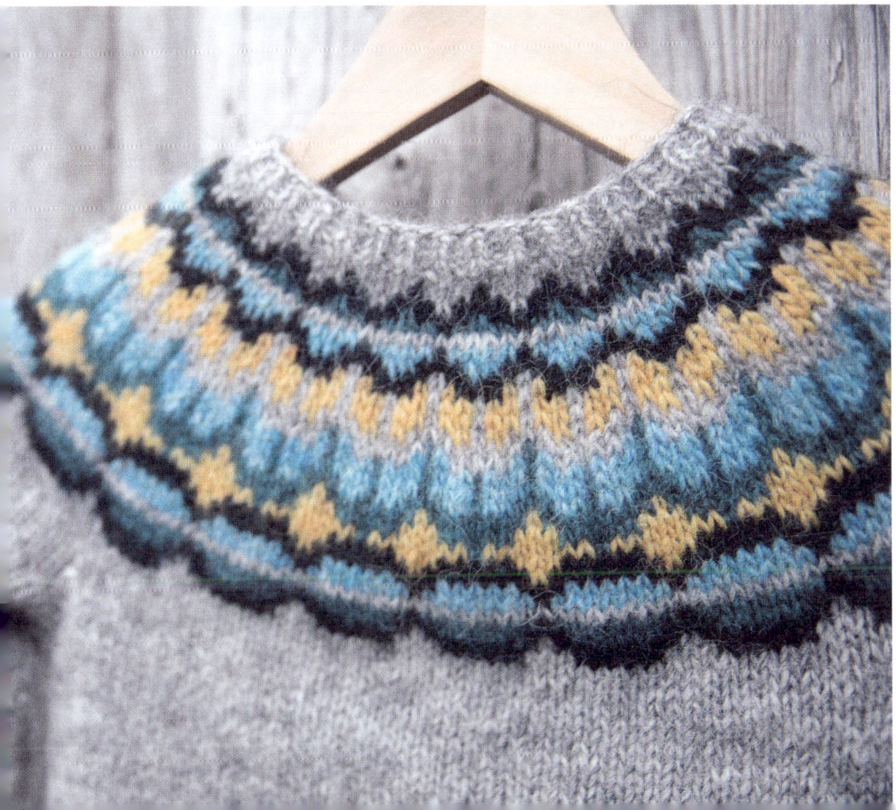

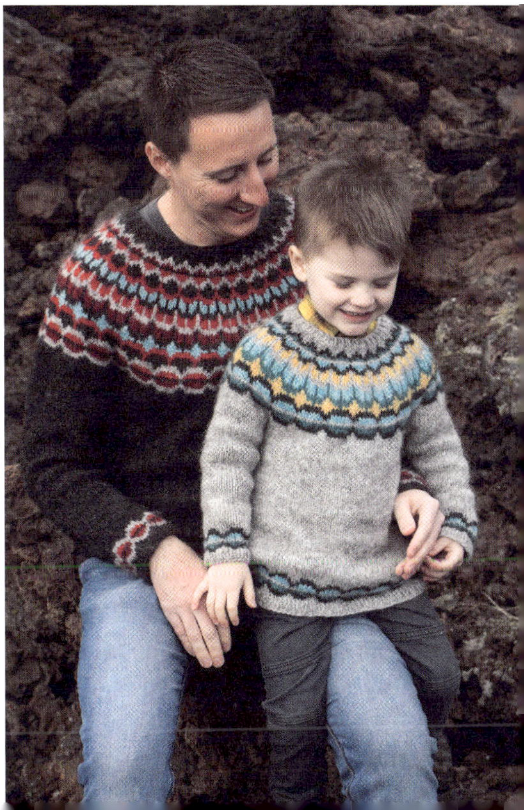

Die verkürzten Reihen 3-4 insg. 2 (2, 2, 3, 3, 3, 3, **4, 4, 4, 4, 4, 4, 4, 4, 5, 5, 5,** *4, 4, 4, 4, 5, 5, 5*)-mal str.

Nächste Runde (RS): Bis zum hM-Markierer r str, dann eine Rd r str und dabei alle verbliebenen Wickelmaschen aufnehmen und mit ihrer Umwicklung zusammen abstricken

Aufteilung in Ärmel und Körper:

Verlegen Sie den RA an die Schulter: Den hM-Markierer entfernen, 19 (21, 24, 24, 27, 29, 28, **31, 34, 36, 36, 39, 42, 45, 47, 49, 54, 57,** *36, 41, 43, 48, 50, 56, 59)* M str und den RA-Markierer wiedereinsetzen.

Für die Aufteilung der Maschen in Ärmel und Körper:

23 (25, 27, 31, 33, 33, 35, **39, 41, 41, 43, 43, 49, 55, 57, 59, 61, 67,** *49, 55, 59, 61, 63, 69, 75*) M stilllegen (rechter Ärmel),

5 (7, 7, 7, 7, 9, 11, **11, 11, 13, 13, 13, 13, 13, 15, 17, 19, 19,** *13, 15, 17, 19, 21, 21, 21*) M anschlagen (rechte Achsel),

37 (41, 47, 47, 53, 57, 55, **61, 67, 71, 71, 77, 83, 89, 93, 97, 107, 113,** *71, 81, 85, 95, 99, 111, 117*) M str (Vorderseite),

die M für den linken Ärmel stilllegen und M für die linke Achsel anschlagen, so wie für den rechten Ärmel.

Dann die M für die Rückseite so str wie für die Vorderseite, ME für den RA, der sich nun zwischen Rückseite und rechter Achsel befindet.

[84 (96, 108, 108, 120, 132, 132, **144, 156, 168, 168, 180, 192, 204, 216, 228, 252, 264,** *168, 192, 204, 228, 240, 264, 276*) Körper-M]

Körper:

Re str, bis der Körper 15,5 (18, 16,5, 19, 21,5, 24, 26,5, **32, 32, 34,5, 34,5, 37, 39,5, 43, 43, 44,5, 44,5, 44,5,** *39,5, 39,5, 42, 44,5, 44,5, 47, 47)* cm ab Achsel misst.

Nur für 0–6 Mo und 6–12 Mo: mit dünneren Nadeln weiterarbeiten. 5 Rd im Rippenmuster 1x1 str. Alle Maschen locker abketten.

Alle anderen Größen: Runde 1-9 nach Schema E str. Eine Runde in HF str. Ab jetzt mit dünneren Nadeln weiterstricken. 5 Rd im Rippenmuster 1x1 str. Alle Maschen locker abketten.

Ärmel:

23 (25, 27, 31, 33, 33, 35, **39, 41, 41, 43, 43, 49, 55, 57, 59, 61, 67,** *49, 55, 59, 61, 63, 69, 75*) stillgelegte Maschen wieder auf die dickere Nadel nehmen. Die 5 (7, 7, 7, 7, 9, 11, **11, 11, 13, 13, 13, 13, 13, 15, 17, 19, 19,** *13, 15, 17, 19, 21, 21, 21*) für die Achsel aufgenommenen M str und den RA-Markierer hinter der 2. (3. 3., 3., 3., 4., 5., 5., **5., 6., 6., 6., 6., 6., 7., 8., 9., 9.,** *6., 7., 8., 9., 10., 10., 10.*) dieser M einsetzen. Die erste Masche der Runde ist die Mittelmasche der Achsel.

[28 (32, 34, 38, 40, 42, 46, **50, 52, 54, 56, 56, 62, 68, 72, 76, 80, 86,** *62, 70, 76, 80, 84, 90, 96*) in Rd str, bis 7,5 (2,5, 7,5, 15,5, 18, 15,5, 25,5, **23, 30,5, 28, 25,5, 28, 18,** *7,5, 10, 15,5, 18, 10, 15,5, 5, 7,5, 12,5, 7,5, 7,5, 2,5*) cm ab Achsel erreicht sind.

Abnahmerunde: 2r, 2MrabhV, bis 3 M vor Ende str, 2Mzus, 1r [2 M abn]

7 (7, 7, 7, 7, 7, 7, **7, 7, 7, 7, 7, 7, 7, 7, 5, 5, 5,** *7, 7, 5, 5, 5, 5, 5)* Rd str.

Diese 8 (8, 8, 8, 8, 8, 8, **8, 8, 8, 8, 8, 8, 8, 8, 6, 6, 6,** *8, 8, 6, 6, 6, 6, 6)* vorausgehenden Rd insg. 2 (2, 2, 1, 2, 3, 2, **4, 2, 3, 4, 4, 7, 10, 9, 11, 10, 13,** *7, 11, 14, 13, 15, 15, 18*)-mal str.

[24 (28, 30, 36, 36, 36, 42, **42, 48, 48, 48, 48, 48, 48, 54, 54, 60, 60,** *48, 48, 48, 54, 54, 60, 60*) M]

Nur für 0-6 Mo and 6-12 Mo: Ab jetzt mit dünneren Nadeln weiterstricken. 5 Rd im Rippenmuster 1x1 str. Alle Maschen locker abketten.

Alle anderen Größen: Rd 1-9 nach Schema F arbeiten.
[- (- , 25, 30, 30, 30, 35, **35, 40, 40, 40, 40, 40, 40, 45, 45, 50, 50,** *40, 40, 40, 45, 45, 50, 50*) M.

Eine Runde in HF str und gegebenenfalls eine M abnehmen, um auf eine gerade Maschenzahl zu kommen. Ab jetzt mit dünneren Nadeln weiterstricken. 5 Rd im Rippenmuster 1x1 str. Alle Maschen locker abketten.

Fertigstellung:

Fadenenden verstecken, den Pullover **waschen und blocken**.

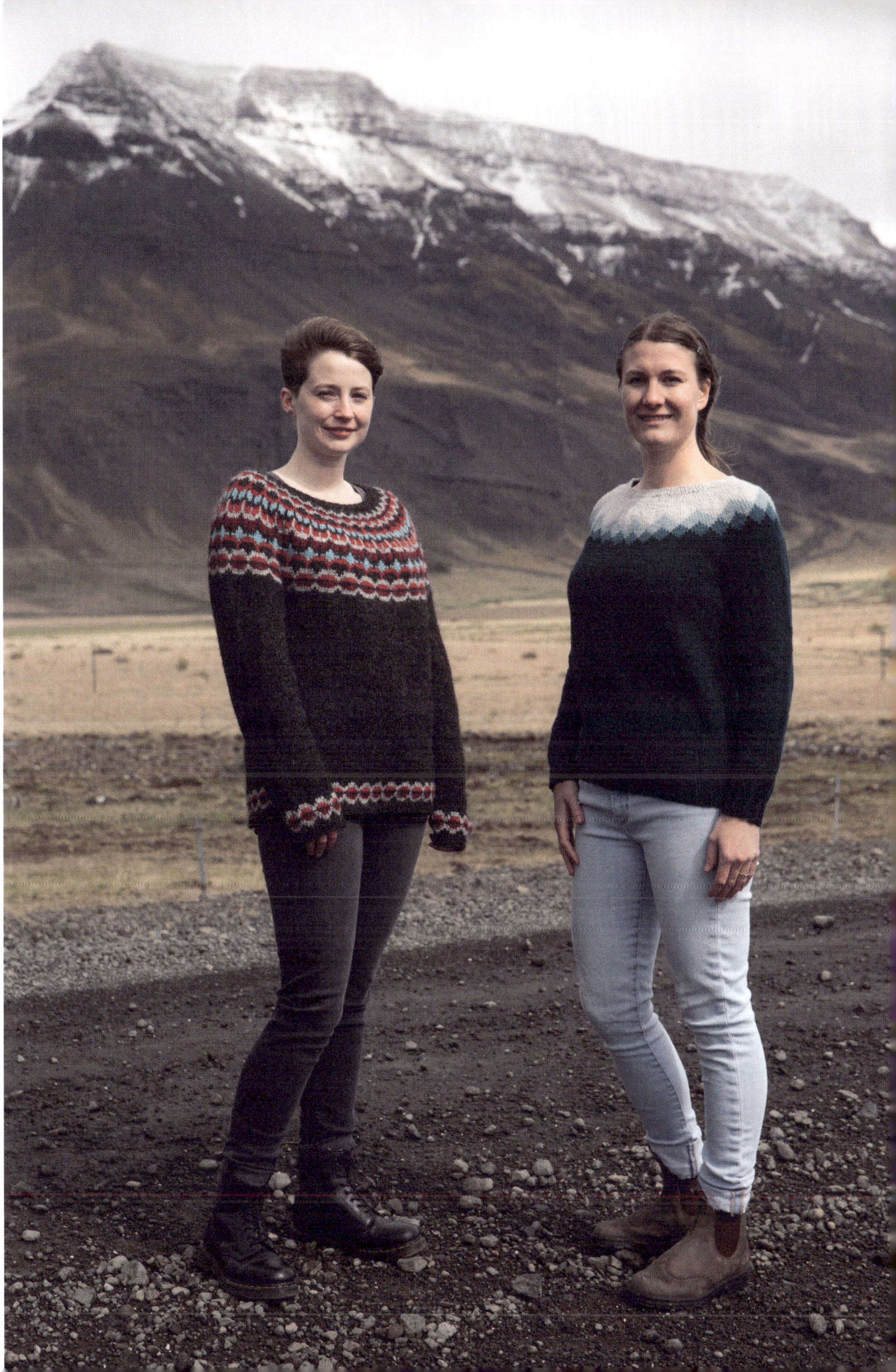

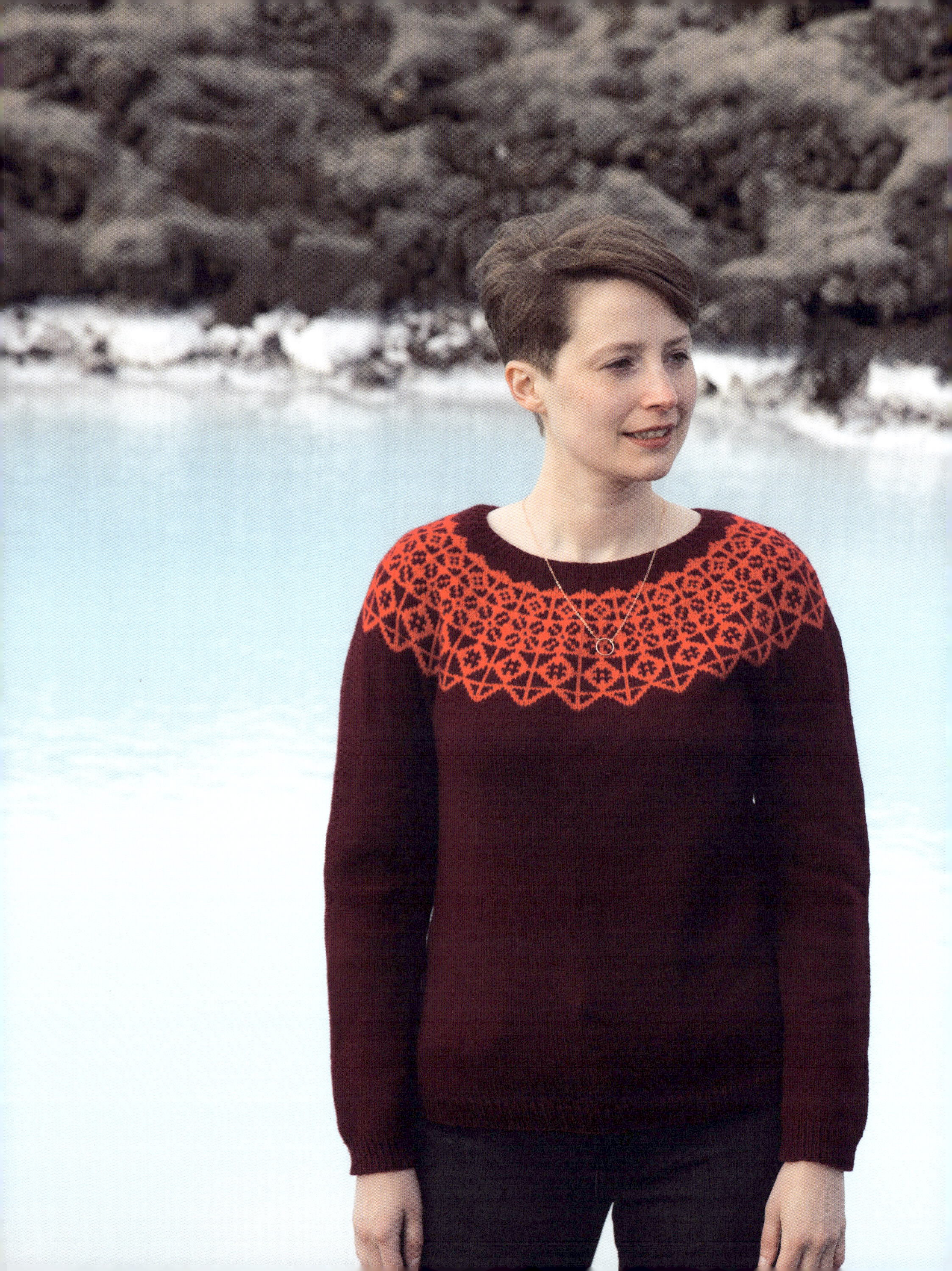

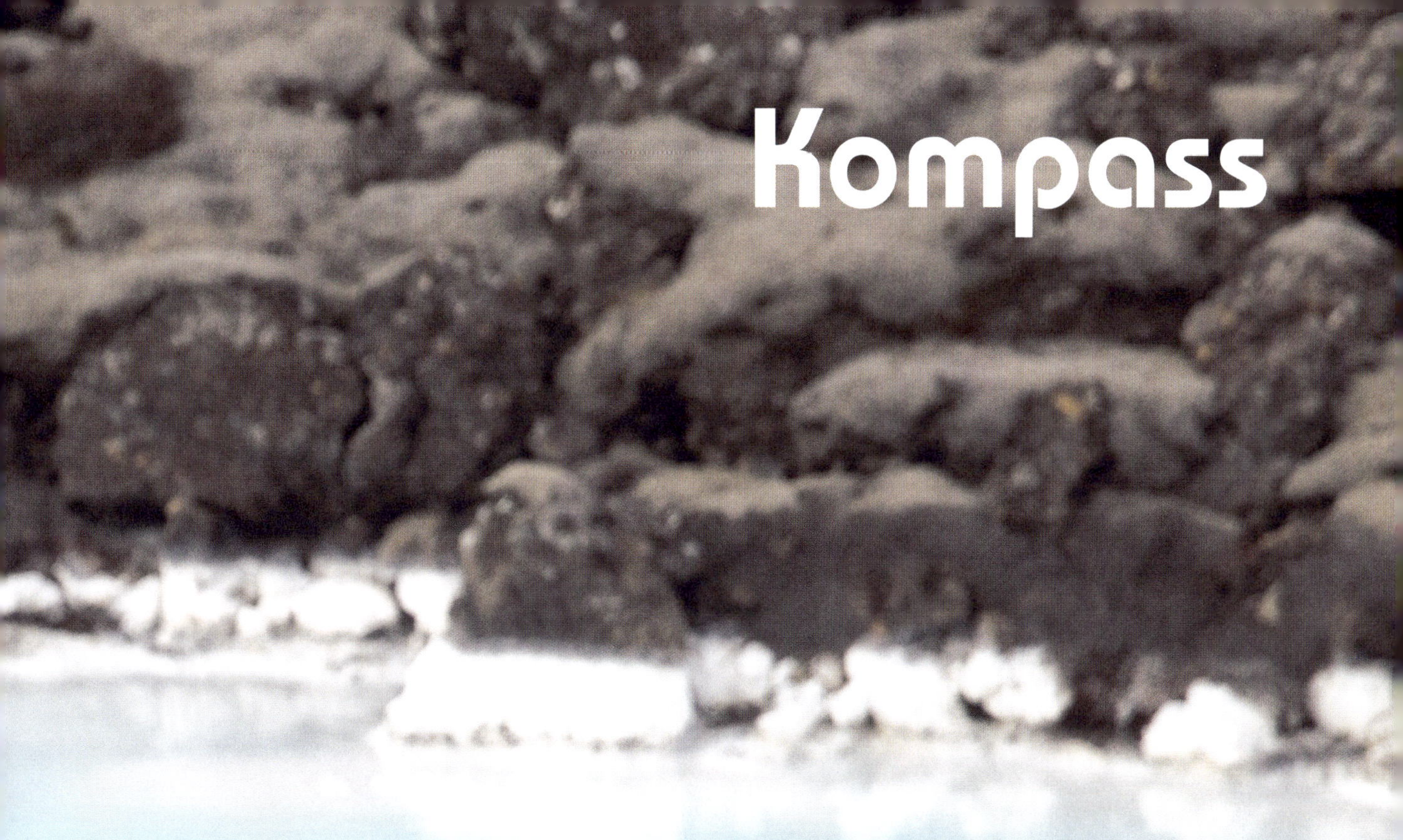

Kompass

Größen & Materialien:

Kompass ist ein Rundpassendesign für Sport- oder Sockenwolle, das auf unserer Strange-Brew-Pulloveranleitung beruht. In der Größenübersicht (S. 11) finden Sie Angaben zur Größeneinteilung, der Maschenprobe, den Maßen des fertigen Strickstücks sowie den empfohlenen Nadelstärken (sehen Sie in den Spalten für Sockenwolle nach).

Erforderliche Garnmenge (Sport- oder Sockenwolle):
HF: 370 (460, 505, 600, 730, 825, 915, **1005, 1100, 1120, 1190, 1280, 1370, 1465, 1600, 1785, 1965, 2105**, *1190, 1370, 1510, 1785, 1875, 2015, 2150)* Meter.
KF 1. 95 (95, 95, 95, 115, 115, 140, **140, 140, 140, 160, 160, 185, 230, 255, 255, 275, 275**, *160, 185, 230, 255, 275, 275, 320)* Meter.
Wir haben ***Quince & Co. Chickadee*** und ***De Rerum Natura Ulysse*** verwendet – für die Farbgebung gehen Sie bitte zur Farbschemaseite.
Das Muster gibt es in folgenden Größen, die in dieser Reihenfolge aufgeführt sind, sofern nicht anders angegeben: 0–6 Mo (6–12 Mo, 1–2 J, 2–4 J, 4–6 J, 6–8 J, 8–10 J, **Damengröße XS, S, SM, M, ML, L, LXL, XL, XXL, 3XL, 4XL**, *Herrengröße S, M, L, XL, XXL, 3XL, 4XL).*

Aufbau: Top-Down, vom Halsausschnitt über die Passe hin zur Achsel. Ärmel und Körper werden in Rd bis zum Saum und den Bündchen gestrickt.

Anmerkungen zu den Größen:

Nina trägt Damengröße M (94 cm) ohne Mehrweite. Dieses Modell ist tailliert. Max trägt die Größe 4–6 J (66 cm) mit 9 cm Mehrweite. Neve trägt die Größe 1–2 J (56 cm) mit 5 cm Mehrweite.

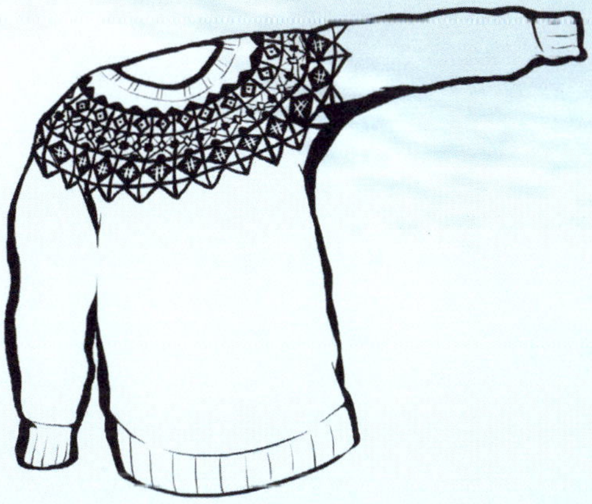

Halsausschnitt:

Mit dünneren Nadeln in HF 72 (80, 84, 90, 90, 90, 96, **108, 112, 114, 118, 120, 122, 126, 126, 126, 126, 126,** *120, 122, 126, 128, 132, 132, 132*) M locker anschlagen und zur Runde zusammenschließen.

5 (5, 5, 5, 7, 7, 7, **7, 7, 7, 7, 9, 9, 9, 11, 11, 11, 11,** *9, 9, 9, 11, 11, 11, 11*) Rd im Rippenmuster 1x1 (1r, 1l) str. Ab jetzt mit dickeren Nadeln weiterstricken.

Vorbereitungsrunde;

0–6 Mo (6–12 Mo, 1–2 J, 2–4 J, 4–6 J, 6–8 J, **Damengröße LXL,** *Herrengröße L)*: [6r (10, 7, 5, 3, 3, **7**, *7*), 1M] ringsherum
8–10 J: [2r, 1M, 3r, 1M, 3r, 1M] ringsherum
Damengröße XS (**S, 3XL, 4XL,** *Herrengröße XXL*): **3**r (**0, 0, 0**, *6*), [3r, 1M, 4r, 1M] bis zum Ende
Damengröße SM (**M, ML, L, XL, XXL,** *Herrengröße M, 4XL*): **6**r (**4, 12, 2, 6, 6,** *2, 12*), [**3**r (**3, 3, 3, 5, 4,** *3, 2*), 1M] bis zum Ende
Herrengröße S: [3r, 1M, 3r, 1M, 4r, 1M] ringsherum
Herrengröße XL: 2r, [4r, 1M, 5r, 1M] ringsherum
Herrengröße 3XL: [2r, 1M (3r, 1M) 3-mal] ringsherum

[84 (88, 96, 108, 120, 120, 132, **138, 144, 150, 156, 156, 162, 144, 150, 156, 162, 162,** *156, 162, 144, 156, 168, 180, 192*) M]

Knit 0 (0, 0, 0, 1, 1, 1, **2, 2, 2, 2, 2, 2, 2, 4, 4, 4, 4,** *4, 4, 4, 4, 4, 4, 4*) Rd.

Passenmusterung:

0–6 Mo (6–12 Mo, 1–2 J, 2–4 J):
Rd 1–24 nach Schema A arbeiten. Der Rapport wiederholt sich 21 (22, 24, 27)-mal pro Rd.
4–6 J (6–8 J, 8–10 J):
Rd 1–40 nach Schema B arbeiten. Der Rapport wiederholt sich 20 (20, 22)-mal pro Rd.
Damengröße XS, S, SM, M, ML, L, *Herrengröße S, M)*: Rd 1–40 nach Schema B arbeiten. Der Rapport wiederholt sich **23** (**24, 25, 26, 26, 27**, *26, 27*-mal pro Rd.
Damengröße LXL, XL, XXL, 3XL, 4XL, *Herrengröße L, XL, XXL, 3XL, 4XL*): Rd 1–55 von Schema C str. Der Rapport wiederholt sich **24** (**25, 26, 27, 27,** *24, 26, 28, 30, 32*)-mal pro Rd.
[168 (176, 192, 216, 240, 240, 264, **276, 288, 300, 312, 312, 324, 384, 400, 416, 432, 432,** *312, 324, 384, 416, 448, 480, 512*) M

2 Rd str.

Anpassungsrunde:

0–6 Mo, 4–6 J, 8–10 J: Anpassungsrunde auslassen.

6–12 Mo (1–2 J, 2–4 J, 6–8 J, **Damengröße XS, S, M, LXL, 3XL, 4XL,** *Herrengröße L, XL, XXL*): [44r (48, 27, 30, **23, 18, 13, 16, 6, 4**, *12, 8, 8*), 1M] ringsherum

Damengröße SM (**XL**): [12r, 1M, 13r, 1M] ringsherum
Damengröße ML: 9r, 1M (10r, 1M) 3-mal] ringsherum
Damengröße L: [(5r, 1M) 3-mal, (6r, 1M) 2 Mal] ringsherum
Damengröße XXL: [(10r, 1M) 3-mal, (11r, 1M) 2 Mal] ringsherum

Herrengröße S: [7r, 1M, (8r, 1M) 4-mal] ringsherum
Herrengröße M: [(5r, 1M) 3-mal, (6r, 1M) 2 Mal] ringsherum
Herrengröße 3XL: 12r, [9r, 1M] bis zum Ende
Herrengröße 4XL: [11r, 1M, 10r, 1M, 11r, 1M] ringsherum

[168 (180, 196, 224, 240, 248, 264, **288, 304, 324, 336, 344, 384, 408, 432, 456, 504, 540,** *352, 384, 416, 468, 504, 532, 560*) M]

Alle Größen: 0 (2, 6, 10, 1, 0, 2, **4, 8, 10, 12, 14, 16, 6, 6, 14, 24, 26,** *12, 20, 12, 24, 32, 35, 38*) Rd str.

Die gesamte Tiefe der Passe beträgt an dieser Stelle ca. 11 (11,5, 12,5, 14, 18, 18, 18, **19, 20,5, 21, 21,5, 23, 23,5, 25,5, 26,5, 29, 31,5, 33,** *23, 25,5, 28, 32, 34,5, 35,5, 37*) cm. Wenn Sie eine andere Anzahl von Runden benötigen als in der Maschenprobe angegeben, können Sie in diesem Abschnitt ein paar Rd mehr (oder weniger) stricken, um die gewünschte Passentiefe zu erreichen.

Fertigstellung:

Befolgen Sie als nächstes die Strange-Brew-Anleitung für Top-Down-Modelle in Sockenwolle:

Stricken Sie verkürzte Reihen (S. 36), wobei der RA für diese Passe sich bereits in der hinteren Mitte befindet.

Fahren Sie dann mit der Passentrennungsrunde fort (S. 37).

Stricken Sie Körper und Ärmel gemäß der Anleitung (S. 38). Blocken Sie Ihren Pullover und stellen Sie ihn fertig (S. 138).

Farbgebung:

Kindermodelle aus ***De Rerum Natura Ulysse*** in:

- Foret
- Genet
- Ciel
- Poivre Blanc

Erwachsenenmodell aus ***Quince & Co. Chickadee*** in:

- Malbec
- Peaks Ferry

Symbole & Abkürzungen:

M **1M** - 1 Masche zunehmen (in der angegebenen Farbe)

Hinweise zu den Schemata:

Lesen Sie alle Schemarunden von rechts nach links.

In den Anleitungen ist vermerkt, welches Schema Sie für welche Größe verwenden müssen.

Schema C:

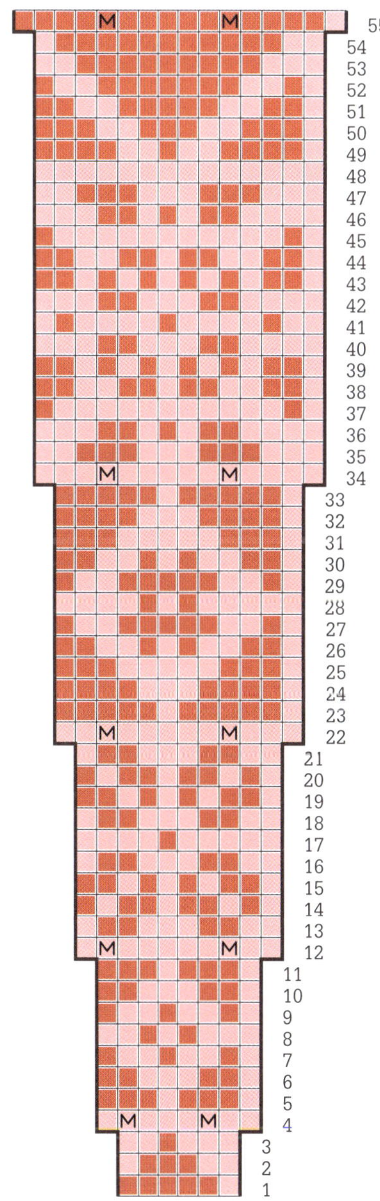

Schema B:

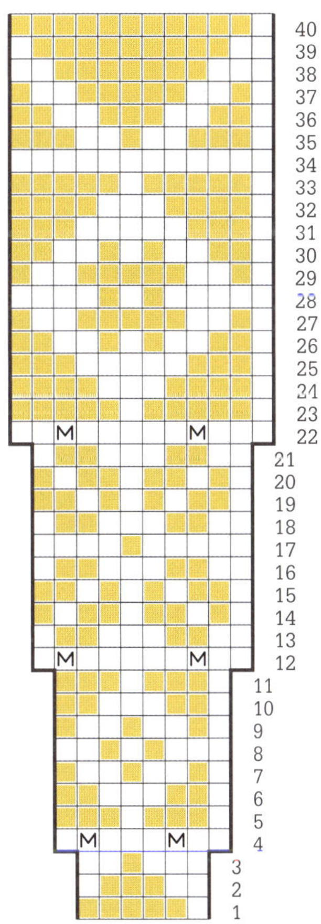

Schema A:

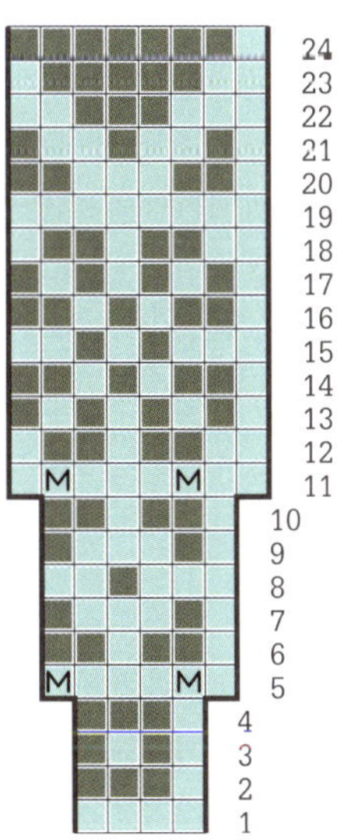

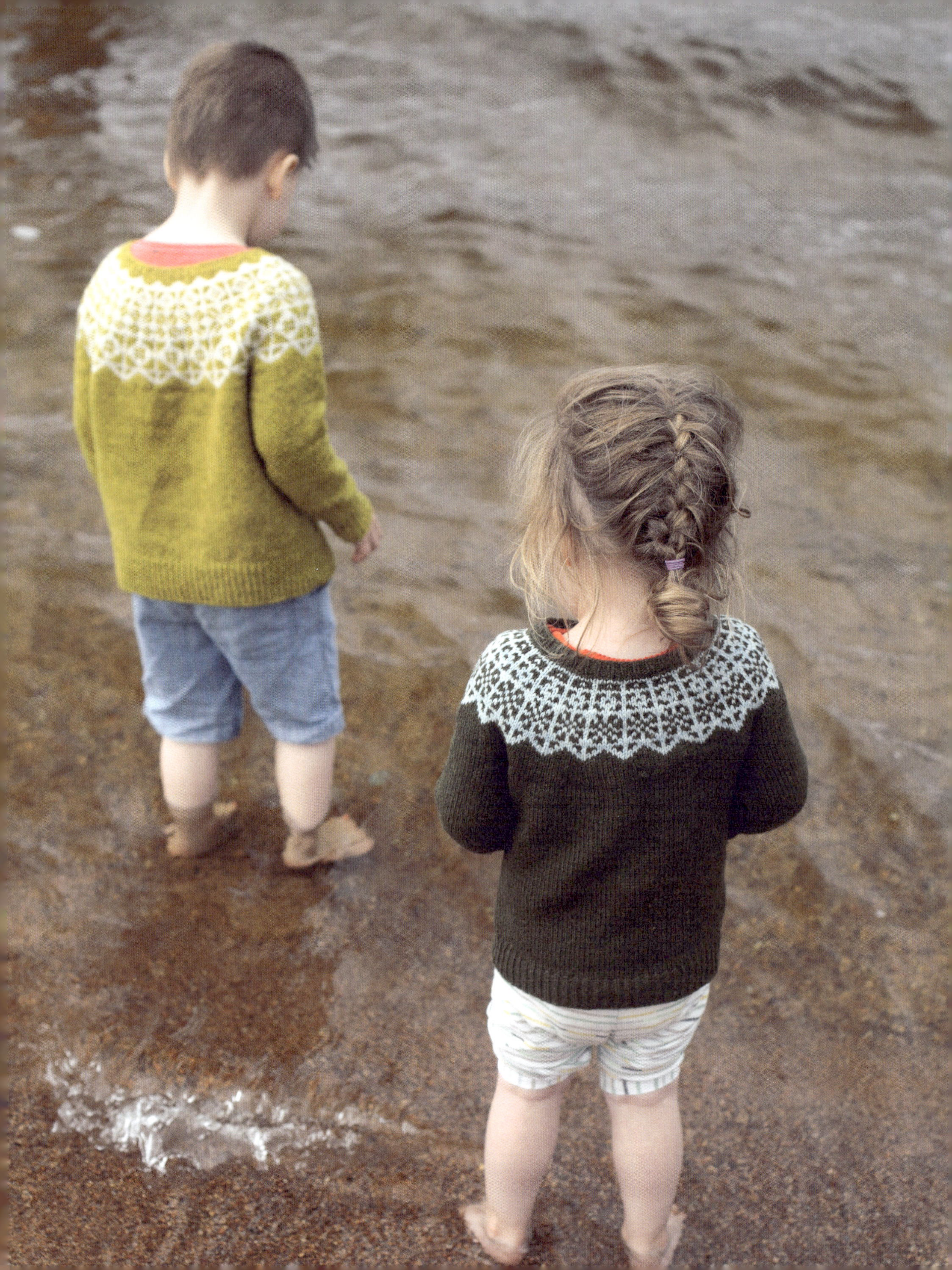

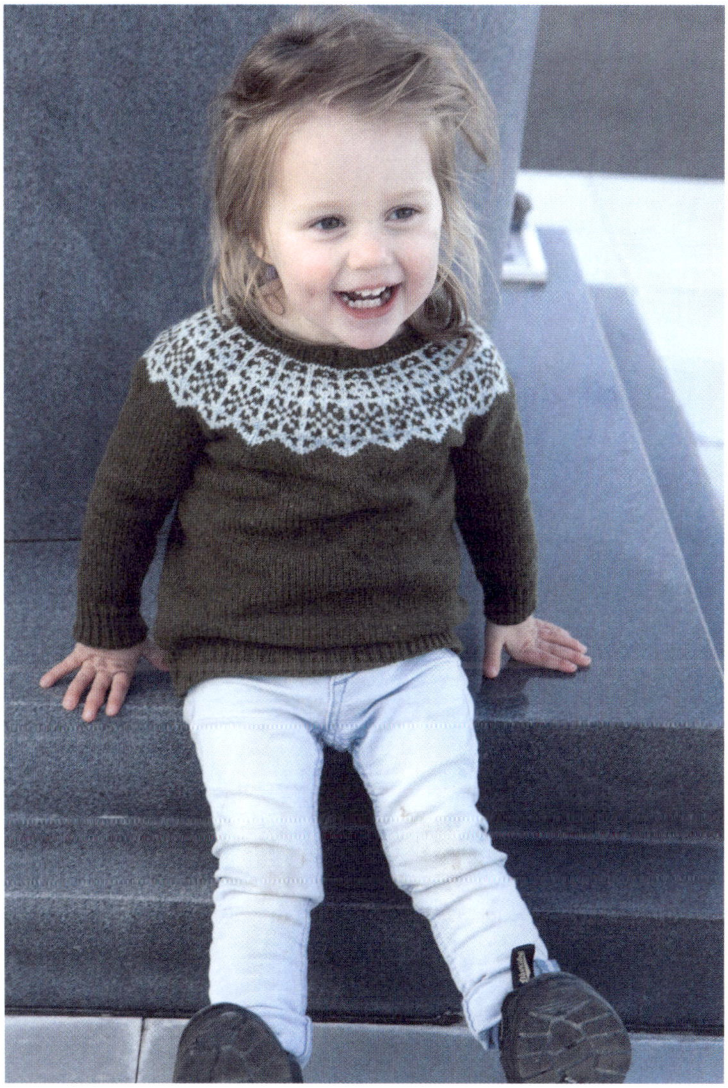

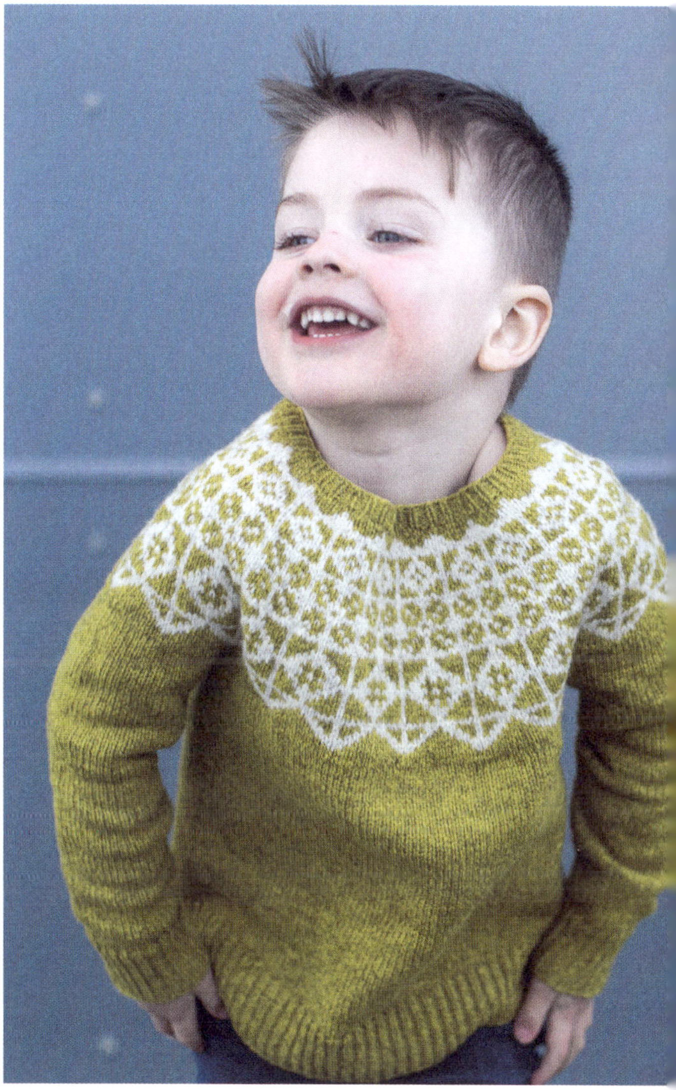

Kompass-Loopschal

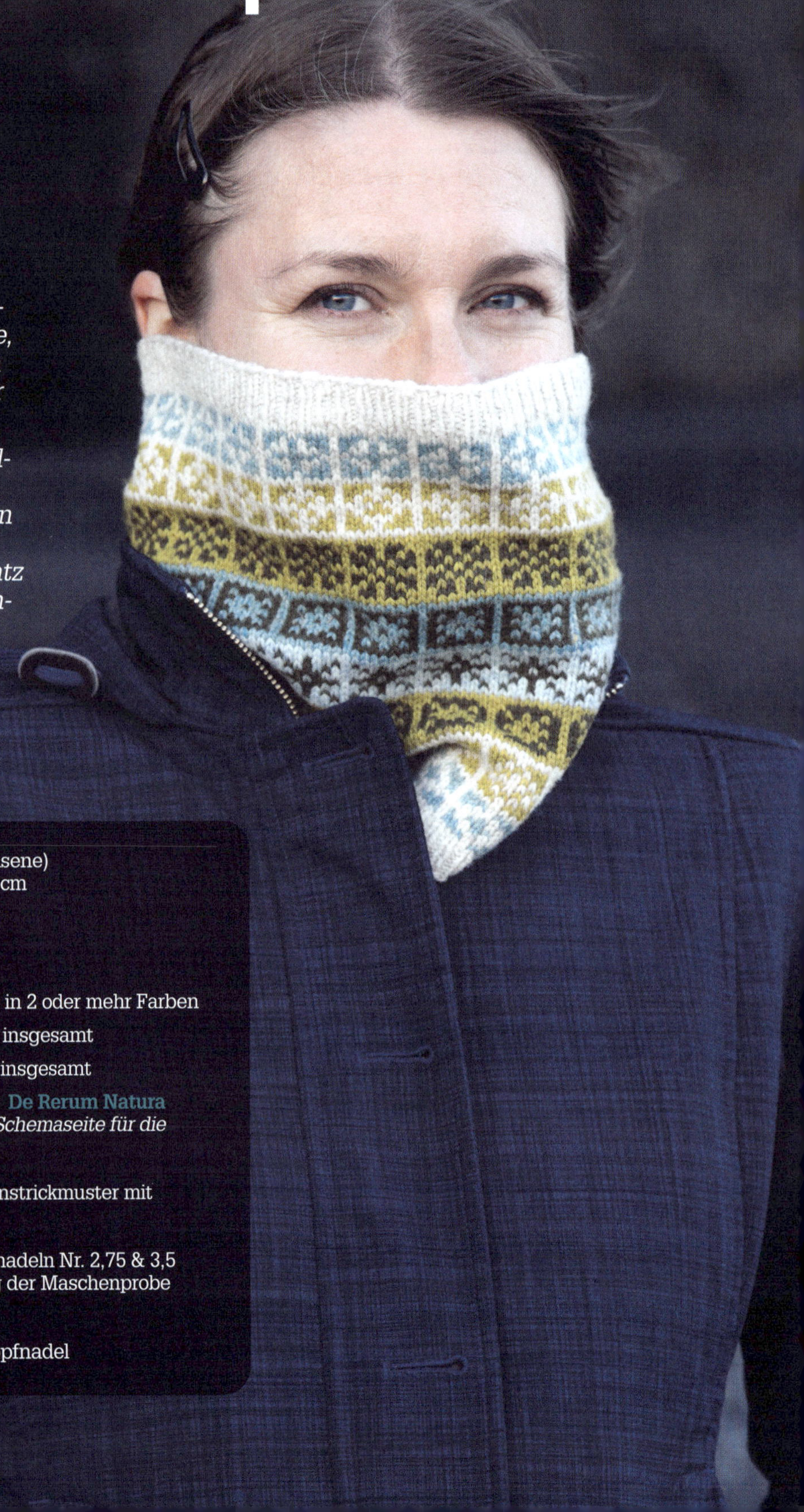

Während ich mit Mustern und Farbpaletten für den Kompass-Pullover herumexperimentierte, habe ich diesen bezaubernden Loopschal mit Kästchenmuster gestrickt.

Dank der rasterförmig angeordneten Motive in leuchtenden Farben wird dies zu einer tollen kleinen Strickerei. Es erinnert mich an einen zauberhaften Satz bemalter Holzklötze, die aufeinandergestapelt wurden!

Größen: Kleinkind (Kind, Erwachsene)
Umfang: 47, (49,5, **54,5**) cm
Höhe: 18 (19,5, **21,5**) cm

Materialien:

Garne: Sport- oder Sockenwolle in 2 oder mehr Farben

140 (160, 185) Meter HF insgesamt

140 (160, 185) Meter KF insgesamt

(Das Beispiel wurde mit **De Rerum Natura Ulysse** *gestrickt: siehe Schemaseite für die Farbgebung.)*

Maschenprobe: 28 M & 36 Rd / 10 cm Einstrickmuster mit dickeren Nadeln

Nadeln: 40 cm lange Rundstricknadeln Nr. 2,75 & 3,5 (oder die zur Einhaltung der Maschenprobe erforderliche Stärke)

Zubehör: Maschenmarkierer, Stopfnadel

Muster: Dieser Loop wird in Rd von unten nach oben gestrickt.

Mit der ersten KF und dünneren Nadeln 128 (136, **152**) M anschlagen, ME und zur Runde schließen. 7 Rd im Rippenmuster 1x1 (1r, 1l) str. Ab jetzt mit dickeren Nadeln weiterstricken.

Kleinkind: Runde 1–35 und dann Rd 45–70 des Schemas str. Der Rapport wiederholt sich 17-mal pro Rd.

Kind: Runde 1–35 und dann Rd 45–70 des Schemas str. Der Rapport wiederholt sich 17-mal pro Rd.

Erwachsene: Runde 1–70 des Schemas str. Der Rapport wiederholt sich 19-mal pro Rd.

Ab jetzt mit dünneren Nadeln in der gleichen KF wie das Rippenmuster am Anfang weiterstricken. 7 Rd im Rippenmuster 1x1 str. Alle Maschen locker abketten.

Fadenenden verstecken, den Schal waschen und blocken.

Alternativ: Mix & Match:

Sie können diesen Loopschal auf unterschiedliche Art gestalten und Motive und Farben nach Belieben mischen.

Die Motive sind 8 Rd hoch, wenn sie durchgehend in der gleichen KF gestrickt werden (so wie in den Schemarunden 1–16), mit nur einer KF Runde nach der achten und letzten Rd des Motivs (so wie in Schemarunde 17).

Die Motive erstrecken sich über 9 Runden, wenn Sie die KF von Motiv zu Motiv wechseln (so wie in Rd 18–53 des Schemas).

Farbgebung:

De Rerum Natura Ulysse in:

- Poivre blanc
- Diel
- Genet
- Lagon
- Foret

Hinweise zu den Schemata:

Alle Rd in den Schemata werden von rechts nach links gelesen.

Sehen Sie in den Anleitungen nach, welche Rd Sie für Ihre Größe str müssen.

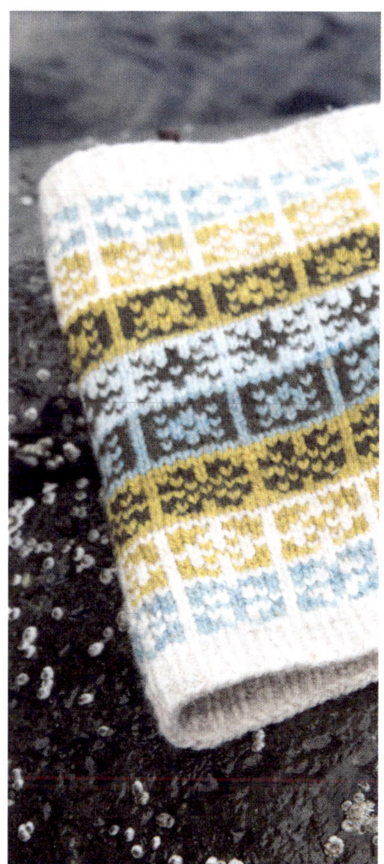

Schema:

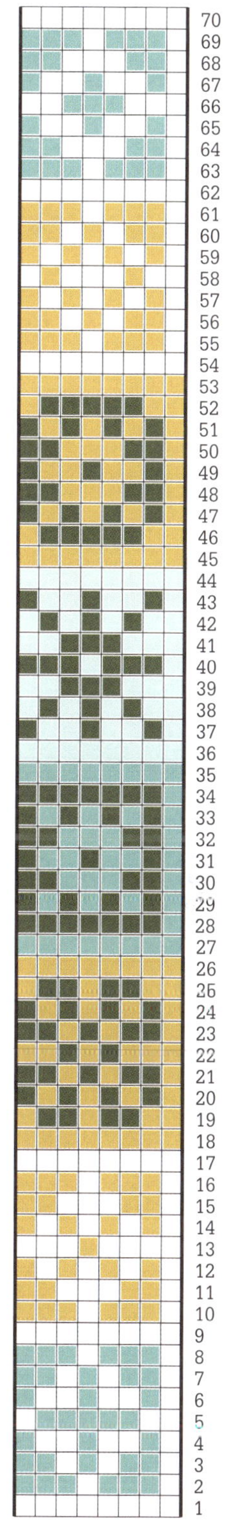

Rapport: 8 M

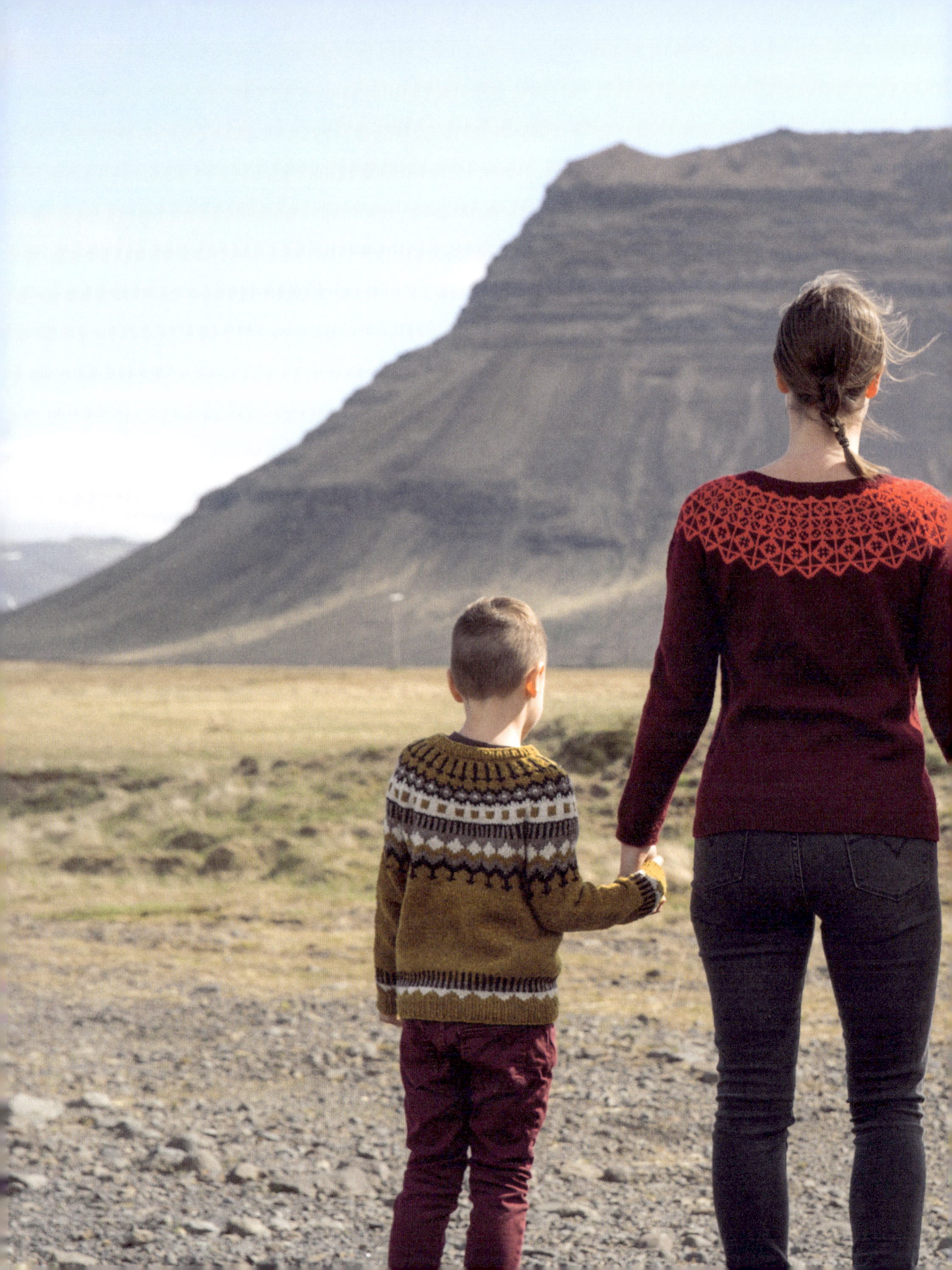

Marschland

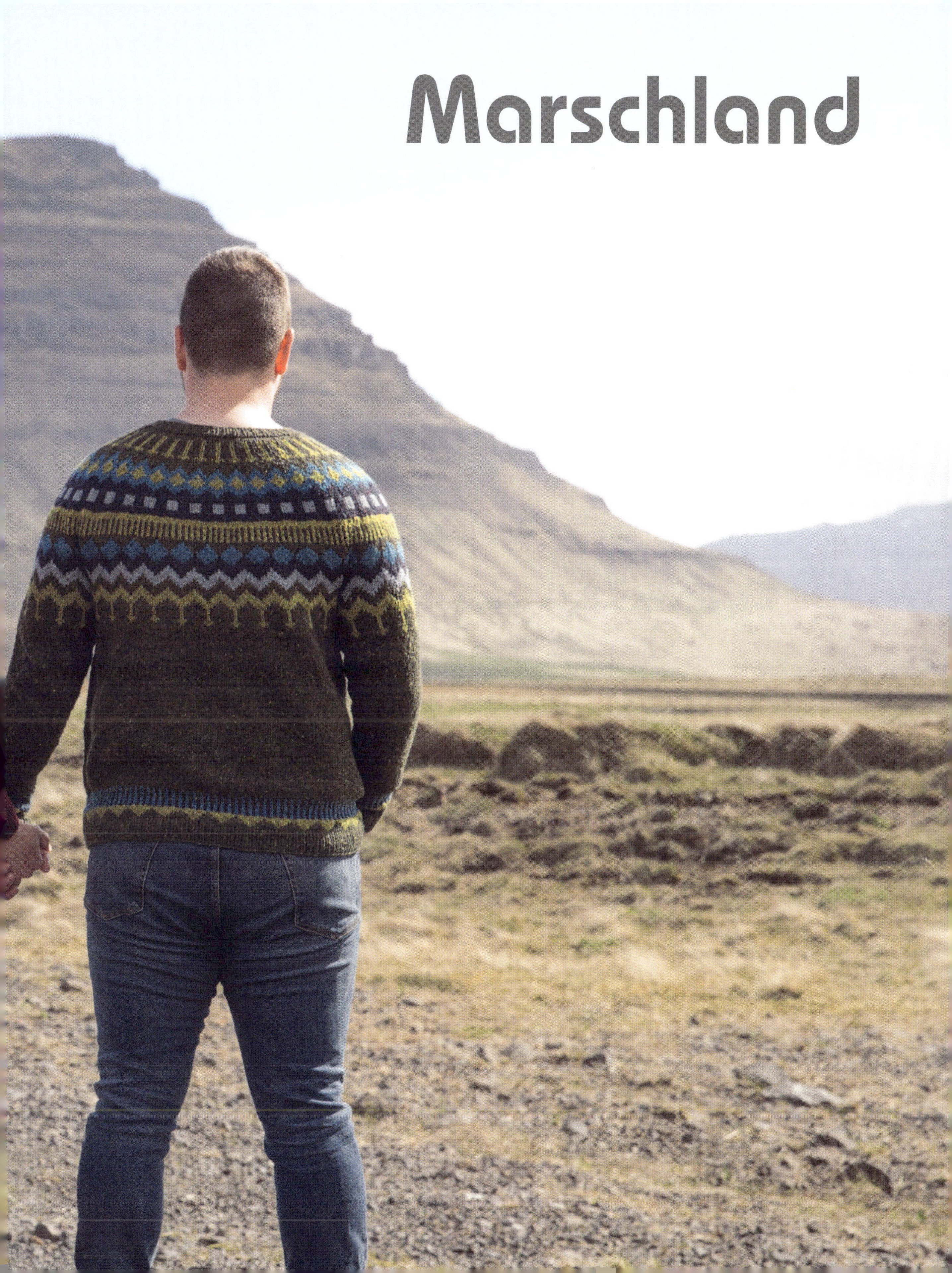

Materialien:

Garne: Mitteldicke Garne – siehe Tabelle für die benötigte Garnmenge *(die Beispiele wurden mit Brooklyn Tweed Shelter gestrickt, siehe Schemaseite für die Farbgebung)*

Maschenprobe: 18 M & 24 Rd / 10 cm glatt rechts mit dickeren Nadeln 18 M & 21 Rd / 10 cm mit Einstrickmusterstreifen und dickeren Nadeln

Nadeln: Nr. 4 & 5 *(oder andere Stärke, um der Maschenprobe zu entsprechen)*
*0–6 Mo–4 J: Rundstricknadel von 40 cm und NS in allen Größen**
*4 Jahre–XS: Rundstricknadeln von 40 und 60 cm sowie NS in allen Größen**
*S–4XL: Rundstricknadeln von 40 und 80 cm sowie NS in allen Größen**
* Alternativ können Sie die Magic-Loop-Technik nutzen, um mit einer einzelnen langen Rundnadel in Rd zu stricken.

Zubehör: Maschenmarkierer, Stopfnadel

Größen:

In dieser Tabelle sind die Maße des fertigen Kleidungsstücks aufgeführt. Wählen Sie Ihre Größe anhand Ihres Brustumfangs plus des gewünschten Spielraums.

							Garnmenge	
	Größe	a	b	c	d	e	HF	Jede KF*
Kindergrößen	0–6 Mo	47 cm	16,5 cm	18 cm	17 cm	11 cm	185 m	70 m
	6–12 Mo	55 cm	18 cm	20 cm	17 cm	11 cm	255 m	95 m
	1–2 J	61 cm	20 cm	23 cm	20 cm	11 cm	275 m	95 m
	2–4 J	61 cm	25,5 cm	25,5 cm	23,5 cm	14,5 cm	345 m	95 m
	4–6 J	67,5 cm	30,5 cm	30,5 cm	23,5 cm	14,5 cm	365 m	115 m
	6–8 J	75 cm	33 cm	33 cm	27,5 cm	18 cm	435 m	115 m
	8–10 J	75 cm	38 cm	35,5 cm	27,5 cm	18 cm	505 m	140 m
Damengrößen	**XS**	**81 cm**	**40,5 cm**	**38 cm**	**27,5 cm**	**22 cm**	**525 m**	**115 m**
	S	**87,5 cm**	**43 cm**	**38 cm**	**30,5 cm**	**22 cm**	**550 m**	**115 m**
	SM	**95 cm**	**45,5 cm**	**40,5 cm**	**30,5 cm**	**22 cm**	**620 m**	**140 m**
	M	**95 cm**	**45,5 cm**	**40,5 cm**	**33,5 cm**	**22 cm**	**640 m**	**140 m**
	ML	**102 cm**	**48,5 cm**	**43 cm**	**37,5 cm**	**22 cm**	**685 m**	**140 m**
	L	**108 cm**	**48,5 cm**	**45,5 cm**	**37,5 cm**	**23 cm**	**732 m**	**160 m**
	LXL	**117 cm**	**48,5 cm**	**48,5 cm**	**40,5 cm**	**27,5 cm**	**780 m**	**160 m**
	XL	**127 cm**	**48,5 cm**	**48,5 cm**	**40,5 cm**	**27,5 cm**	**825 m**	**160 m**
	XXL	**136 cm**	**51 cm**	**51 cm**	**45 cm**	**27,5 cm**	**895 m**	**185 m**
	3XL	**145 cm**	**51 cm**	**51 cm**	**45 cm**	**31 cm**	**985 m**	**185 m**
	4XL	**153,5 cm**	**51 cm**	**51 cm**	**50 cm**	**31 cm**	**1005 m**	**205 m**
Herrengrößen	*S*	*95 cm*	*45,5 cm*	*45,5 cm*	*37,5 cm*	*23 cm*	*685 m*	*140 m*
	M	*108 cm*	*48,5 cm*	*45,5 cm*	*40,5 cm*	*27,5 cm*	*780 m*	*160 m*
	L	*117 cm*	*51 cm*	*48,5 cm*	*45 cm*	*27,5 cm*	*800 m*	*160 m*
	XL	*127 cm*	*53,5 cm*	*51 cm*	*45 cm*	*27,5 cm*	*915 m*	*185 m*
	XXL	*136 cm*	*53,5 cm*	*51 cm*	*50 cm*	*31 cm*	*960 m*	*185 m*
	3XL	*153,5 cm*	*53,5 cm*	*53,5 cm*	*50 cm*	*34,5 cm*	*1005 m*	*205 m*
	4XL	*165 cm*	*53,5 cm*	*53,5 cm*	*54 cm*	*34,5 cm*	*1100 m*	*205 m*

** Die angegebene Garnmenge gilt für jeweils eine der 3 KF für Kindergrößen bzw. 4 KF für Damen– und Herrengrößen.*

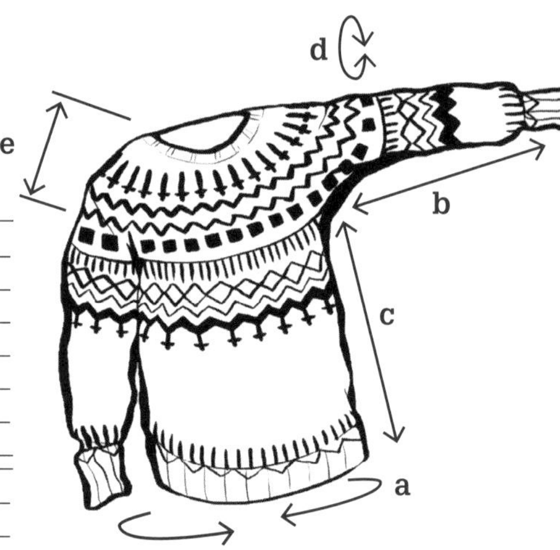

Anmerkungen zu den Größen:

Gary trägt Herrengröße XL (127 cm) mit 5 cm Mehrweite. Jones trägt die Größe 6–8 J (75 cm) mit 7,5 cm Mehrweite.

Muster:

Dieser Pullover wird von oben nach unten gestrickt. Zuerst wird die Passe angeschlagen, die dann in Körper und Ärmel aufgeteilt wird. Das Rippenmuster am Kragen wird zuletzt gestrickt.

Halsausschnitt:

Mit dickeren Nadeln in HF 56 (60 64, 72, 72, 76, 76, **80, 84, 84, 88, 88, 88, 88, 92, 92, 92, 92,** *88, 88, 88, 92, 92, 92, 92*) M anschlagen, ME und zur Runde schließen. 1 Runde str.

Zunahmerunde:

0–6 Mo (6–12 J, 2–4 J, 4–6 J, **Damengröße XS, ML**): [14r (10, 6, 4, **5, 2**), 1M] rundherum
1–2 J: [(5r, 1M) 6 Mal, 2r, 1M] ringsherum
6–8 J (8–10 J): [(6r, 1M) 6 Mal, 2r, 1M] ringsherum
Damengröße S: [3r, 1M, 4r, 1M] ringsherum
Damengröße SM: [(3r, 1M) 4 Mal, 2r, 1M] ringsherum
Damengröße M: [(3r, 1M) 3 Mal, 2r, 1M] ringsherum
Damengröße L: (2r, 1M) 2 Mal, [(2r, 1M) 3 Mal, 1r, 1M] bis zum Ende
Damengröße LXL: [(5r, 1M) 2 Mal, (4r, 1M) 3 Mal] ringsherum
Damengröße XL: [(4r, 1M) 10 Mal, 6r, 1M] ringsherum
Damengröße XXL: [(3r, 1M , 2r, 1M) 8 Mal, 6r, 1M] ringsherum
Damengröße 3XL: [(2r, 1M, 3r, 1M) 4 Mal, 2r, 1M, 1r, 1M] ringsherum
Damengröße 4XL: [(2r, 1M, 1r, 1M) 3 Mal, (2r, 1M) 7 Mal] ringsherum
Herrengröße S: [(2r, 1M) 16-mal, (4r, 1M) 3-mal] ringsherum
Herrengröße M: [(6r, 1M) 6-mal, 8r, 1M] ringsherum
Herrengröße L: [(3r, 1M) 8-mal, (4r, 1M) 5-mal] ringsherum
Herrengröße XL (XXL): [(3r, 1M) 5-mal, (4r, 1M) 2-mal] ringsherum
Herrengröße 3XL: (2r, 1M) 4-mal, [2r, 1M, 3r, 1M, 2r, 1M] bis zum Ende
Herrengröße 4XL: [(1r, 1M) 3-mal, (2r, 1M) 10-mal] ringsherum
[60 (66, 78, 84, 90, 90, 90, **96, 108, 114, 120, 132, 138, 108, 114, 126, 132, 144**, *126, 102, 114, 120, 120, 132, 144*) M]

Stricken Sie Schema A (A, A, B, B, C, C, **D, D, D, D, D, D, E, E, E, F, F,** *D, E, E, E, F, G, G)*.

Der Rapport wiederholt sich 20 (22, 26, 28, 30, 30, 30, **32, 36, 38, 40, 44, 46, 36, 38, 42, 44, 48,** *42, 34, 38, 40, 40, 44, 48)*-mal pro Rd.

[120 (132, 156, 168, 180, 180, 180, **192, 216, 228, 240, 264, 276, 288, 304, 336, 352, 384,** *252, 272, 304, 320, 320, 352, 384*) M]

In Körper und Ärmel aufteilen:

Hinweis: Diese Trennungsrunde wird GLEICHZEITIG mit Runde 1 von Schema H (H, H, I, I, J, J, **K, K, K, K, K, K, L, L, L, M, M,** *K, L, L, L, M, M, M*) gearbeitet.

36 (42, 48, 48, 54, 54, 54, **60, 66, 72, 72, 78, 84, 88, 96, 104, 112, 120,** *72, 80, 88, 96, 96, 112, 120)* M str. *(Rücken),*

24 (24, 30, 36, 36, 36, 36, **36, 42, 42, 48, 54, 54, 56, 56, 64, 64, 72,** *54, 56, 64, 64, 64, 64, 72*) M auf einem separaten Faden stilllegen *(rechter Ärmel),*

6 (6, 6, 6, 6, 12, 12, **12, 12, 12, 12, 12, 12, 16, 16, 16, 16, 16,** *12, 16, 16, 16, 24, 24, 24*) M anschlagen *(rechte Achsel),*

36 (42, 48, 48, 54, 54, 54, **60, 66, 72, 72, 78, 84, 88, 96, 104, 112, 120,** *72, 80, 88, 96, 96, 112, 120)* M str *(Vorderseite),*

24 (24, 30, 36, 36, 36, 36, **36, 42, 42, 48, 54, 54, 56, 56, 64, 64, 72,** *54, 56, 64, 64, 64, 64, 72*) M auf einem separaten Faden stilllegen *(linker Ärmel),*

6 (6, 6, 6, 6, 12, 12, **12, 12, 12, 12, 12, 12, 16, 16, 16, 16, 16,** *12, 16, 16, 16, 24, 24, 24*) M anschlagen *(linke Achsel),*

ME und zur Runde schließen.

[84 (96, 108, 108, 120, 132, 132, **144, 156, 168, 168, 180, 192, 208, 224, 240, 256, 272,** *168, 192, 208, 224, 240, 272, 288*) Körper-M]

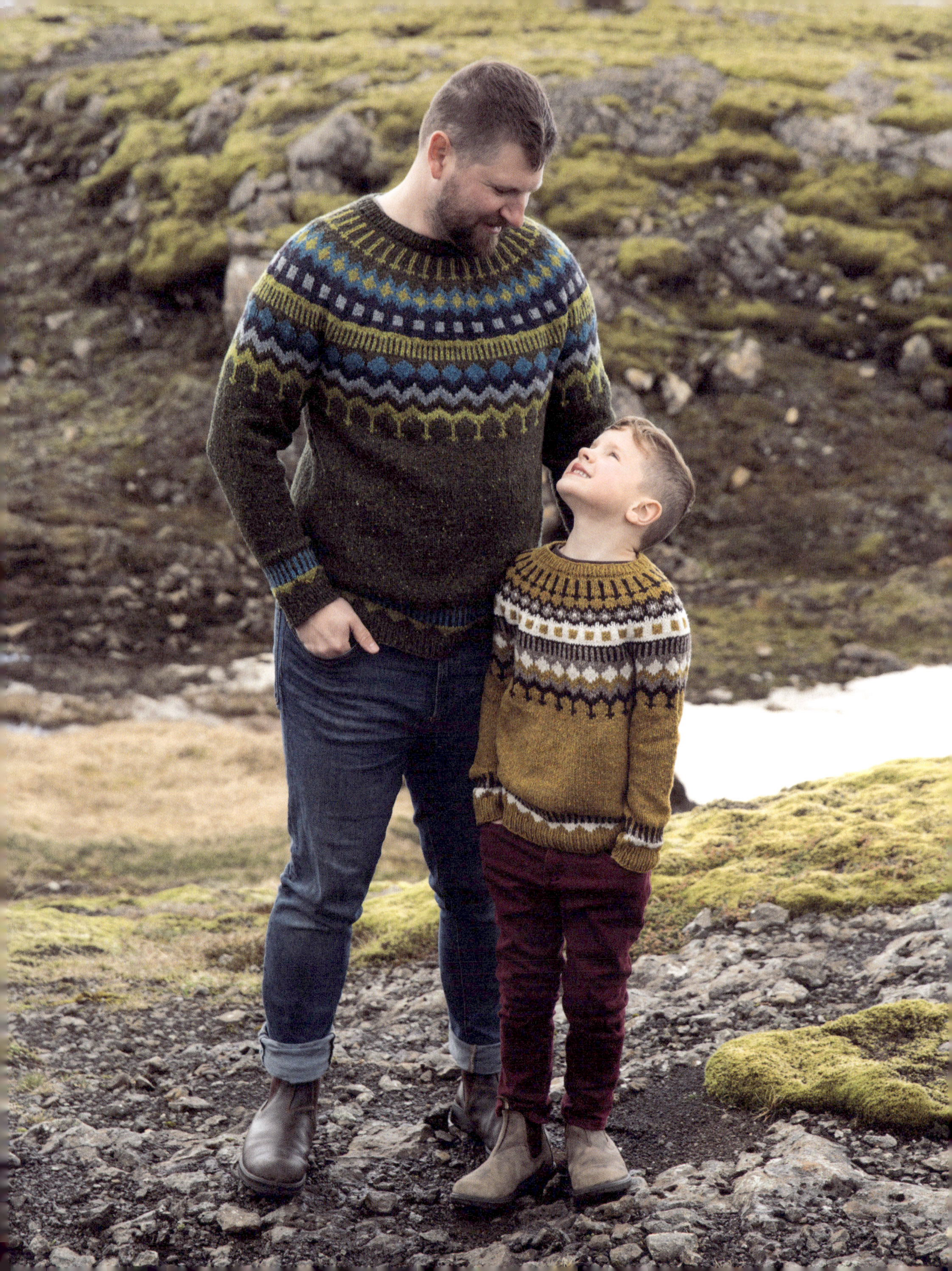

Körper:

Stricken Sie Schema H (H, H, I, I, J, J, **K, K, K, K, K, K, L, L, L, M, M,** *K, L, L, L, M, M, M*) und beginnen Sie dabei mit Runde 2.

Der Rapport wiederholt sich 14 (16, 18, 18, 20, 22, 22, **24, 26, 28, 28, 30, 32, 26, 28, 30, 32, 34,** *28, 24, 26, 28, 30, 34, 36*)-mal pro Rd.

In HF glatt rechts weiterstricken, bis der Körper 9 (11,5, 14, 16,5, 21,5, 24, 26,5, **28, 28, 30,5, 30,5, 33, 35,5, 37, 37, 39,5, 39,5, 39,5,** *35,5, 34,5, 37, 39,5, 39,5, 42, 42*) cm ab der Achsel misst oder bis 9 (9, 9, 9, 9, 9, 9, **10, 10, 10, 10, 10, 10, 11,5, 11,5, 11,5, 11,5, 11,5,** *10, 11,5, 11,5, 11,5, 11,5, 11,5, 4,5*) cm unter der gewünschten Gesamtlänge.

Stricken Sie Schema N (N, N, N, N, N, N, **N, N, N, N, N, N, O, O, O, O, O,** *N, O, O, O, O, O, O*).

2 Rd in HF str. Ab jetzt mit dünneren Nadeln weiterstricken. 4 (**5,** *5*) cm im Rippenmuster 1x1 (1r, 1l) str. Alle Maschen locker abketten.

Ärmel:

Hinweis: Die erste Runde des Ärmels wird GLEICHZEITIG mit Runde 1 von Schema H (H, H, I, I, J, J, **K, K, K, K, K, K, K, L, L, L, M, M,** *K, L, L, L, M, M, M*) gearbeitet.

Die 24 (24, 30, 36, 36, 36, 36, **36, 42, 42, 48, 54, 54, 56, 56, 64, 64, 72,** *54, 56, 64, 64, 64, 64, 72*) stillgelegten Ärmelmaschen auf dickere Nadeln nehmen. Dabei in der Mitte der angeschlagenen M an der Achsel beginnen, 3 (3, 3, 3, 3, 6, 6, **6, 6, 6, 6, 6, 6, 8, 8, 8, 8, 8,** *6, 8, 8, 8, 12, 12, 12)* M aufnehmen und im Muster str. Über die stillgelegten Ärmelmaschen im Muster arbeiten. 3 (3, 3, 3, 3, 6, 6, **6, 6, 6, 6, 6, 6, 8, 8, 8, 8, 8,** *6, 8, 8, 8, 12, 12, 12)* M aufnehmen und im Muster str. ME und zur Runde schließen.

[30 (30, 36, 42, 42, 48, 48, **48, 54, 54, 60, 66, 66, 72, 72, 80, 80, 88,** *66, 72, 80, 80, 88, 88, 96*) M]

Stricken Sie Schema H (H, H, I, I, J, J, **K, K, K, K, K, K, L, L, L, M, M,** *K, L, L, L, M, M, M*) und beginnen Sie dabei mit Runde 2.

Der Rapport wiederholt sich 5 (5, 6, 7, 7, 8, 8, **8, 9, 9, 10, 11, 11, 9, 9, 10, 10, 11,** *11, 9, 10, 10, 11, 11, 12)*-mal pro Rd.

2 Rd in HF str. Mit HF fortfahren.

Nur für Damengröße 3XL, 4XL und *Herrengröße 4XL*:

Abnahmerunde: 1r, 2MrabhV, bis 3 M vor Ende str, 2Mzus, 1r [2 M abn]
2 Rd str.
Diese 3 Rd insg. **16 (20,** *20)*-mal str.

Alle anderen Größen:

Abnahmerunde: 1r, 2MrabhV, bis 3 M vor Ende str, 2Mzus, 1r [2 M abn]
3 Rd str.
Diese 4 Rd insg. 3 (3, 3, 3, 3, 6, 6, **6, 9, 6, 9, 12, 12, 12, 12, 16, -, -,** *12, 12, 16, 16, 16, 16,* -)-mal str.
[24 (24, 30, 36, 36, 36, 36, **36, 36, 42, 42, 42, 42, 48, 48, 48, 48, 48,** *42, 48, 48, 48, 56, 56, 56*) M]

Glatt r str bis der Ärmel 12,5 (14, 16,5, 16,5, 21,5, 24, 29, **30,5, 33, 35,5, 35,5, 38, 38, 37, 37, 39,5, 39,5, 39,5,** *35,5, 37, 39,5, 42, 42, 42, 42*) cm misst oder 4 (4, 4, 9, 9, 9, 9, **10, 10, 10, 10, 10, 10, 11,5, 11,5, 11,5, 44,5, 11,5,** *10, 11,5, 11,5, 11,5, 11,5, 11,5, 11,5*) cm weniger als die gewünschte Gesamtlänge.

Nur für die Größen 0–6 Mo (6–12 Mo, 1–2 J): Ab jetzt mit dünneren Nadeln weiterarbeiten und 4 cm im Rippenmuster 1x1 str. Alle Maschen locker abketten.

Alle anderen Größen stricken Schema - (-, -, N, N, N, N, **N, N, N, N, N, N, O, O, O, O, O,** *N, O, O, O, O, O, O*).

2 Rd in HF str. Ab jetzt mit dünneren Nadeln weiterstricken. Für Kinder-, (**Damen-**, *Herren-*) Größen 4 (**5 cm**, *5 cm*) cm im Rippenmuster 1x1 (1r, 1l) str. Alle Maschen locker abketten.

Rippenmuster am Kragen:

Hinten an der rechten Schulter anfangen und mit dünneren Nadeln 56 (60 64, 72, 72, 76, 76, **80, 84, 84, 88, 88, 88, 88, 92, 92, 92, 92,** *88, 88, 88, 92, 92, 92, 92*) aufnehmen und str (eine für jede angeschlagene Masche). Im Rippenmuster 1x1 (1r, 1l) 2 (2, 2, 2, 2, 2,5, 2,5, **2,5, 2,5, 2,5, 2,5, 2,5, 3, 3, 3, 3, 3, 3,** *3, 3, 3, 3, 3, 3, 3*) cm str und dann alle Maschen locker abketten.

Fertigstellung

Fadenenden verstecken, den Pullover **waschen und blocken**.

Schema H:

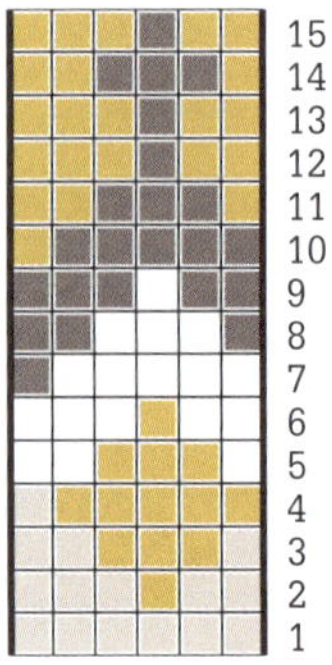

Schema A:

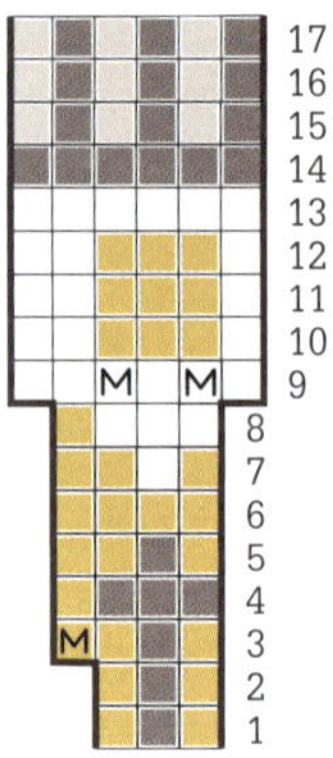

Schema N:

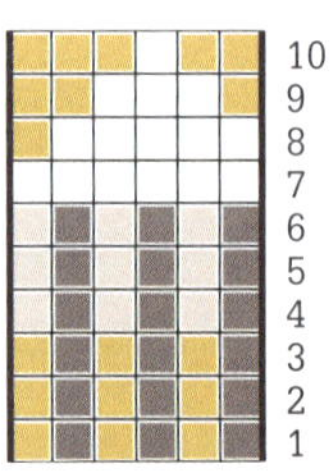

Hinweis: Schema N wird der Bequemlichkeit halber mit beiden Farbpaletten gezeigt.

Schema N:

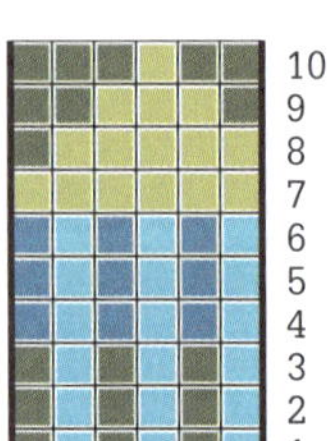

Schema I:

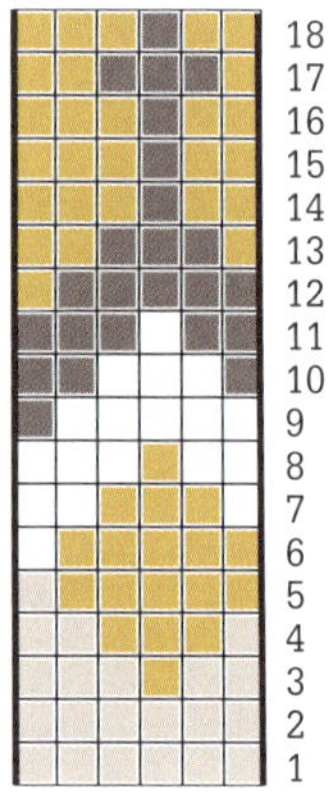

Schema B:

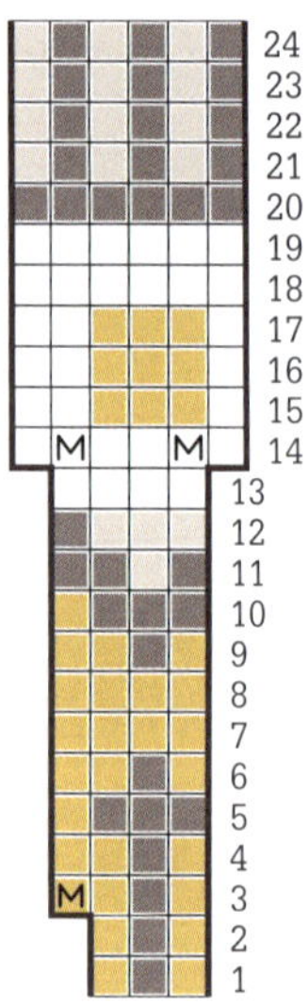

Schema O:

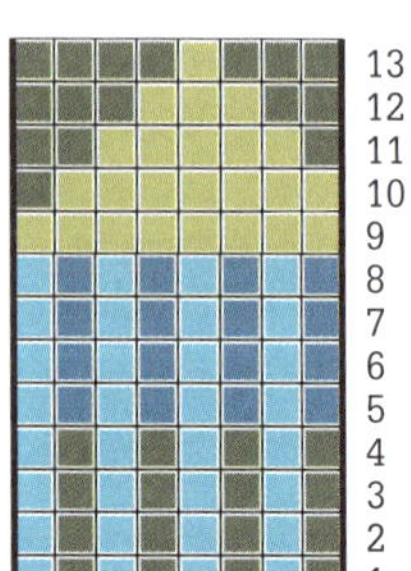

Schema J:

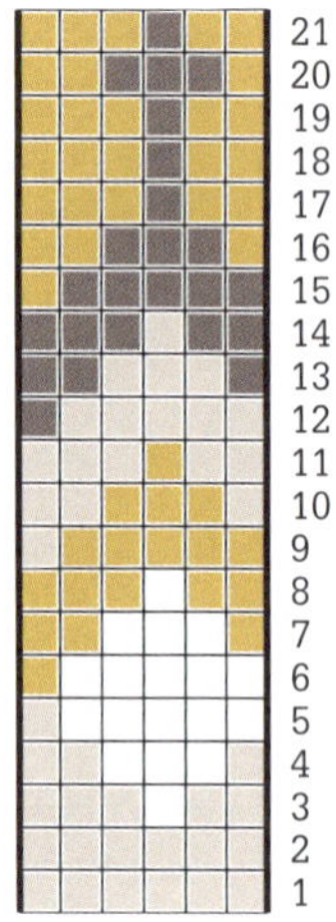

Schema C:

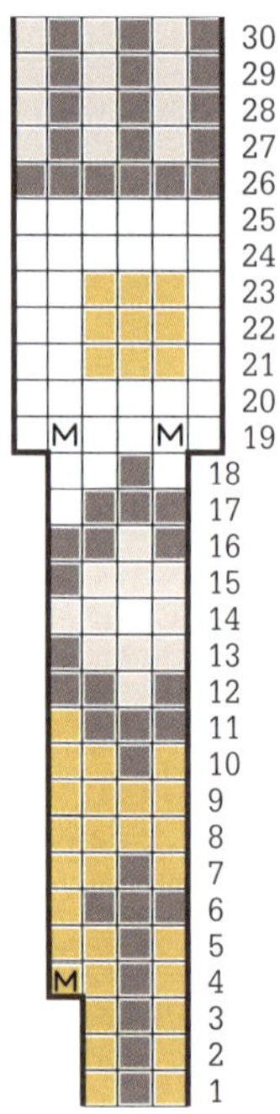

Schema K:

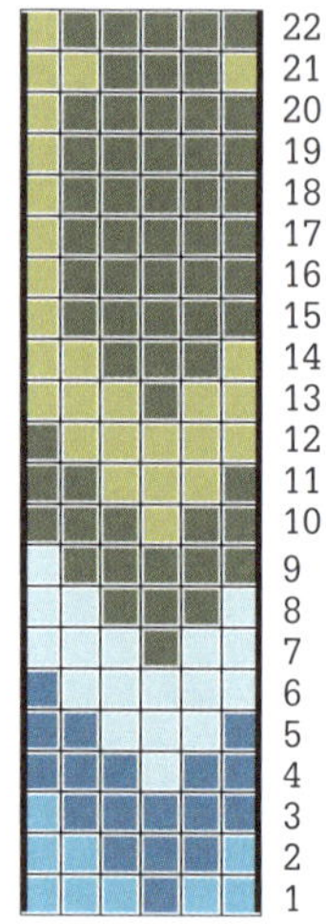

Schema D:

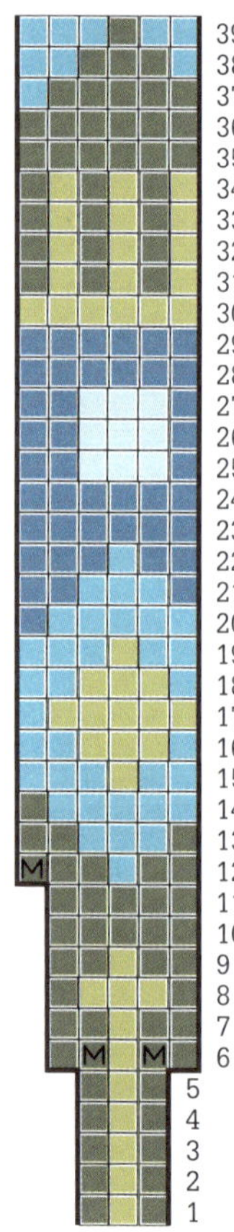

Schema L:

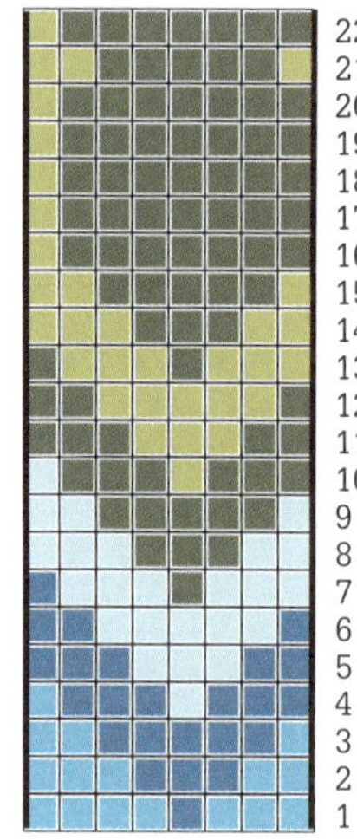

Schema E:

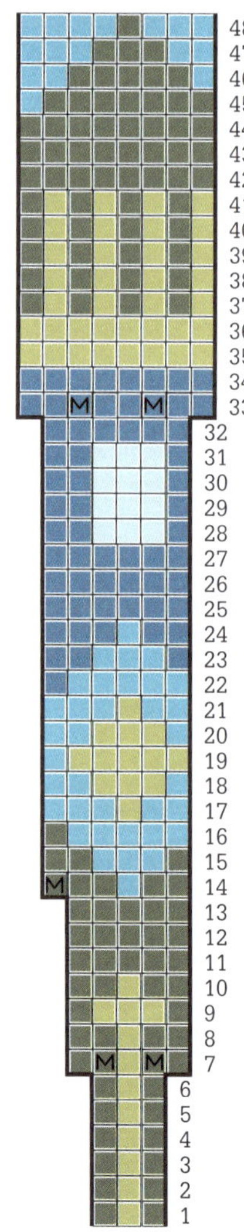

Schema F:

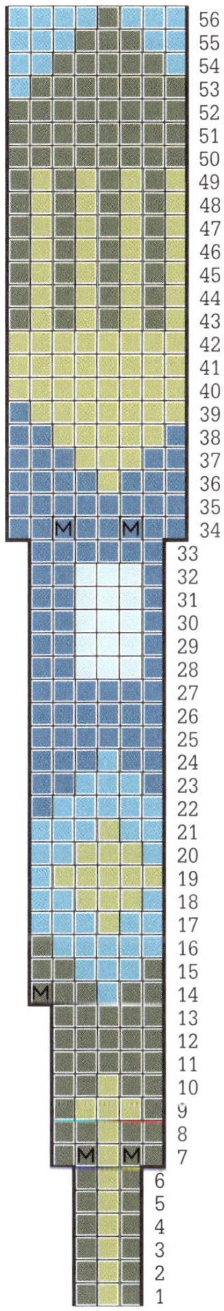

Schema G:

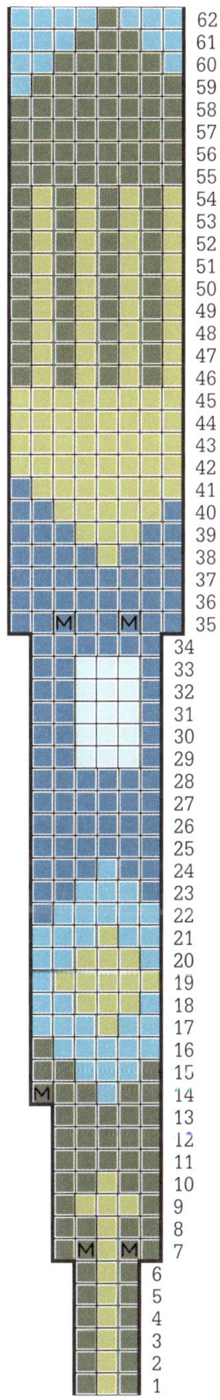

Schema M:

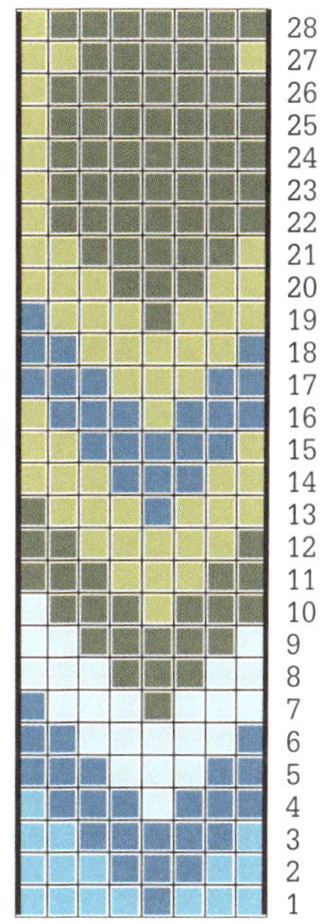

Farbgebung:

Die Modelle sind aus
Brooklyn Tweed Shelter in:

- MC - Hayloft
- Pumpernickel
- Barn Owl
- Fossil
- MC - Artifact
- Sap
- Old World
- Tartan
- Taded !uilt

Symbole & Abkürzugen:

M **1M -** 1 Masche zunehmen (in der angegebenen Farbe)

Hinweise zu den Schemata:

Lesen Sie alle Schemareihen von rechts nach links.

In den Anleitungen ist vermerkt, welches Schema Sie für welche Größe verwenden müssen.

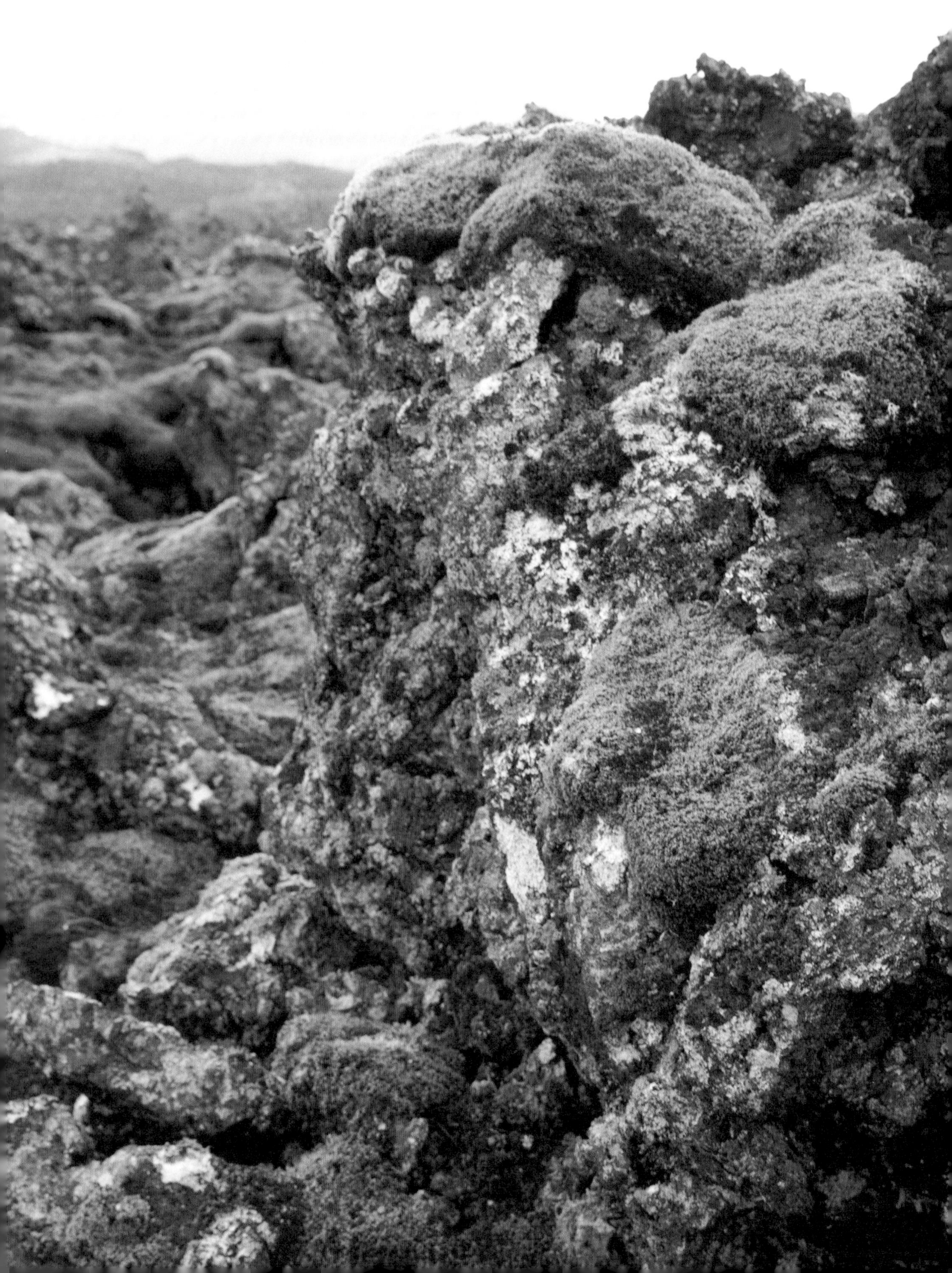

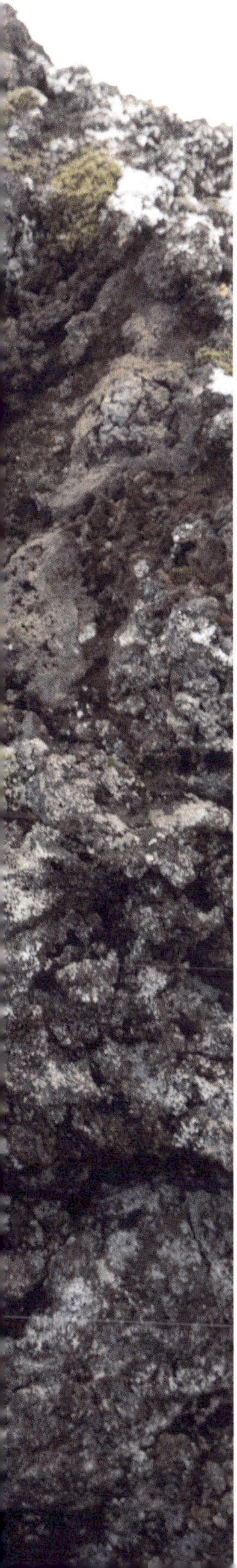
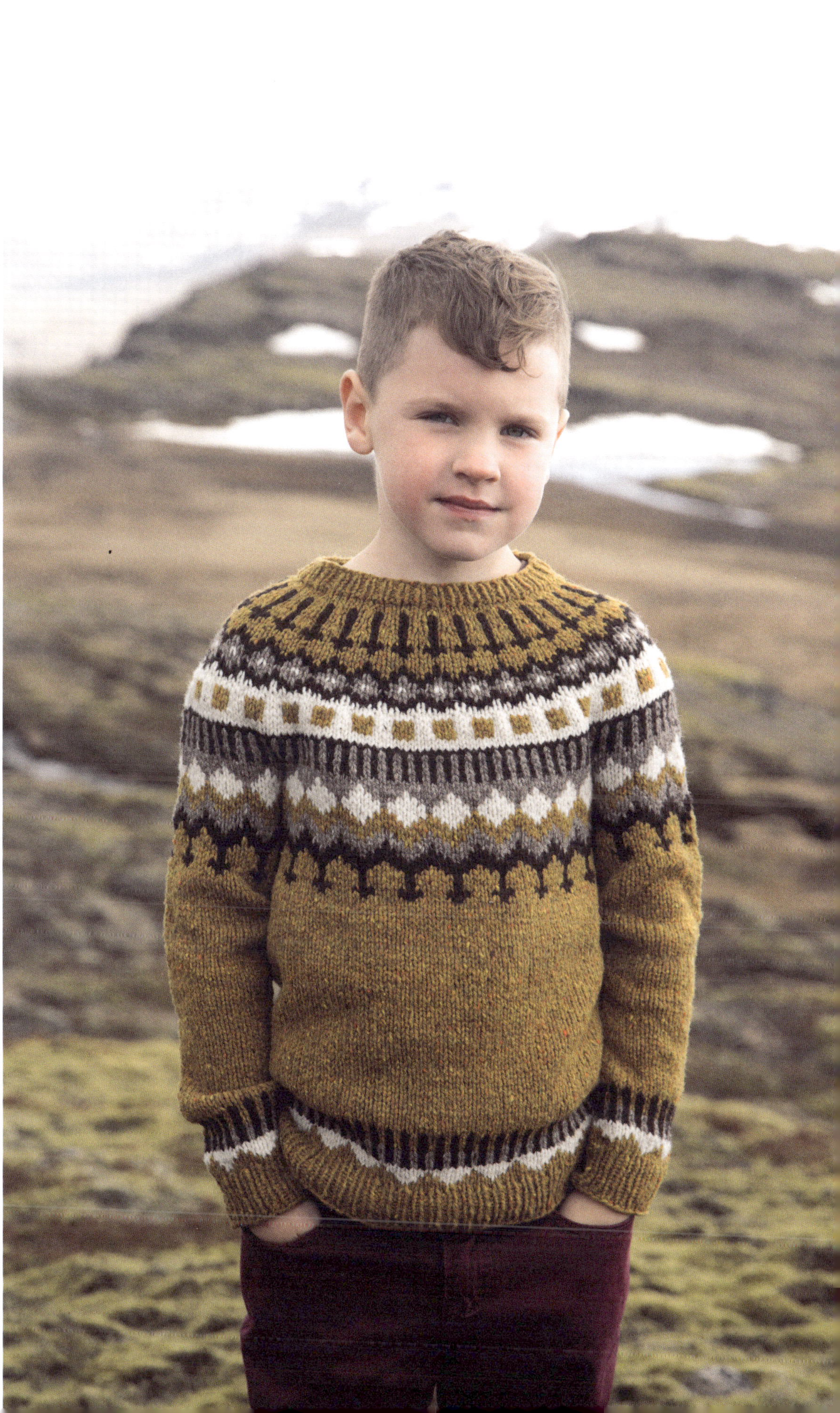

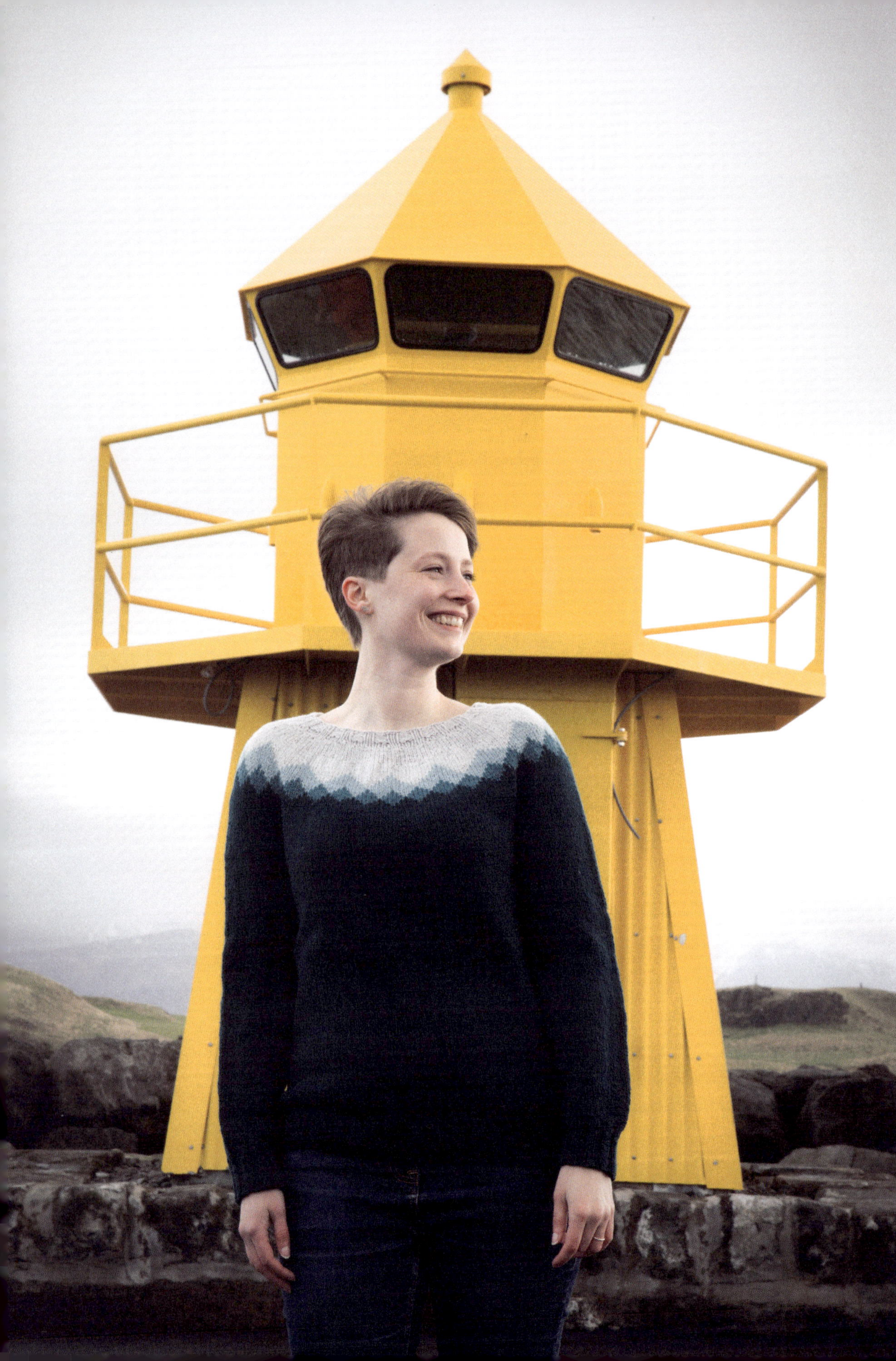

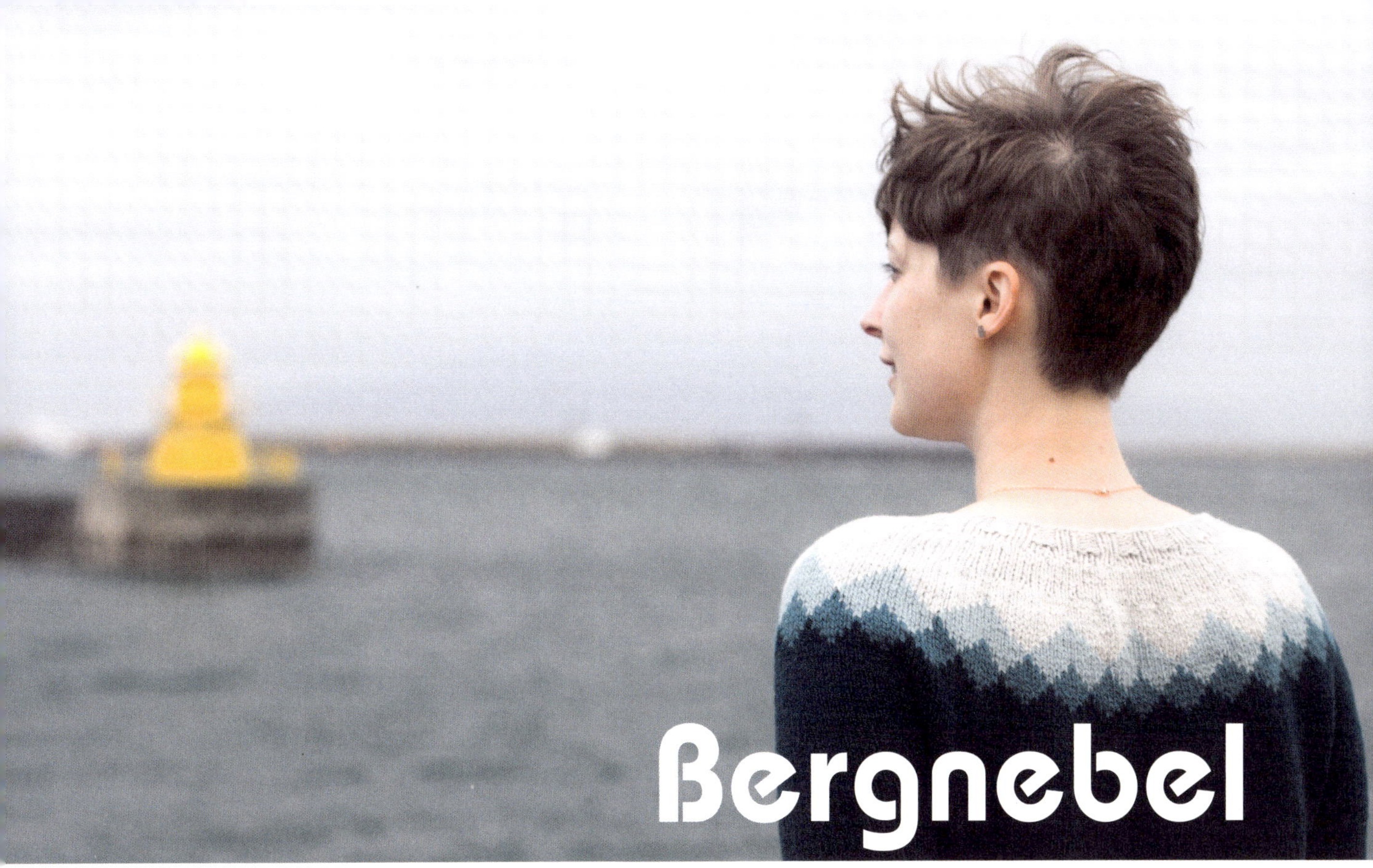

Bergnebel

Größen & Materialien:

Bergnebel ist ein Rundpassendesign für mitteldicke Wolle, das auf unserer Strange-Brew-Pulloveranleitung beruht. In der Größenübersicht (S. 11) finden Sie Angaben zur Größeneinteilung, der Maschenprobe, den Maßen des fertigen Strickstücks sowie den empfohlenen Nadelstärken (sehen Sie in den Spalten für mittlere Wolle nach).

Erforderliche Garnmenge (mittlere Wolle):
HF: 230 (300, 345, 415, 435, 525, 595, **620, 665, 735, 780, 825, 895, 915, 1005, 1075, 1165, 1215,** *800, 915, 960, 1100, 1145, 1235, 1325*) Meter

KF 1: 45 (70, 70, 95, 95, 115, 140, **140, 140, 160, 160, 185, 185, 185, 205, 230, 255, 255,** *185, 185, 205, 230, 255, 255, 275*) Meter.

KF 2 und KF 3: 25 (45, 45, 45, 45, 70, 70, **70, 70, 95, 95, 95, 95, 95, 115, 115, 115, 140,** *95, 95, 95, 115, 115, 140, 140)* Meter

Wir haben **Stone Wool Cormo** verwendet, siehe Schemaseite für die Farbgebung.

Das Muster gibt es in folgenden Größen, die in dieser Reihenfolge aufgeführt sind, sofern nicht anders angegeben::

0–6 Mo (6–12 Mo, 1–2 J, 2–4 J, 4–6 J, 6–8 J, 8–10 J, **Damengröße XS, S, SM, M, ML, L, LXL, XL, XXL, 3XL, 4XL,** *Herrengröße S, M, L, XL, XXL, 3XL, 4XL*).

Aufbau: Top-Down, vom Halsausschnitt über die Passe hin zur Achsel. Ärmel und Körper werden in Rd bis zum Saum und den Bündchen gestrickt.

Anmerkungen zu den Größen:

Nina trägt Damengröße SM (95 cm) mit 1,5 cm Mehrweite. Ihr Pullover ist gerade hochgestrickt.

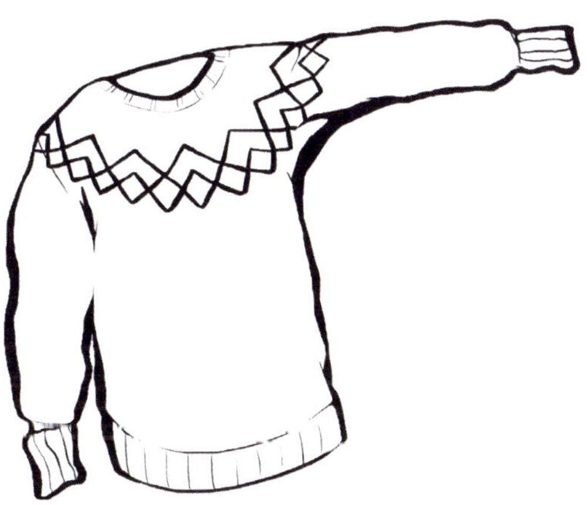

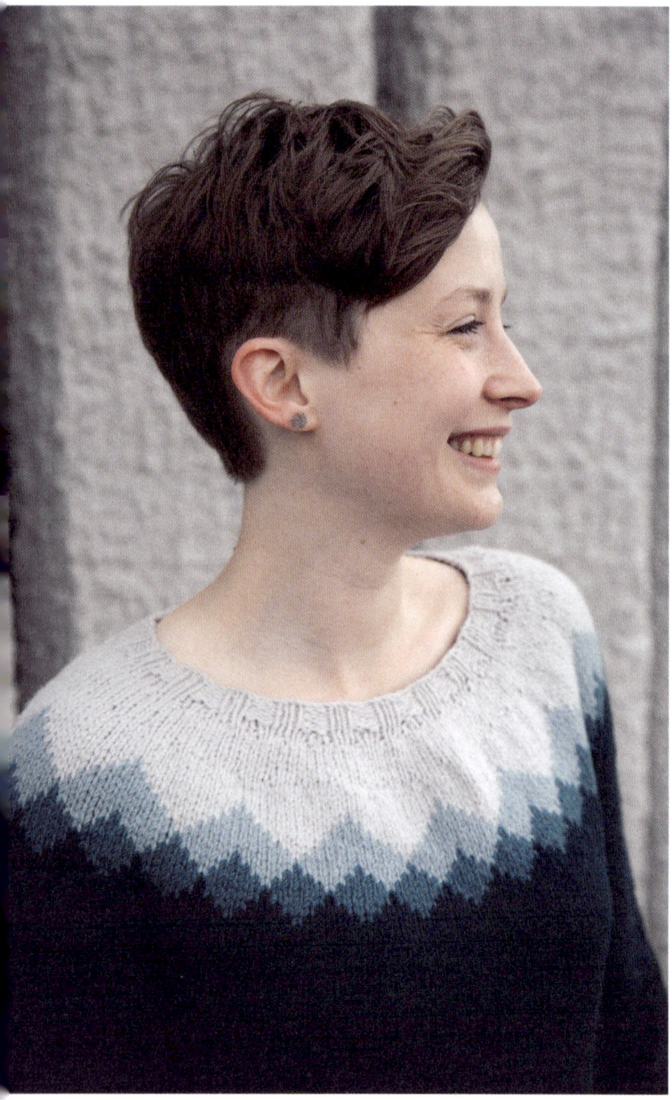

Halsausschnitt:

Mit dünneren Nadeln in KF 1 56 (60, 64, 72, 72, 76, 76, **80, 84, 84, 88, 88, 88, 88, 92, 92, 92, 92**, *88, 88, 88, 96, 96, 96, 96*) M locker anschlagen, ME und zur Runde schließen.

Im Rippenmuster 2x2 (2r, 2l) str, bis das Strickstück 2 (2, 2, 2, 2, 2,5, 2,5, **2,5, 2,5, 2,5, 2,5, 2,5, 3, 3, 3, 3, 3, 3**, *3, 3, 3, 3, 3, 3, 3)* cm misst. Zu dickeren Nadeln wechseln und 1 Runde str.

Zunahmerunde 1 (nur Erwachsenengrößen):

Damengröße XS (**S, SM, M, ML, L, LXL, XL, XXL, 3XL, 4XL,** *Herrengröße S, M, L, XL, XXL, 3XL, 4XL*): [**5**r (**7, 7, 11, 11, 11, 11, 23, 23, 23, 23,** *11, 11, 11, 4, 4, 4, 4*), 1M] ringsherum

[**96, 96, 96, 96, 96, 96, 96, 96, 96, 96, 96**, *96, 96, 96, 120, 120, 120, 120*) M]

1 Rd str.

Zunahmerunde 2:

0–6 Mo: [3r, 1M, 4r, 1M] ringsherum
6–12 Mo (1–2 J, 2–4 J, 4–6 J, **Damengröße XS, S, SM, M, ML, L, LXL, XL, XXL, 3XL, 4XL,** *Herrengröße S, M, L*): [5r (2, 3, 3, **4, 2, 2, 2, 2, 2, 2, 2, 2, 2, 2**, *2, 2, 2*), 1M] ringsherum
6–8 J (8–10 J): [(4r, 1M) 4 Mal, 3r, 1M] ringsherum
Herrengröße XL (*XXL, 3XL, 4XL*): [2r, 1M, 3r, 1M] ringsherum

[72 (72, 96, 96, 96, 96, 96, **120, 144, 144, 144, 144, 144, 144, 144, 144, 144, 144**, *144, 144, 144, 168, 168, 168, 168*) M]

3 (3, 4, 3, 4, 4, 4, **7, 8, 9, 10, 10, 10, 11, 12, 14, 17, 18**, *9, 11, 13, 16, 19, 20, 21*) Rd str.

Zunahmerunde 3:

0–6 Mo (6–12 Mo, 1–2 J, 2–4 J, 4–6 J, 6–8 J, 8–10 J, **Damengröße XS, S, SM, M, ML, L, LXL, XL, XXL, 3XL, 4XL,** *Herrengröße S, M, L*): [3r (3, 4, 4, 2, 2, 2, **5, 3, 3, 3, 3, 2, 2, 2, 2, 2, 2**, *3, 2, 2*), 1M] ringsherum
Herrengröße XL (*XXL, 3XL, 4XL*): [2r, 1M, 2r, 1M, 3r, 1M] ringsherum

[96 (96, 120, 120, 144, 144, 144, **144, 192, 192, 192, 192, 216, 216, 216, 216, 216, 216**, *192, 216, 216, 240, 240, 240, 240*) M]

Schema A:

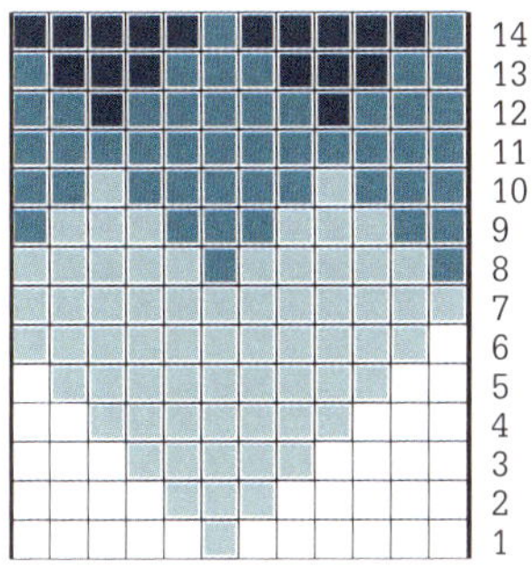

Rapport: 12 M

Schema B:

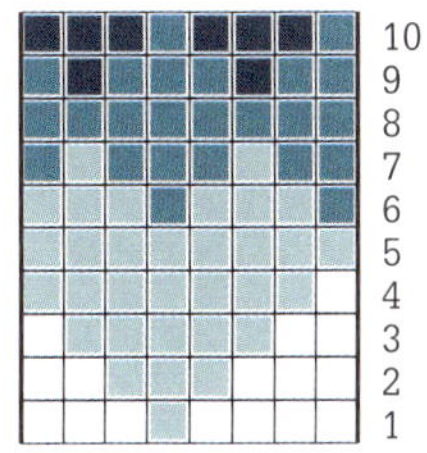

Rapport: 8 M

Farbgebung:

Modell aus **Stone Wool Cormo** in:

- ☐ KF 1: Shale 1
- ☐ CC2: Ozark 1
- ☐ CC3: Ozark 2
- ■ HF: Ozark 3

Hinweise zu den Schemata:

Lesen Sie alle Schemarunden von rechts nach links. Verwenden Sie für die Größen 0–6 Mo (6–12 Mo, 1–2 J) Schema B und für alle anderen Größen Schema A.

Passenmusterung:

0–6 Mo (6–12 Mo, 1–2 J): Stricken Sie Schema B. Der Rapport wiederholt sich 12 (12, 15)-mal pro Rd.

2–4 J (4–6 J, 6–8 J, 8–10 J, **Damengröße XS, S, SM, M, ML, L, LXL, XL, XXL, 3XL, 4XL,** *Herrengröße S, M, L, XL, XXL, 3XL, 4XL*): Stricken Sie Schema A. Der Rapport wiederholt sich 10 10 (12, 12, 12, **12, 16, 16, 16, 16, 18, 18, 18, 18, 18, 18,** *16, 18, 18, 20, 20, 20, 20)*-mal pro Rd.

1 Runde in HF str. Ab hier wird der Pullover in HF weitergestrickt.

Zunahmerunde 4:

0–6 Mo (6–12 Mo, 1–2 J, 2–4 J, 4–6 J, 6–8 J, 8–10 J, **Damengröße XS, S, SM, M, ML, XL,** *Herrengröße S, L*): [4r (4, 5, 5, 6, 6, 6, **3, 8, 8, 8, 4, 3**, *4, 3*), 1M] ringsherum
Damengröße L (**LXL,** *Herrengröße M*): [4r, 1M, 5r, 1M] ringsherum
Damengröße XXL (**3XL, 4XL**): [(2r, 1M) 3 Mal, 3r, 1M] ringsherum
Herrengröße XL (*XXL*): [3r, 1M, 3r, 1M, 4r, 1M] ringsherum
Herrengröße 3XL (*4XL*): [2r, 1M, 3r, 1M] ringsherum

[120 (120, 144, 144, 168, 168, 168, **192, 216, 216, 216, 240, 264, 264, 288, 312, 312, 312,** *240, 264, 288, 312, 312, 336, 336*) M]

5 (5, 6, 4, 5, 7, 9, **11, 12, 13, 14, 16, 16, 17, 18, 20, 23, 24**, *15, 17, 19, 24, 27, 28, 29*) Rd str.

Die gesamte Tiefe der Passe beträgt an dieser Stelle ca. 12,5 (12,5, 13,5, 14, 15,5, 16,5, 17, **20,5, 21, 22, 23, 23,5, 24, 25,5, 26, 28, 30,5, 31**, *23,5, 25,5, 26,5, 30,5, 33, 33,5, 34,5*) cm. Wenn Sie eine andere Anzahl von Rd benötigen als in der Maschenprobe angegeben, können Sie in diesem Abschnitt ein paar Rd mehr (oder weniger) str, um die gewünschte Passentiefe zu erreichen.

RA verlegen: RA-Markierer entfernen, 20r (20, 20, 18, 30, 30, 30, **30, 30, 30, 30, 42, 42, 42, 42, 54, 54, 54,** *30, 42, 42, 42, 54, 54, 54*) M, hM-Markierer einsetzen. Die erste Masche der Runde ist die hintere Mittelmasche.

Zunahmerunde 5:

0–6 Mo (**Damengröße S, ML, L, XXL,** *Herrengröße S, L, XL*)1 Runde str.
6–12 Mo (1–2 J, 2–4 J, 4–6 J, 6–8 J, 8–10 J, **Damengröße XS, SM, M, LXL, XL, 3XL,** *Herrengröße M, XXL, 3XL, 4XL*): [10r (36, 12, 42, 14, 14, **24, 27, 18, 11, 24, 13,** *33, 26, 14, 7*), 1M] ringsherum
Damengröße 4XL: [6r, 1M, 7r, 1M] ringsherum

[120 (132, 148, 156, 172, 180, 180, **200, 216, 224, 228, 240, 264, 288, 300, 312, 336, 360,** *240, 272, 288, 312, 324, 360, 384*) M]

Fertigstellung:

Stellen Sie den Pullover gemäß der Strange-Brew-Anleitung für Top-down-Modelle in mittlerer Wolle fertig: Stricken Sie verkürzte Reihen (S. 36), wobei der RA für diese Passe sich bereits in der hinteren Mitte befindet.

Fahren Sie dann mit der Passentrennungsrunde fort (S. 37).

Dann Körper und Ärmel stricken (S. 38, 39). Dieser Pullover ist gerade hochgestrickt und hat ein Rippenmuster 2x2 (2r, 2 l) am Saum und den Bündchen. Blocken Sie Ihren Pullover und stellen Sie ihn fertig (S. 138).

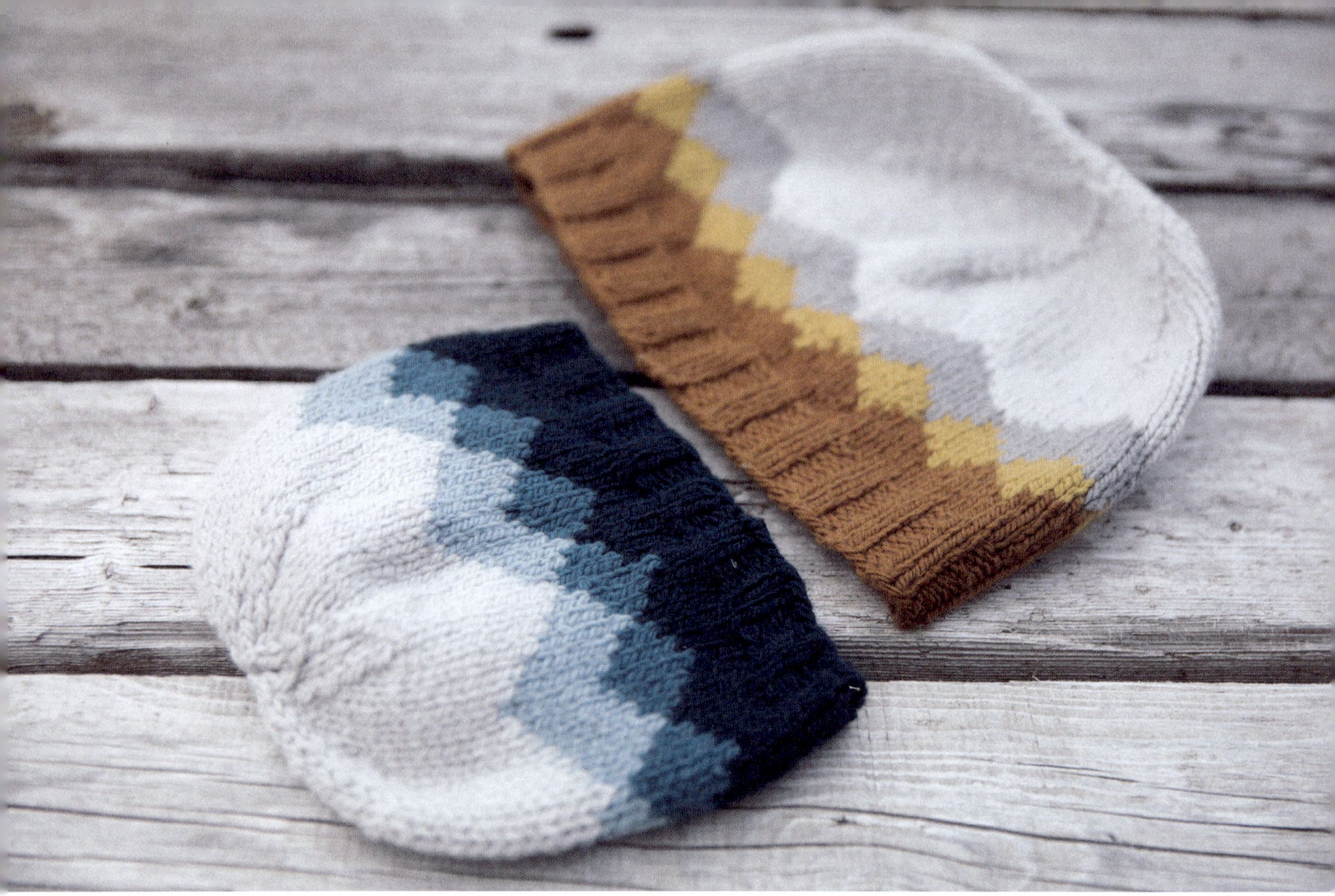

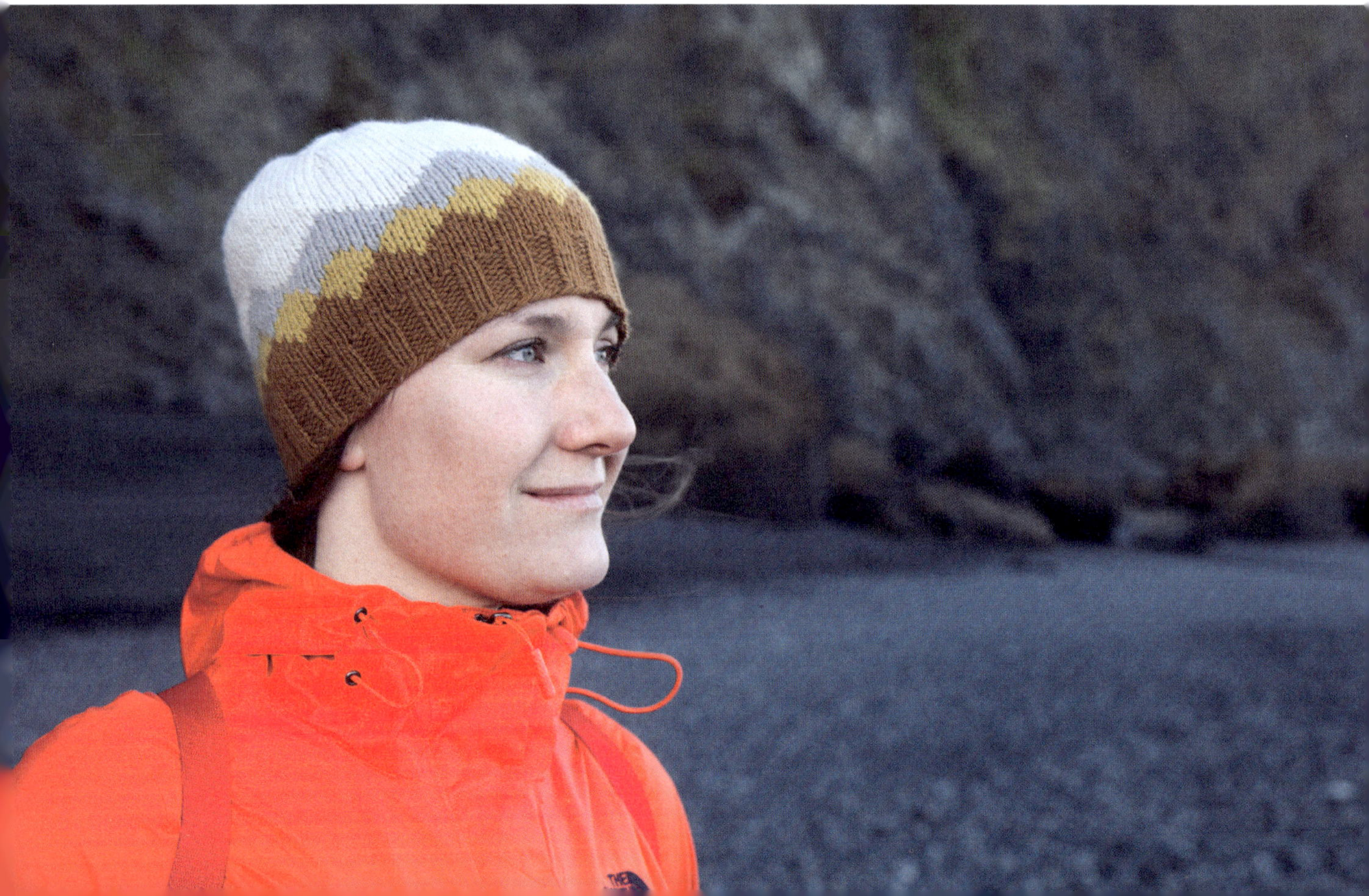

Bergnebel-Mütze

Größen:

Neugeborenes (Baby (Kleinkind, Kind, **Erwachsenengröße SM, Erwachsenengröße L**)

Passt bei einem Kopfumfang von: 35,5 (43, 51, **56, 61**) cm ringsherum

Emily trägt Erwachsenengröße SM, die Babygröße ist in Blautönen gehalten.

Materialien:

Garne: Mitteldickes Garn in 4 Farben
HF, KF 3: 40 (50, 55, 65, **75, 85**) Meter
KF 1, KF 2: Jeweils 20 Meter
Plus 30 Meter für einen Pompon

(Die gezeigten Modelle wurden aus Stone Wool Cormo *gestrickt; siehe Rapportseite für die Farbgebung.)*

Maschenprobe: 18 M & 21 Rd / 10 cm mit Einstrickmusterstreifen und dickeren Nadeln

Nadeln: Nr. 4 & Nr. 5 *(oder die zur Einhaltung der Maschenprobe nötige Stärke) Für die Babygröße sind NS in beiden Stärken oder lange Rundstricknadeln für die Magic-Loop-Technik erforderlich. Für alle anderen Größen brauchen Sie 40 cm lange Rundstricknadeln in beiden Stärken und NS in der größeren Stärke oder eine lange Rundstricknadel für die Magic-Loop-Technik.*

Zubehör: Maschenmarkierer, Stopfnadel

Muster:

Mit dünneren Nadeln in HF 60 (72, 84, 84, **96, 108**) M locker anschlagen, ME und zur Runde schließen.

2 (2, 2,5, 2,5, **2,5, 3**) cm im Rippenmuster 2x2 (2r, 2l) str. Die Nadeln gegen dickere tauschen und 2 (2, 2, 4, **4, 6**) Rd str.

Runde 1–14 des Schemas str. Der Rapport wiederholt sich 5 (6, 7, 7, **8, 9**)-mal pro Rd.

Mit KF 3 str, bis das Strickstück 11,5 (12,5, 13,5, 14,5, **14,5, 16,5**) cm ab Anschlag misst.

Abnahmen für die Spitze:

Vorbereitungsrunde: [10r (12, 14, 14, **16, 18**), ME] rundherum. Das Strickstück ist jetzt in 6 Abschnitte aufgeteilt.
Rd 1: [1r, 2MrabhV, bis 2 M vor dem Markierer str, 2Mzus] rundherum.
Rd 2: re

Runde 1–2 insg. 3 (4, 5, 5, **6, 7**)-mal str. [24 M]

Nächste Rd: [2MrabhV, 2Mzus] ringsherum [12 M]
Nächste Rd: [2Mzus] ringsherum [6 M]

Faden abschneiden und 20 cm davon stehen lassen. Das herunterhängende Fadenende durch die verbliebenen Maschen ziehen und fest anziehen. **Fadenenden verstecken**, die Mütze **waschen und blocken**.

Schema:

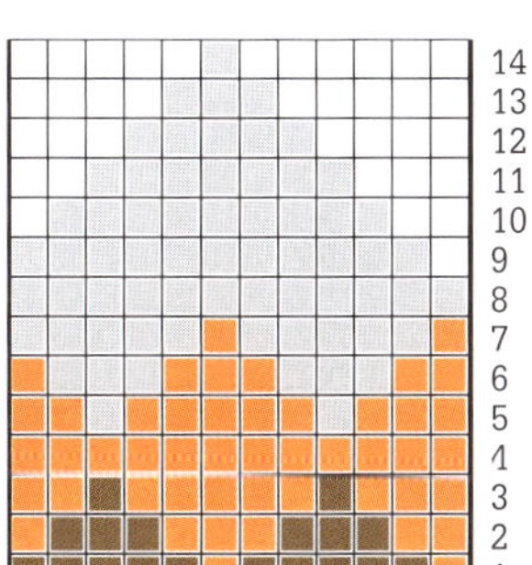

Rapport: 12 M

Farbgebung:

Modelle aus Stone Wool Cormo in:

HF: Tobacco 3	HF: Ozark 3
KF 1: Tobacco 2	KF 1: Ozark 2
KF 2: Shale 2	KF 2: Ozark 1
KF3: Shale 1	KF 3: Shale 1

Hinweise zu den Schemata:

Lesen Sie alle Schemarunden von rechts nach links.

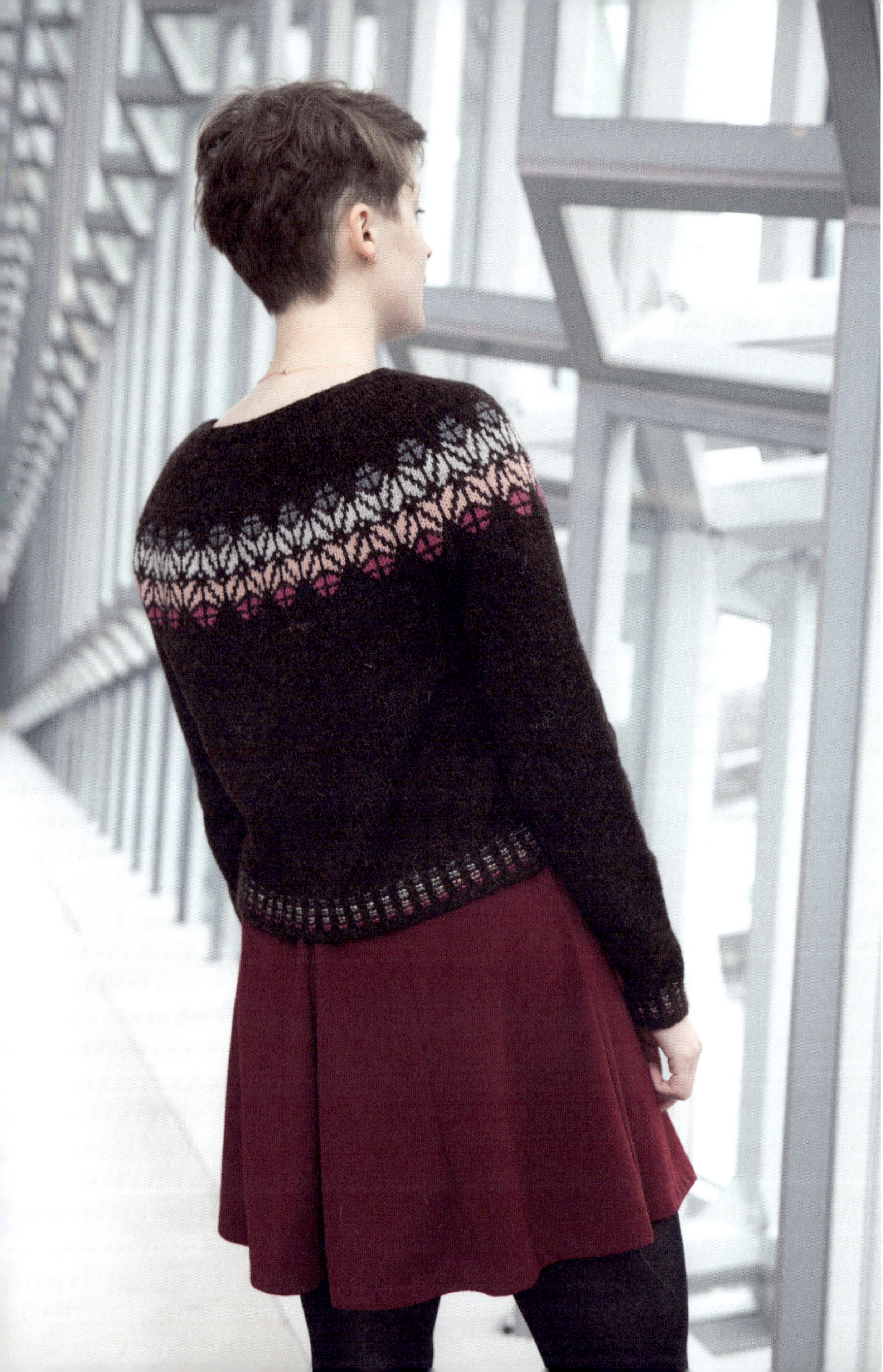
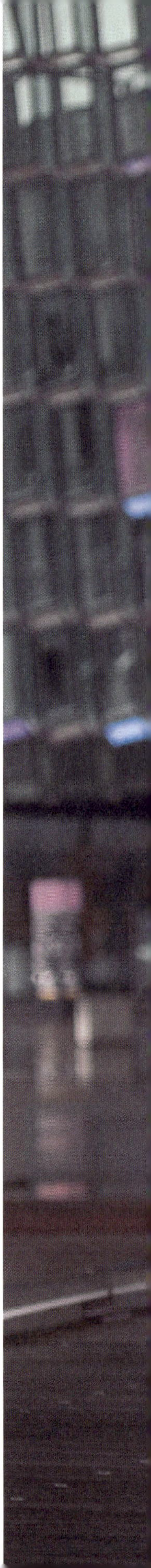

Eiskaskade

Ausgefallen & bezaubernd

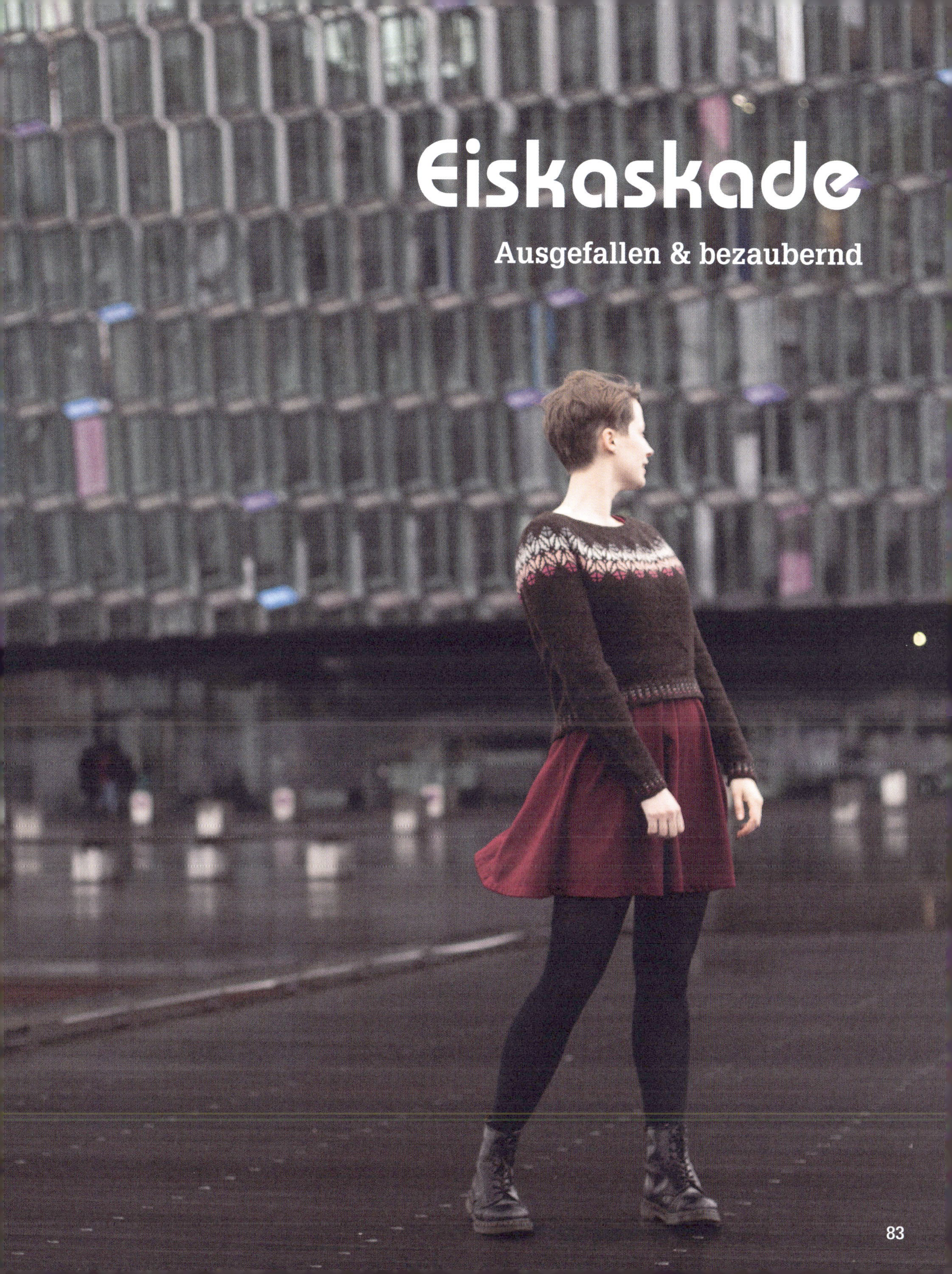

Materialien:

Garne: Sockenwolle/4-fädiges Garn – für die benötigte Garnmenge siehe Tabelle *(die gezeigten Modelle wurden aus **Tukuwool Fingering**, **YOTH Yarns Little Brother** und **Spincycle Dyed in the Wool** gestrickt; siehe Schemaseite für die Farbgebung)*

Maschenprobe 26 M & 32 Rd / 10 cm glatt rechts mit dickeren Nadeln
26 M & 32 Rd / 10 cm mit Einstrickmusterstreifen und dickeren Nadeln

Nadeln: Nr. 2,5 & 3,5 *(oder andere Stärke, um der Maschenprobe zu entsprechen)*

*0–6 Mo–4 J: Rundstricknadel von 40 cm und NS in allen Größen**
*4 Jahre–XS: Rundstricknadeln von 40 und 60 cm sowie NS in allen Größen**
*S–4XL: Rundstricknadeln von 40 und 80 cm sowie NS in allen Größen**
**Alternativ können Sie die Magic-Loop-Technik nutzen, um mit einer einzelnen langen Rundnadel in Rd zu stricken.*

Zubehör: Maschenmarkierer, Stopfnadel

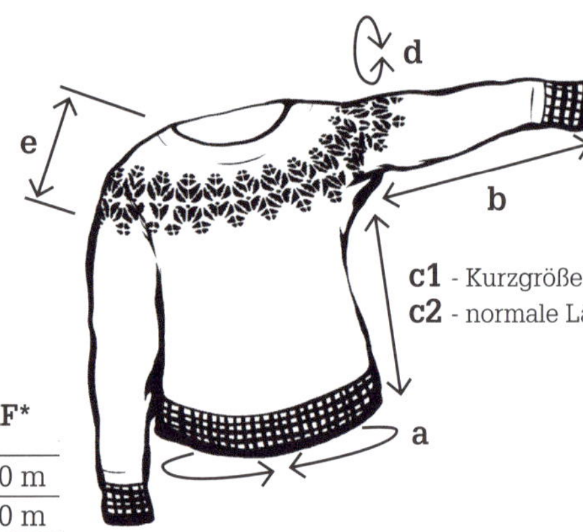

Größen:

Diese Tabelle führt die Maße des fertigen Kleidungsstücks auf. Wählen Sie Ihre Größe anhand Ihres Brustumfangs plus des gewünschten Spielraums.

	Größe	a	b	c1	c2	d	e	Garnmenge HF1	HF2	KF*
Kindergrößen	0–6 Mo	47 cm	15 cm	9 cm	12,5 cm	16,5 cm	8,5 cm	300 m	390 m	70 m
	6–12 Mo	52 cm	18 cm	10 cm	15 cm	18 cm	8,5 cm	345 m	415 m	70 m
	1–2 J	56 cm	20 cm	11,5 cm	16,5 cm	19 cm	11 cm	390 m	480 m	95 m
	2–4 J	61 cm	25,5 cm	12,5 cm	18 cm	21,5 cm	11,5 cm	480 m	550 m	95 m
	4–6 J	66 cm	30,5 cm	14 cm	20 cm	23 cm	16 cm	575 m	685 m	115 m
	6–8 J	70 cm	33 cm	16,5 cm	21,5 cm	23,5 cm	16 cm	640 m	800 m	115 m
	8–10 J	75 cm	38 cm	18 cm	23 cm	24 cm	17 cm	755 m	960 m	140 m
Erwachsenengrößen	**XS**	**80 cm**	**40,5 cm**	**20 cm**	**35,5 cm**	**28 cm**	**17 cm**	**895 m**	**1145 m**	**160 m**
	S	**84 cm**	**43 cm**	**21,5 cm**	**37 cm**	**29 cm**	**18 cm**	**940 m**	**1190 m**	**185 m**
	SM	**89 cm**	**45,5 cm**	**23 cm**	**37 cm**	**30,5 cm**	**18,5 cm**	**85 m**	**1260 m**	**185 m**
	M	**94 cm**	**45,5 cm**	**23 cm**	**38 cm**	**30,5 cm**	**18,5 cm**	**1030 m**	**1350 m**	**205 m**
	ML	**99 cm**	**48,5 cm**	**24 cm**	**38 cm**	**33 cm**	**19,5 cm**	**1120 m**	**1465 m**	**205 m**
	L	**108 cm**	**48,5 cm**	**24 cm**	**40,5 cm**	**36 cm**	**21 cm**	**1215 m**	**1555 m**	**230 m**
	LXL	**113 cm**	**48,5 cm**	**25,5 cm**	**40,5 cm**	**38 cm**	**21,5 cm**	**1325 m**	**1670 m**	**255 m**
	XL	**122 cm**	**48,5 cm**	**26,5 cm**	**43 cm**	**40 cm**	**24 cm**	**1420 m**	**1085 m**	**275 m**
	XXL	**131 cm**	**51 cm**	**28 cm**	**43 cm**	**41,5 cm**	**26 cm**	**1580 m**	**1965 m**	**300 m**
	3XL	**141 cm**	**53,5 cm**	**29 cm**	**44,5 cm**	**46,5 cm**	**28 cm**	**1695 m**	**2150 m**	**320 m**
	4XL	**150 cm**	**53,5 cm**	**29 cm**	**45,5 cm**	**48,5 cm**	**29 cm**	**1785 m**	**2265 m**	**345 m**

**Hinweise: Die angegebene KF–Garnmenge ist die Gesamtmenge; wenn Sie 4 KF verwenden, teilen Sie diese Zahl durch 4, und wenn Sie 2 KF verwenden durch 2. Garnmenge HF 1 ist für die Kurzgröße und HF 2 für die normale Länge.*

Anmerkungen zu den Größen:

Nina trägt Erwachsenengröße M (94 cm) ohne Mehrweite. Dieser Pullover ist eine Kurzgröße.

Hunter trägt die Größe 6–8 J (70 cm) mit 4 cm Mehrweite. Das Modell hat eine normale Länge.

Aufbau: Bottom-Up. Die Ärmel werden vom Bündchen zur Achsel gearbeitet. Der Körper wird vom Saum bis zur Achsel gestrickt und hat dank verkürzter Reihen einen High-Low-Saum. Für diesen Pullover gibt es zwei Optionen: Kurzgröße und normale Länge.

Das Muster gibt es in folgenden Größen, die in dieser Reihenfolge aufgeführt sind, falls nicht anders angegeben: 0–6 Mo (6–12 Mo, 1–2 J, 2–4 J, 4–6 J, 6–8 J, 8–10 J, **Erwachsengrößen XS, S, SM, M, ML, L, LXL, XL, XXL, 3XL, 4XL**).

Ärmel:

Mit dünneren Nadeln in HF 36 (36, 40, 40, 44, 44, 48, **48, 52, 56, 56, 56, 56, 60, 64, 68, 72, 76**) M locker anschlagen, ME und zur Runde zusammenschließen. Arbeiten Sie wie folgt im modifizierten Rippenmuster:

Rd 1: [2r, 2l] ringsherum
Runde 1 insg. 3-mal in HF str.

Rd 2: [2r in HF, 2r mit KF] ringsherum
Runde 2 insg. zweimal mit HF und KF 1 str.
Runde 1 zweimal in HF str.
Runde 2 zweimal in HF und KF 2 str.
Runde 1 zweimal in HF str.

Nur für Erwachsenengrößen:
Runde 2 zweimal in HF und KF 3 str.
Runde 1 zweimal in HF str.
Runde 2 zweimal in HF und KF 4 str.
Runde 1 zweimal in HF str.

Alle Größen: Der Rest der Ärmel wird in HF gestrickt. Die Nadeln gegen dickere tauschen und 2 Rd str.

Zunahmerunde: 1r, 1M, bis zum Ende str, 1M, 1r [2 M zun] 5 Rd str.
Die vorigen 6 Rd insg. 3 (5, 4, 8, 7, 8, 7, **12, 11, 11, 13, 14, 18, 19, 19, 19, 23, 24**)-mal str.
[42 (46, 48, 56, 58, 60, 62, **72, 74, 78, 82, 84, 92, 98, 102, 106, 118, 124**) Ärmel-M]

Rechts str, bis der Körper 15,5 (18, 20,5, 25,5, 30,5, 33, 38, **40,5, 43, 45,5, 45,5, 48,5, 48,5, 48,5, 48,5, 51, 53,5, 53,5**) cm ab Anschlag misst.

Um den Ärmel auf die Verbindung mit der Passe vorzubereiten, den hM-Markierer entfernen, 4 (5, 5, 5, 5, 6, 6, **7, 7, 7, 7, 8, 9, 9, 9, 10, 11, 11, 11**) M str, die 9 (11, 11, 11, 11, 13, 13, **15, 15, 15, 17, 19, 19, 19, 21, 23, 23, 23**) M davor für die Achsel stilllegen und die verbliebenen M separat stilllegen.

Körper:

Mit dickeren Nadeln in HF 120 (132, 144, 156, 168, 180, 192, **204, 216, 228, 240, 252, 276, 288, 312, 336, 360, 384**) M locker anschlagen und zur Runde zusammenschließen. Für Kinder-(**Erwachsenen-**größen) 11 (**19**) Rd das modifizierte Rippenmuster wie an den Bündchen str.

2 Rd str.

Saumgestaltung mit verkürzten Reihen:

Den RA-Markierer an Ort und Stelle belassen, 25r (27, 30, 33, 36, 38, 41, **43, 46, 49, 51, 53, 59, 62, 67, 72, 78, 84**), ME. Die erste Masche nach diesem hM-Markierer ist die hintere Mittelmasche, über welche die verkürzten Reihen symmetrisch gearbeitet werden.

Verkürzte Reihe 1 (RS): 23r (27, 27, 31, 31, 29, 33, **32, 36, 35, 39, 43, 43, 47, 55, 63, 63, 71**), W&W

Verkürzte Reihe 2 (LS): links bis hM, MV, 22l (26, 26, 30, 30, 28, 32, **31, 35, 34, 38, 42, 42, 46, 54, 62, 62, 70**), W&W

Hinweis: Während der gesamten verkürzten Reihen die hM- und RA-Markierer von der einen auf die andere Nadel versetzen, wenn Sie diese erreichen.

Verkürzte Reihe 3 (RS): Bis zur Wickelmasche rechts str, die Wicklung aufnehmen und mit der Masche zusammen str, 4r (4, 4, 4, 4, 5, 5, **5, 5, 5, 5, 5, 6, 6, 6, 6, 7, 7**), W&W

Verkürzte Reihe 4 (LS): Bis zur Wickelmasche links str, die Wicklung aufnehmen und mit der Masche zusammen str (4, 4, 4, 4, 5, 5, **5, 5, 5, 5, 5, 6, 6, 6, 6, 7, 7**), W&W

Die verkürzten Reihen 3–4 insg. 3 (3, 4, 4, 5, 5, 5, **6, 6, 7, 7, 7, 7, 7, 7, 7, 7, 7**) mal str.

Die nächsten zwei Rd (RS): Ringsherum str, die Wicklungen zusammen mit den Maschen, die sie umwickeln, abstricken und am RA enden. Den hM-Markierer entfernen.

Für die Kurzgröße

In Rd str, bis das Strickstück 9 (10, 11,5, 12,5, 14, 16,5, 18, **20,5, 21,5, 23, 23, 24, 24, 25,5, 26,5, 28, 29, 29**) cm ab dem Anschlag auf der Vorderseite (der kürzeren Seite) misst.

Für die normale Länge:

In Rd str, bis das Strickstück 12,5 (15, 16,5, 18, 20,5, 21,5, 23, **35,5, 37, 37, 38, 38, 40,5, 40,5, 43, 43, 44,5, 45,5**) cm ab dem Anschlag auf der Vorderseite (der kürzeren Seite) misst.

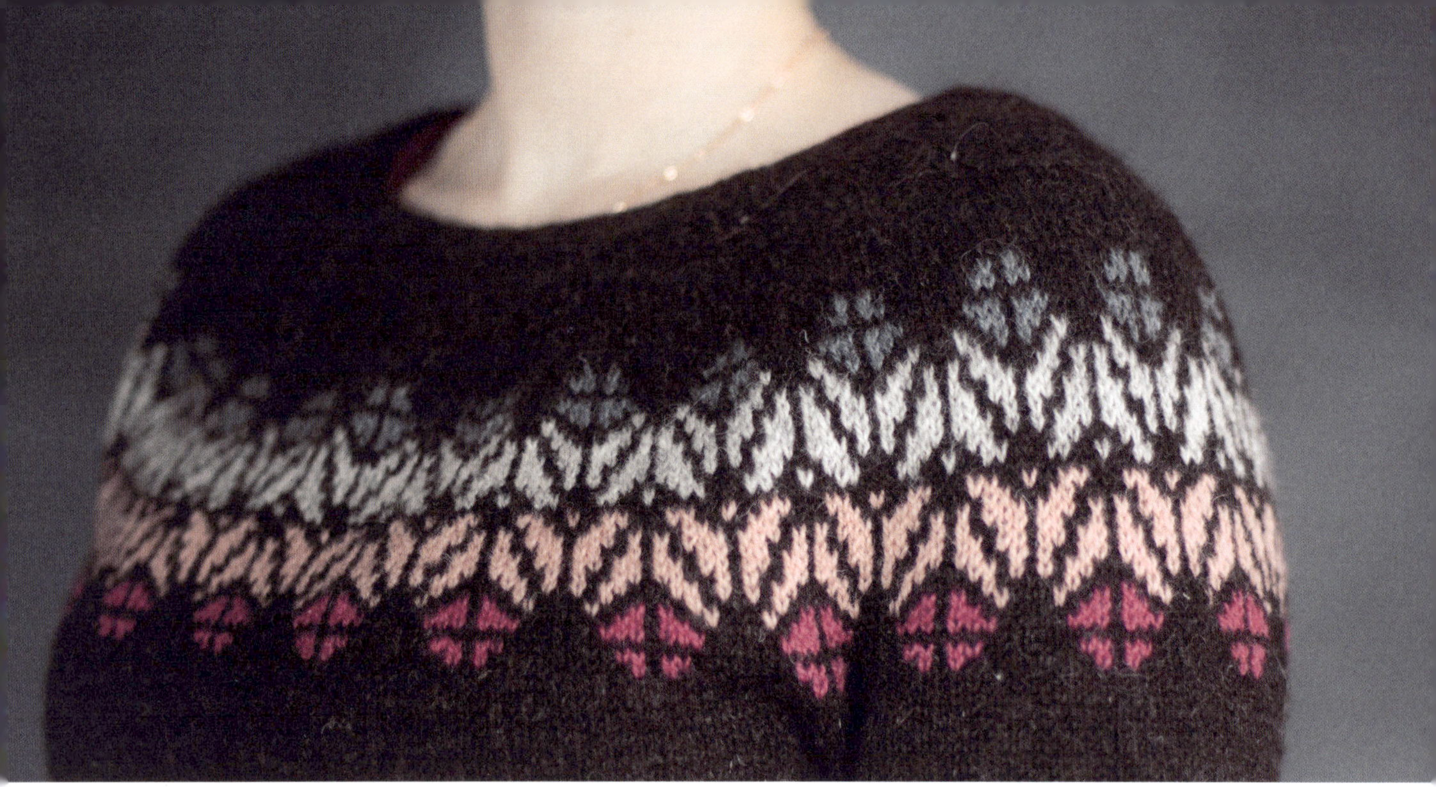

Farbgebung:

Erwachsenenmodell aus **Tukuwool Fingering** in:

- HF - 05 Anga
- 29 Murai
- 28 Taate
- 02 Humu
- h31 Aava

Kindermodell aus:

- **YOTH Yarns Little Brother** in »Oyster«
- **Spincycle Dyed in the Wool** in »Melancholia«

Hinweise zu den Schemata:

Lesen Sie alle Schemarunden von rechts nach links.

In den Anleitungen ist vermerkt, welches Schema Sie für welche Größe verwenden müssen.

Symbole & Abkürzungen:

- ╲ **2MrabhV** - 2 Maschen jeweils einzeln re abheben, dann die beiden abgehobenen M verschränkt zusammenstricken
- ╱ **2Mzus** - 2 Maschen zusammenstricken

Schema A:

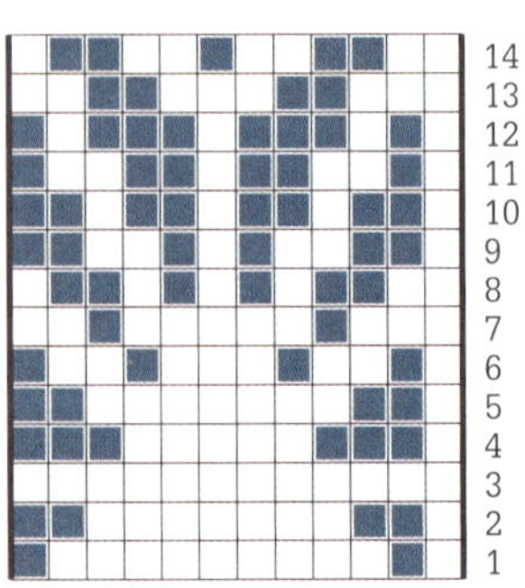

Rapport: 12 M

Schema B:

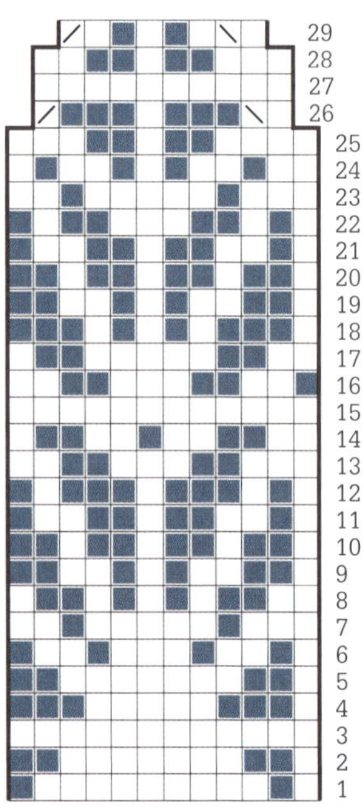

Rapport: 12 M mit Abnahmen

Schema C:

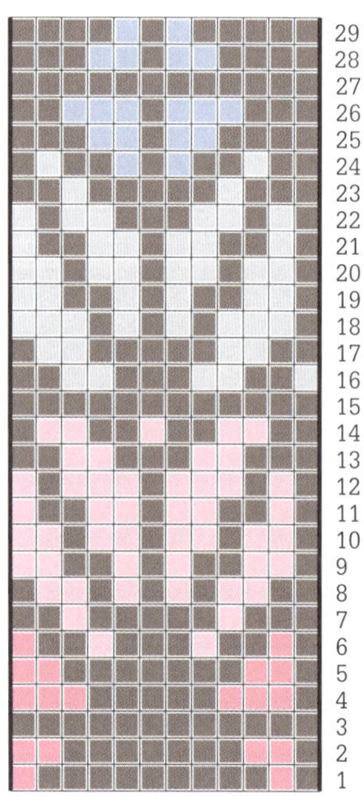

Rapport: 12 M

Verbindung zur Passe:

Mit der folgenden Anleitung werden Körper und Ärmel für die Vorbereitung der Rundpasse auf einer Nadel zusammengeführt. Setzen Sie beim Verbinden an den Stellen Markierer ein, wo für die Raglanform abgenommen wird *(außer bei den Größen 0–6 Mo und 6–12 Mo, für die nur der RA-Markierer erforderlich ist).*

Zuerst die vorigen gestrickten 9 (11, 11, 11, 11, 13, 13, **15, 15, 15, 17, 19, 19, 19, 21, 23, 23, 23**) Körper-M rechts vom RA-Markierer stilllegen *(rechte Achsel).*

Stricken Sie die folgende Anzahl von Körper-M, wobei Sie mit den Körper-M links von den stillgelegten rechten Achsel-M beginnen: 51 (55, 61, 67, 73, 77, 83, **87, 93, 99, 103, 107, 119, 125, 135, 145, 157, 169**) M *(Rücken)*, ME.

9 (11, 11, 11, 11, 13, 13, **15, 15, 15, 17, 19, 19, 19, 21, 23, 23, 23**) Körper-M stilllegen *(linke Achsel)*,

33 (35, 37, 45, 47, 47, 49, **57, 59, 63, 65, 65, 73, 79, 81, 83, 95, 101**) der stillgelegten Maschen von einem Ärmel str (alle außer den für die Achsel stillgelegten Maschen), ME,

über die Vorderseite bis zu den stillgelegten Achsel-M str, so wie bei der Rückseite.

Dann die stillgelegten Maschen für den zweiten Ärmel so wie am Anfang str *(alle außer den für die Achsel stillgelegten Maschen)*, ME.

Sie haben jetzt insg. 168 (180, 196, 224, 240, 248, 264, **288, 304, 324, 336, 344, 384, 408, 432, 456, 504, 540**) M für die Passe, und der RA befindet sich zwischen den Maschen für den rechten Ärmel und dem Rücken.

Stricken Sie 1 (1, 1, 2, 2, 2, 2, **2, 2, 2, 2, 2, 4, 4, 6, 6, 8, 8**) Runde(n).

Abnahmen für die Raglanform:

Für die Größen 0–6 Mo und 6–12 Mo werden keine Raglanabnahmen durchgeführt. Fahren Sie direkt mit der Passenmusterung fort.

Alle anderen Größen:
Rd 1: [2r, 2MrabhV, bis 3 M vor dem Markierer str, 2Mzus, 1r, MV] 4 Mal [8 M abn]
Rd 2: rechts

Runde 1–2 insg. - (- , 2, 1, 3, 1, 3, **3, 2, 3, 3, 4, 3, 3, 3, 6, 6, 6**)-mal str. [- (- , 180, 216, 216, 240, 240, **264, 288, 300, 312, 312, 360, 384, 408, 408, 456, 492**) M]

- (- , 1, 1, 1, 1, 1, **1, 1, 1, 1, 2, 2, 2, 4, 4, 4, 4**) Rd str und dabei alle Markierer außer RA entfernen.

Passenmusterung:

Mustervorbereitung: RA entfernen, 25r (27, 28, 32, 33, 37, 38, **40, 44, 46, 48, 49, 56, 59, 64, 66, 72, 78**), Markierer (hM) wieder einsetzen. Die erste Masche der Runde ist die hintere Mittelmasche.

Das Muster kann in 2 oder mehr Farben gestrickt werden. Für die größeren Kindergrößen und die Erwachsenengrößen empfehlen wir 4 Farben und für die kleineren Kindergrößen 2. Um die Motive übersichtlich zu halten, empfehlen wir 3 Farben für Runde 6 und 24 der Schemata.

0–6 Mo (6–12 Mo, 1-2 J, 2-4 J): Stricken Sie Schema A. Der Rapport wiederholt sich 14 (15, 15, 18)–mal pro Runde.

4–6 J (6–8 J, 8–10 J): Stricken Sie Schema B. Der Rapport wiederholt sich 18 (20, 20)-mal pro Runde.

XS (S, SM, M, ML, L, LXL, XXL, 3XL, 4XL): Stricken Sie Schema C. Der Rapport wiederholt sich **22 (24, 25, 26, 26, 30, 32, 34, 34, 38, 41**)-mal pro Rd.

[168 (180, 180, 216, 144, 160, 160, **264, 288, 300, 312, 312, 360, 384, 408, 408, 456, 492**) M]

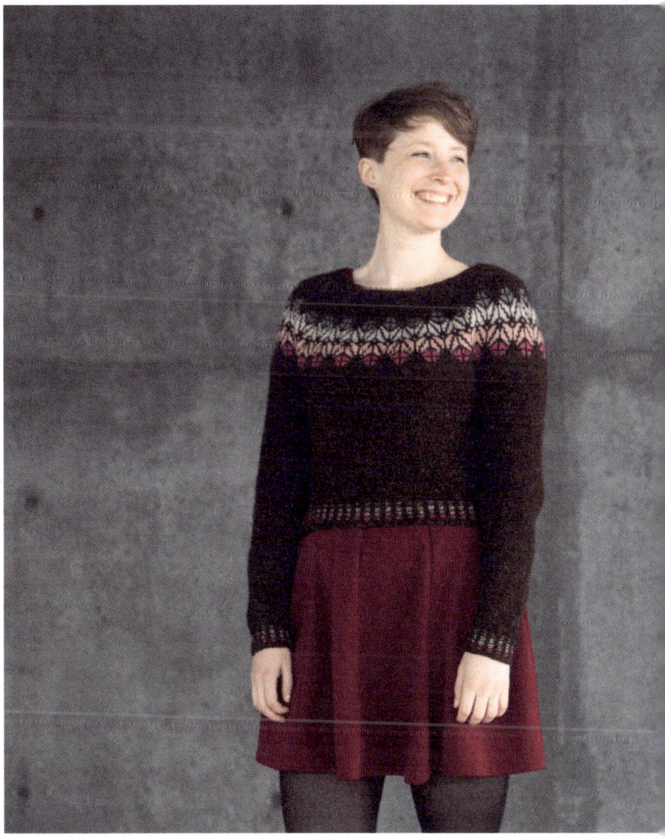

Obere Passe für Kindergrößen:

2 Rd in HF str.

Abnahmerunde 1:

0–6 Mo bis 2–4 J: [1r, 2Mzus] ringsherum
4–6 J, 6–8 J: [6r, 2Mzus] ringsherum
8–10 J: 4r, [4r, 2Mzus, 5r, 2Mzus] bis zum Ende
[112 (120, 120, 144, 126, 140, 136) M]

4 (4, 6, 8, 2, 6, 6) Rd str.

Formgebung mit verkürzten Reihen::

Verkürzte Reihe 1 (RS): 14r (15, 15, 18, 18, 18, 18), W&W
Verkürzte Reihe 2 (LS): links bis zum Markierer, MV, 13l (14, 14, 17, 17, 17, 17), W&W

Hinweis: Während der gesamten verkürzten Reihen den hM-Markierer versetzen, wenn Sie ihn erreichen.

Verkürzte Reihe 3 (RS): Bis zur Wickelmasche rechts str, die Wicklung aufnehmen und zusammen mit der Masche abstricken, 4r, W&W
Verkürzte Reihe 4 (LS): Bis zur Wickelmasche links str, die Wicklung aufnehmen und zusammen mit der Masche abstricken, 4l, W&W

Die verkürzten Reihen 3–4 insg. 2 (2, 2, 3, 3, 3, 3)-mal str.

Nächste Runde (RS): Bis zum hM-Markierer rechts str, dann eine ganze Runde rechts str und dabei alle Wickelmaschen aufnehmen und mit ihrer Umwicklung zusammen abstricken.

Abnahmerunde 2:

0–6 Mo: 4r [1r, 2Mzus] bis zum Ende
6–12 Mo (1–2 J): [1r, 2Mzus] ringsherum
2–4 J: 4r, [2Mzus, 2Mzus, 1r] bis zum Ende
4–6 J: 6r, [2r, 2Mzus] bis zum Ende
6–8 J: [1r, 2Mzus, 2r, 2Mzus] ringsherum
8–10 J: [3r, 2Mzus (2r, 2Mzus,) 3 Mal] ringsherum
[76 (80, 80, 88, 96, 100, 104) M]

Mit dem Halsausschnitt fortfahren.

Obere Passe für Erwachsenengrößen:

2 Rd in HF str.

Abnahmerunde 1:

XS (**S, SM, M, ML**): [2r, 2Mzus] ringsherum
L: [1r, 2Mzus] ringsherum
LXL (**3XL, 4XL**): 6r, [1r, 2Mzus] bis zum Ende
XL (**XXL**): 3r, [1r, 2Mzus] bis zum Ende
[**198** (**216, 225, 234, 234, 240, 258, 273, 273, 306, 330**) M]

4 (**6, 6, 6, 6, 8, 10, 12, 10, 14, 16**) Rd str.

Abnahmerunde 2:

Alle Erwachsenengrößen: [1r, 2Mzus] ringsherum [**132** (**144, 150, 156, 156, 160, 172, 182, 182, 204, 220**) M]

2 (**4, 4, 4, 4, 6, 6, 6, 8, 8, 10**) Rd. str.

Formgebung mit verkürzten Reihen:

Verkürzte Reihe 1 (RS): 18r (**18, 19, 20, 20, 21, 22, 23, 23, 26, 28**), W&W
Verkürzte Reihe 2 (LS): links bis zum Markierer, MV, **17l** (**17, 18, 19, 19, 20, 21, 22, 22, 25, 27**), W&W
Verkürzte Reihe 3 (RS): Bis zur Wickelmasche rechts str, die Wicklung aufnehmen und zusammen mit der Masche abstricken, 5r, W&W
Verkürzte Reihe 4 (LS): Bis zur Wickelmasche links str, die Wicklung aufnehmen und zusammen mit der Masche abstricken, 5l, W&W

Hinweis: Während der gesamten verkürzten Reihen den hM-Markierer versetzen, wenn Sie ihn erreichen.

Die verkürzten Reihen 3–4 insg. **4** (**4, 4, 4, 5, 5, 5, 5, 6, 6, 6**)-mal str.

Nächste Rd (RS): Bis zum hM-Markierer rechts str, dann eine ganze Runde rechts str und dabei alle Wickelmaschen aufnehmen und mit ihrer Umwicklung zusammen abstricken.

Abnahmerunde 3:

XS: 4r [6r, 2Mzus] bis zum Ende
S (SM, L, 3XL): [4r (3, 3, 1), 2Mzus] ringsherum
M (ML): 4r, [2r, 2Mzus, (3r, 2Mzus) 3 Mal] bis zum Ende
LXL: 7r, [1r, 2Mzus (2r, 2Mzus,) 3 Mal] bis zum Ende
XL, XXL: 7r, [2r, 2Mzus, 1r, 2Mzus] bis zum Ende
4XL: 10r [2Mzus, 2Mzus, 1r] bis zum Ende
[116 (120, 120, 124, 124, 128, 128, 132, 132, 136, 136) M

Mit dem Halsausschnitt fortfahren.

Halsausschnitt:

Ab jetzt mit dünneren Nadel im Rippenmuster 2x2 (2r, 2l) 1,5 (1,5, 1,5, 2, 2, 2, 2, **2, 2, 2, 2, 2, 2, 2, 2,5, 2,5, 2,5, 2,5**) cm str. Locker abketten.

Fertigstellung

Die Ärmel- und Körpermaschen in den Achseln mit Hilfe des Maschenstichs zusammennähen und verbliebene Löcher schließ. **Fadenenden verstecken**, Pullover **waschen und blocken**.

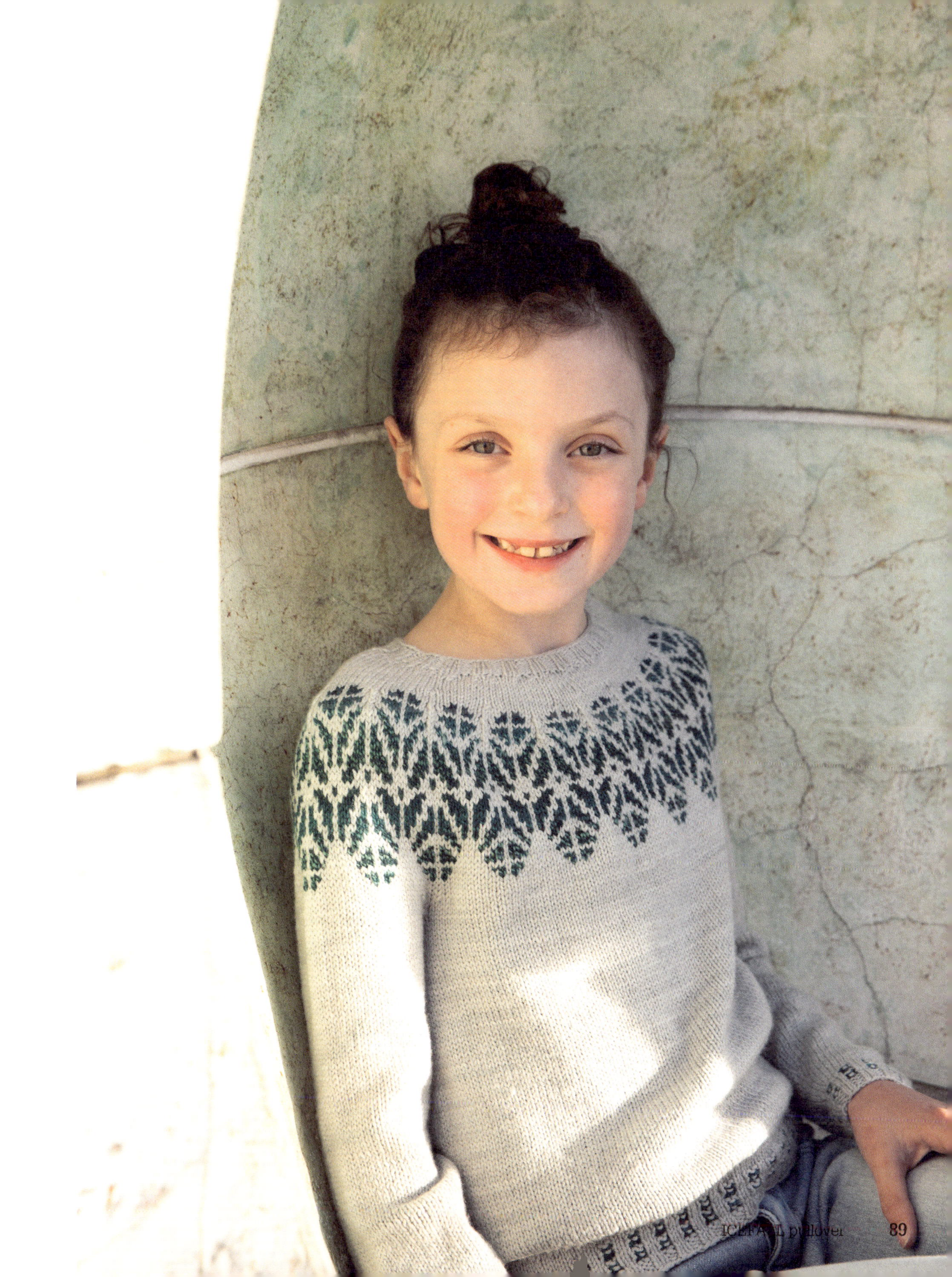

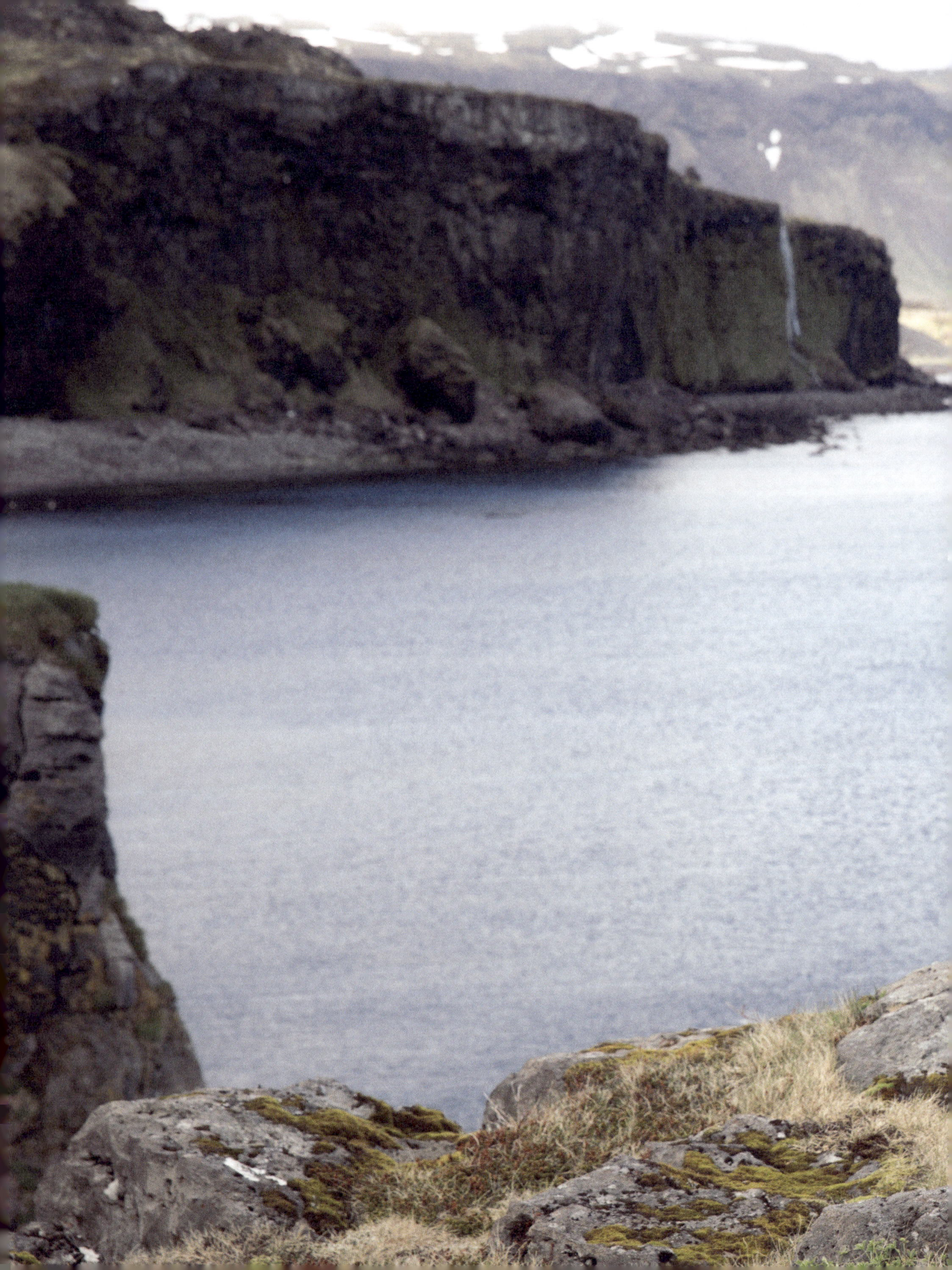

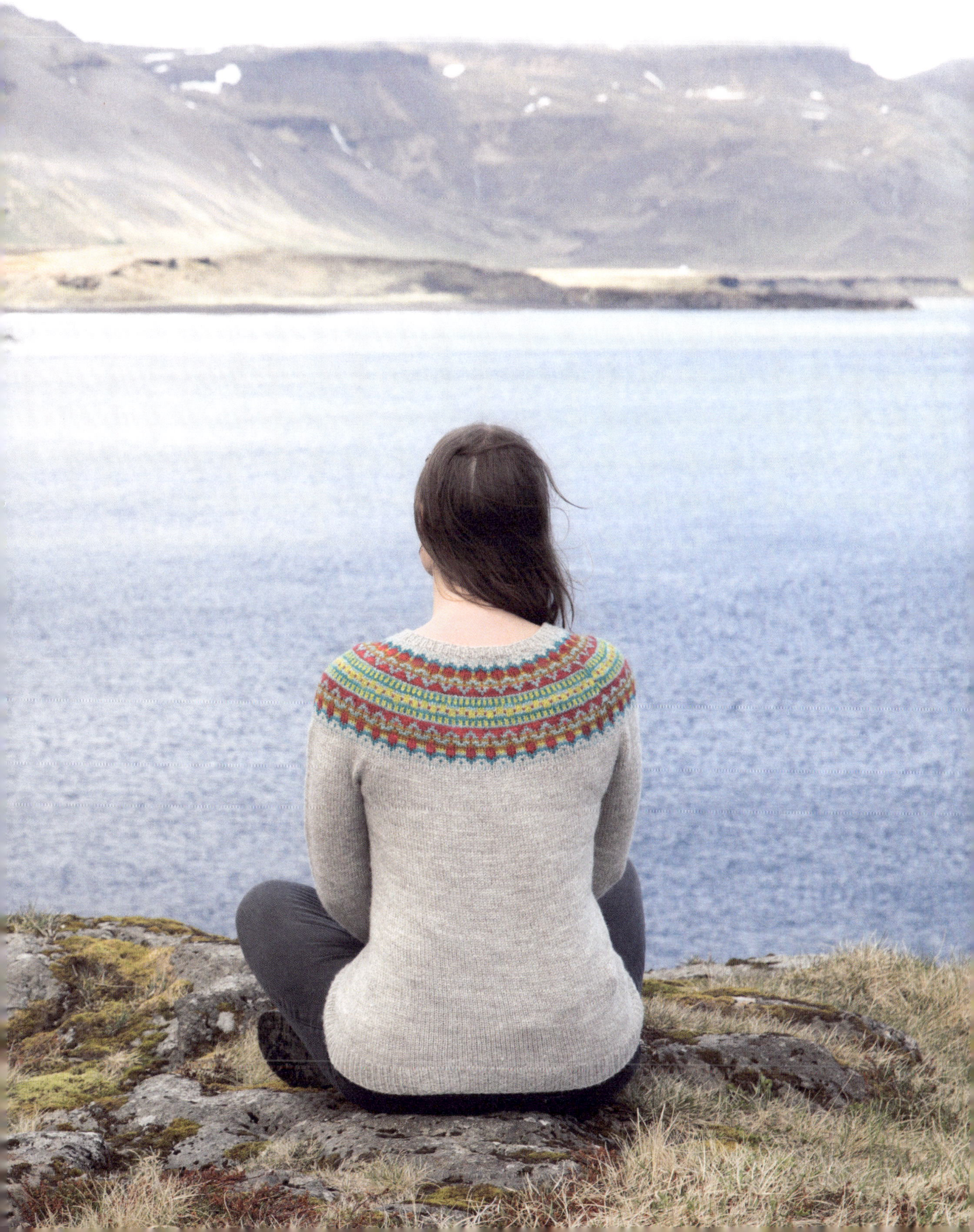

Treck

Größen & Materialien:

Treck ist ein Rundpassendesign für dünnes Garn, das auf unserer Strange-Brew-Pulloveranleitung beruht. Siehe S. 10 und 11 für die passende Größe und Nadelstärke sowie die Maschenprobe (siehe die Spalten für dünnes Garn).

Das Muster gibt es in folgenden Größen, die in dieser Reihenfolge aufgeführt sind, sofern nicht anders angegeben:

0–6 Mo (6–12 Mo, 1–2 J, 2–4 J, 4–6 J, 6–8 J, 8–10 J, **Damengröße XS, S, SM, M, ML, L, LXL, XL, XXL, 3XL, 4XL,** *Herrengröße S, M, L, XL, XXL, 3XL, 4XL).*

Erforderliche Garnmenge (dünne Wolle):
HF: 255 (300, 345, 415, 480, 575, 640, **685, 735, 825, 845, 915, 960, 1030, 1075, 1165, 1305, 1465,** *845, 985, 1055, 1120, 1260, 1350, 1485)* Meter.
KF*: 140 (185, 230, 275, 275, 365, 415, **415, 460, 505, 550, 595, 595, 640, 640, 685, 685, 685,** *550, 595, 640, 640, 685, 685, 685)* Meter.

**Hinweis: Die für KF angegebene Garnmenge ist die Gesamtmenge, da man diese Passenmusterung auf diverse Arten stricken kann. Wenn Sie wie wir mit 5 KF arbeiten, teilen Sie diese Zahl durch 5, um die Garnmenge pro Farbe zu ermitteln.*

Wir haben ***Rainbow Heirloom Heritage DK*** verwendet – siehe Schemaseite für die Farbgebung.

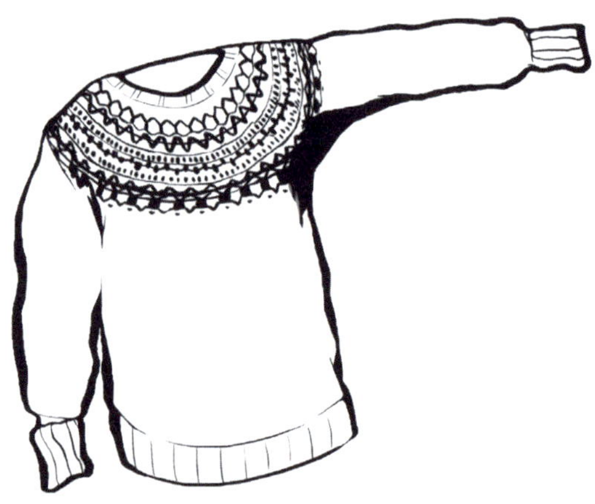

Anmerkungen zu den Größen:

Nina trägt Damengröße M (94 cm) ohne Mehrweite und Emilys Pullover ist 2,5 cm enger als ihr Körpermaß. Dieses Modell ist tailliert.

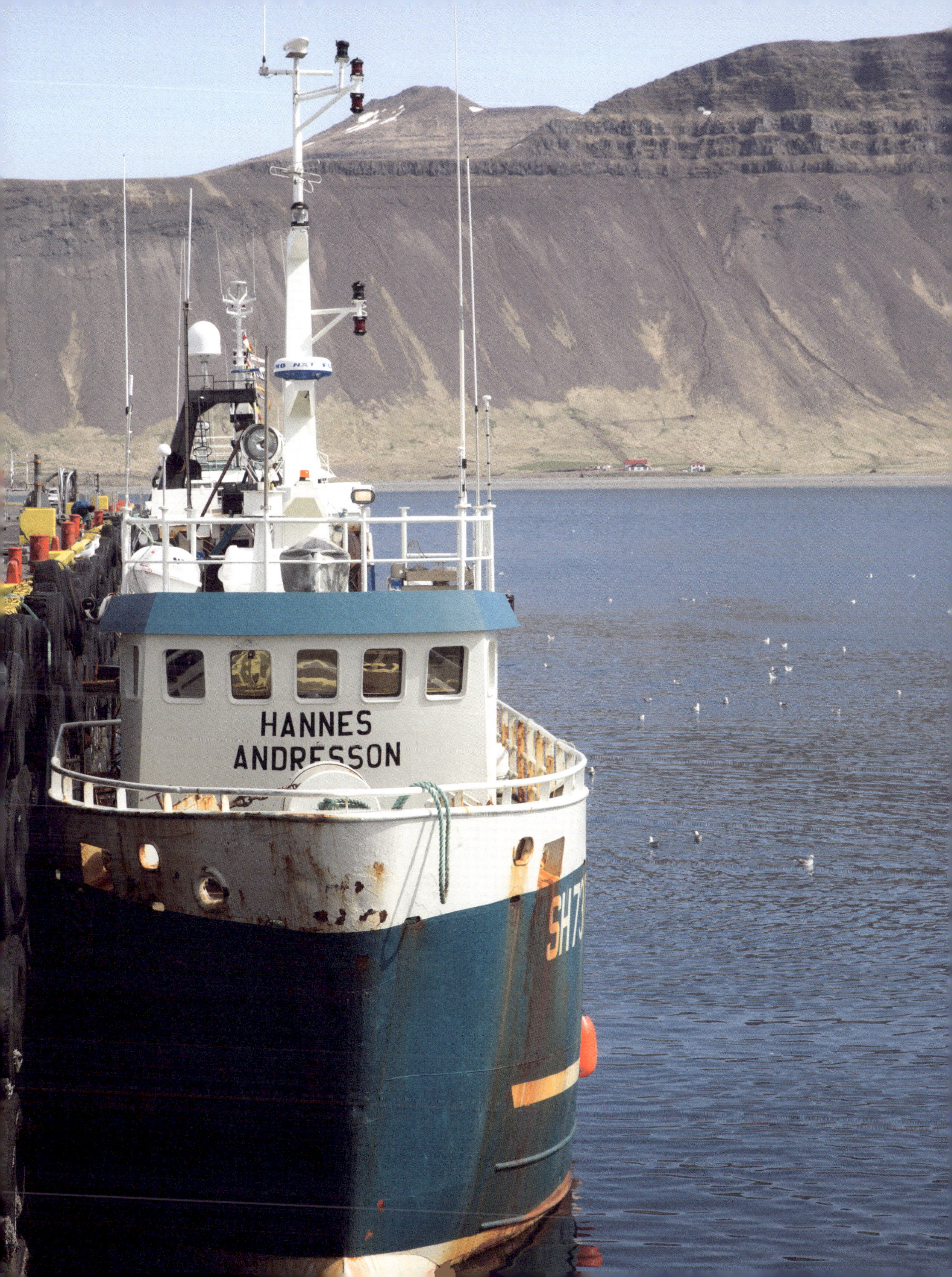
HANNES
ANDRÉSSON

Symbole & Abkürzungen:

⋀ **1labh-2Mzus-aMüberz** - eine M links abheben, die nächsten 2 M zusammenstricken und dann die abgehobene M über die zusammengestrickten 2M ziehen (in den angegebenen Farben str)

Farbgebung:

Das Modell ist aus **Rainbow Heirloom Heritage DK** in:

- HF: Natural
- Blue Raspberry
- Tidepool Find
- Favourite Aunty
- Almost Spring
- Golden North

Hinweise zu den Schemata:

Lesen Sie alle Schemarunden von rechts nach links.

Siehe Text, welches Schema Sie verwenden und welche Schemarunden Sie str müssen.

Bei Runden, die mit *abn markiert sind, siehe Text für die Angaben zur Abnahme für Ihre Größe. Im Schema sehen Sie, welche Farben zu verwenden sind.

Schema A:

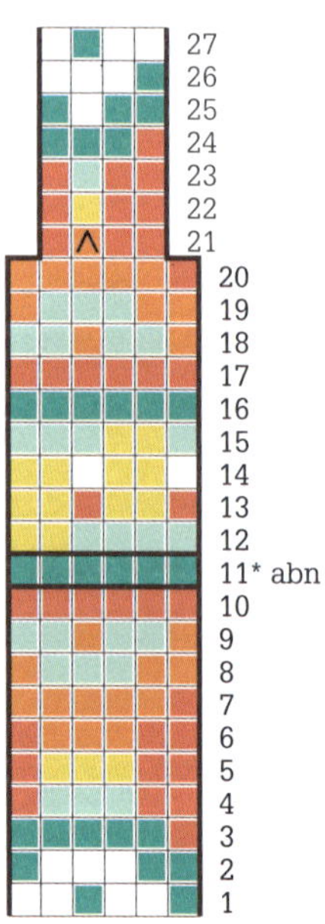

Schema B:

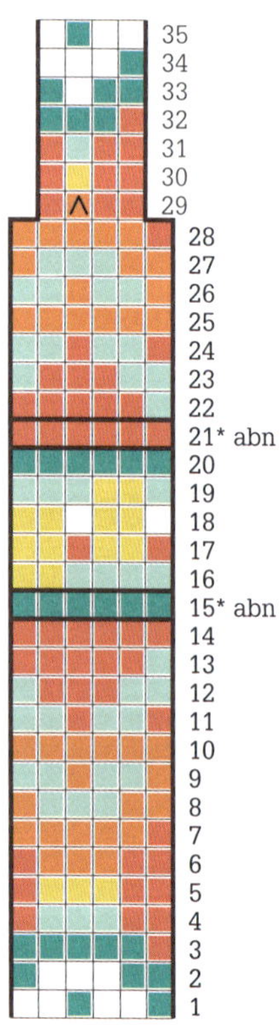

Schema C:

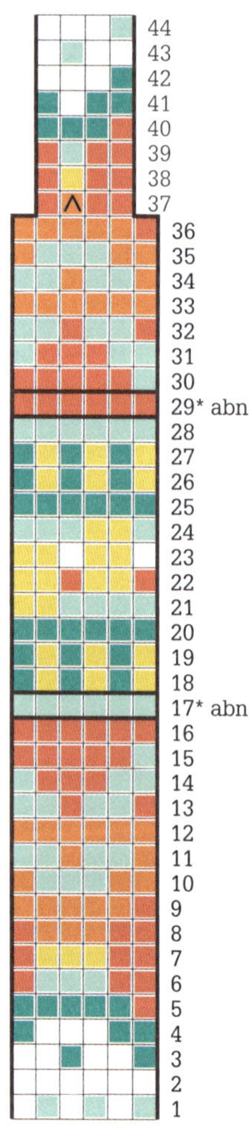

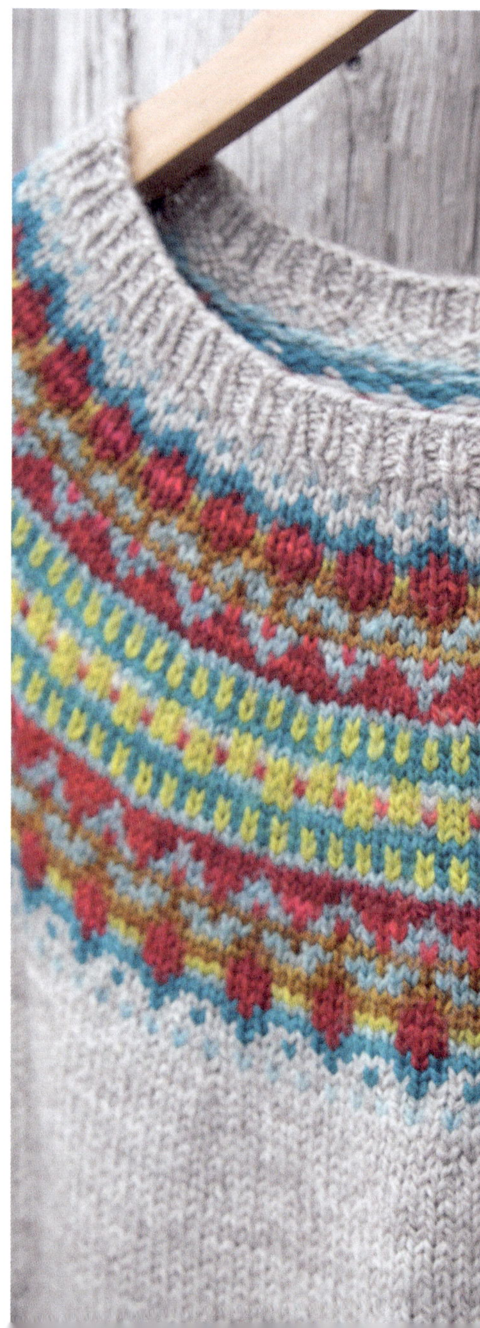

Aufbau:

Bottom-Up. Ärmel und Körper werden von Bündchen und Saum aus bis zur Achsel gestrickt, wo sie für die Passe zusammengefügt werden.

Körper & Ärmel

Körper und Ärmel dieses Pullovers werden gemäß der Strange-Brew-Anleitung für Bottom-up-Pullover mit dünnem Garn gestrickt:

Die langen Ärmel stricken Sie gemäß der Anleitung auf S. 20. Saum und Bündchen wurden bei diesem Modellbeispiel im Rippenmuster 1x1 gestrickt.

Den Körper stricken Sie gemäß der Anleitung auf S. 21. Dieses Modell ist tailliert.

Die Passe stricken Sie gemäß der Anleitung auf der S. 22, einschließlich Vorbereitung der hinteren Mitte (hM)

[144 (160, 176, 192, 208, 228, 240, **244, 252, 268, 280, 300, 324, 348, 360, 384, 416, 448**, *296, 336, 364, 388, 420, 436, 468*) Rundpassen-M]

Die verkürzten Reihen stricken Sie gemäß der Anleitung auf S. 23. Bis zum RA-Markierer (zwischen den M für den rechten Ärmel und den Rücken) str und den hM-Markierer entfernen.

Vorbereitung für die Rundpasse:

Vorbereitungsrunde: rechts, 0 (4, 2, 0, 4, 0, 0, **4, 0, 4, 4, 0, 0, 0, 0, 0, 2, 4**, *2, 0, 4, 4, 0, 4, 0*) M gleichmäßig verteilt abnehmen [144 (156, 174, 192, 204, 228, 240, **240, 252, 264, 276, 300, 324, 360, 384, 414, 444**, *294, 336, 360, 384, 420, 432, 468*) M]

Folgen Sie der Anleitung für Ihre Größe und beachten Sie dabei sowohl die Schemata als auch die Textanweisungen.

Passe für Kindergrößen:

0–6 Mo (6–12 Mo, 1–2 J, 2–4 J):

0 (0, 2, 4) Rd in HF.

Stricken Sie Rd 1–10
von Schema A.
Runde 11: 0r (12, 6, 0), [10r (4, 5, 6), 2Mzus] bis zum Ende
[132 (132, 150, 168) M]
Rd 12–27 nach Schema A arbeiten. [88 (88, 100, 112 M]
1 Runde in HF str.

4–6 J, (6–8 J, 8–10 J):

0 (2, 4) Rd in HF str. Rd 1–14 nach Schema B arbeiten.

Runde 15: [15r (17, 8), 2Mzus] ringsherum
[192 (216, 216) M]
Rd 16–20 nach Schema B arbeiten.

Runde 21: [6r (4, 4), 2Mzus] ringsherum
[168 (180, 180) M]
Runde 22–35 nach Schema B arbeiten. [112 (120, 120) M]

1 Rd in HF str.

Passe für Erwachsenengrößen:

Damengröße XS (S, SM, M, ML, L, LXL, XL, XXL, 3XL, 4XL, *Herrengröße S, M, L, XL, XXL, 3XL, 4XL*): **0 (2, 4, 4, 6, 6, 8, 8, 10, 12, 14,** *2, 6, 8, 10, 12, 14, 16)* Rd in HF str.

Runde 1–16 nach Schema C arbeiten.

Runde 17:

Damengröße XS (S, SM, ML, L, XL, 4XL, *Herrengröße S, M, L, 3XL, 4XL*): **0**r (**0, 0, 0, 0, 0, 12,** *6, 6, 0, 0, 12*), [**8**r (**19, 9, 8, 4, 4, 2,** *10, 3, 4, 2, 2*), 2Mzus] bis zum Ende
Damengröße M: [9r, 2Mzus, 10r, 2Mzus] ringsherum
Damengröße LXL: r3, [3r, 2Mzus, (4r, 2Mzus) 3-mal] bis zum Ende
Damengröße XXL (*Herrengröße XL*): [3r, 2Mzus, 3r, 2Mzus, 4r, 2Mzus] ringsherum
Damengröße 3XL: 9r, [2r, 2Mzus, 3r, 2Mzus] bis zum Ende
Herrengröße XXL: 4r, [2r, 2Mzus, 2r, 2Mzus, 3r, 2Mzus] bis zum Ende
[**216 (240, 240, 252, 270, 270, 288, 300, 312, 324, 336,** *270, 270, 300, 312, 324, 324, 354*) M]

Runde 18–28 nach Schema C arbeiten.

Runde 29:

Damengröße XS (S, SM, M, ML, L, LXL, XXL, *Herrengröße S, M, XXL, 4XL)*: **0**r (**0, 0, 12, 6, 0, 0, 0,** *6, 6, 0, 12*), [**4r (3, 3, 3, 2, 3, 2, 2,** *2, 2, 1, 1*), 2Mzus] bis zum Ende
Damengröße XL (**3XL**, *Herrengröße L*): 6r (9, 6), [1r, 2Mzus, 2r, 2Mzus] bis zum Ende
Damengröße 4XL: 3r, 2Mzus, 4r, 2Mzus, [2r, 2Mzus, (1r, 2Mzus) 3 Mal] bis zum Ende
Herrengröße XL: [2r, 2Mzus (1r, 2Mzus) 3-mal] ringsherum
Herrengröße 3XL: 9r, [1r, 2Mzus, (2r, 2Mzus) 3-mal] bis zum Ende[**180 (192, 192, 204, 204, 216, 216, 216, 234, 234, 234,** *204, 204, 216, 216, 216, 240, 240*) M]

Runde 30–44 nach Schema C arbeiten.
[**120 (128, 128, 136, 136, 144, 144, 144, 156, 156, 156,** *136, 136, 144, 144, 144, 160, 160*) M]

1 Runde in HF str.

Halsausschnitt:

Letzte Abnahmerunde:

0–6 Mo (1–2 J, 2–4 J, 6–8 J, **Damengröße XS, L, LXL, XL,** *Herrengröße L, XL*): 8r (0, 0, 8, **0, 0, 0, 0,** *0, 0*), [2r (3, 2, 2, **3, 2, 2, 2,** *2, 2*), 2Mzus] bis zum Ende

6–12 Mo: [3r, 2Mzus, 4r, 2Mzus] ringsherum

4–6 J (8–10 J, **Damengröße S, SM,** *Herrengröße XXL*): 4r (3, **2, 2,** *0*), [2r, 2Mzus, 3r, 2Mzus] bis zum Ende

Damengröße M (**ML,** *Herrengröße S, M*): [3r, 2Mzus (2r, 2Mzus) 3-mal] ringsherum

Damengröße XXL (**3XL, 4XL**): [2r, 2Mzus (1r, 2Mzus) 3-mal] ringsherum

Herrengröße 3XL (*4XL*): [1r, 2Mzus, 1r, 2Mzus, 2r, 2Mzus] ringsherum

[68 (72, 80, 84, 88, 92, 94, **96, 100, 100, 104, 104, 108, 108, 108, 108, 108, 108,** *104, 104, 108, 108, 112, 112, 112*) M]

Ab jetzt mit dünneren Nadeln weiterstricken. Im Rippenmuster 1x1 (1r, 1l) for 4 (4, 4, 4, 6, 6, 6, **6, 6, 6, 6, 7, 7, 7, 8, 8, 8, 8,** *6, 7, 8, 8, 8, 8*) Rd str. Alle Maschen locker abketten.

Fertigstellung

Die Ärmel- und Körpermaschen in den Achseln mithilfe des Maschenstichs zusammennähen und verbliebene Löcher schließen. **Fadenenden verstecken**, Pullover **waschen und blocken**.

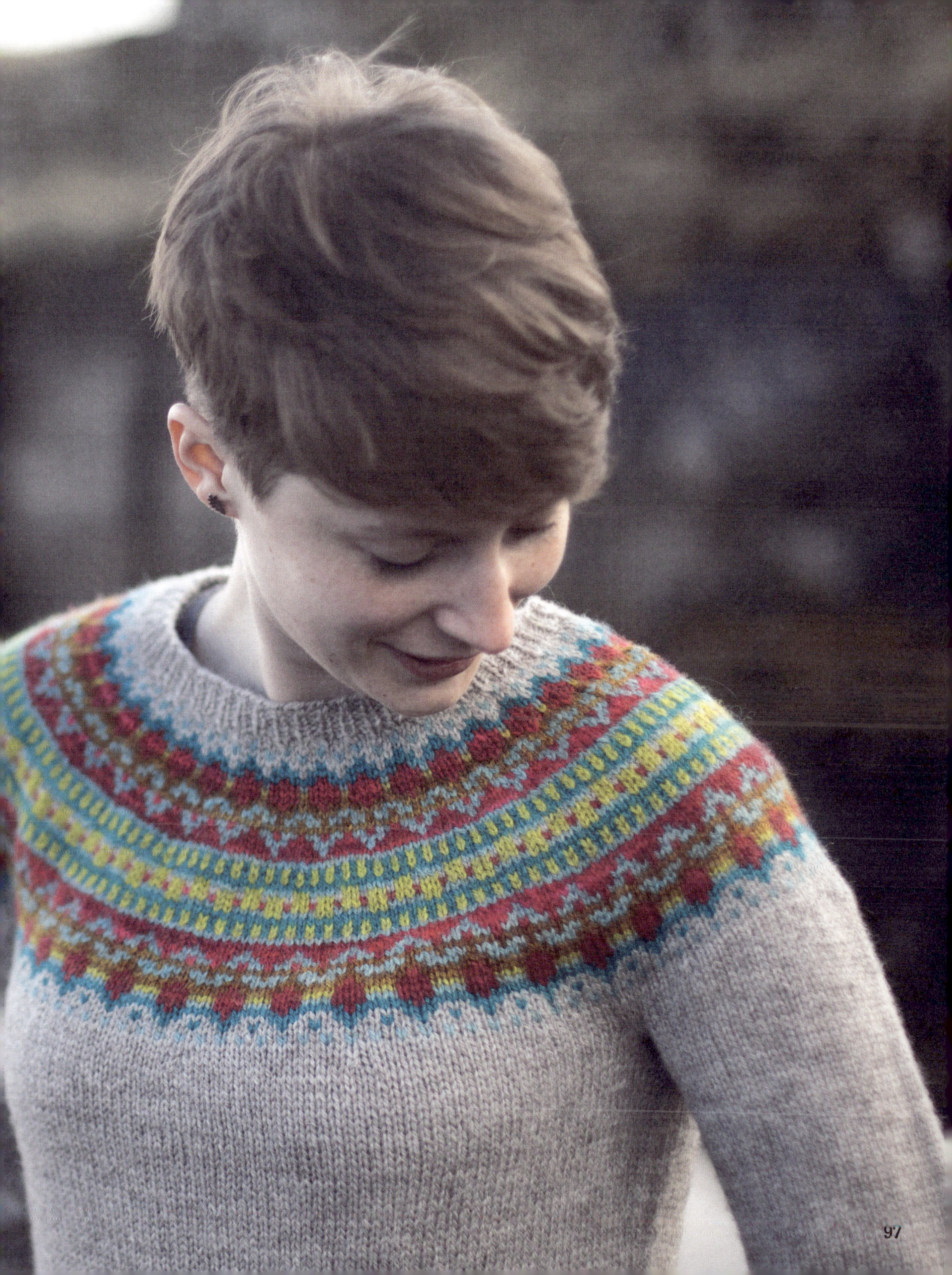

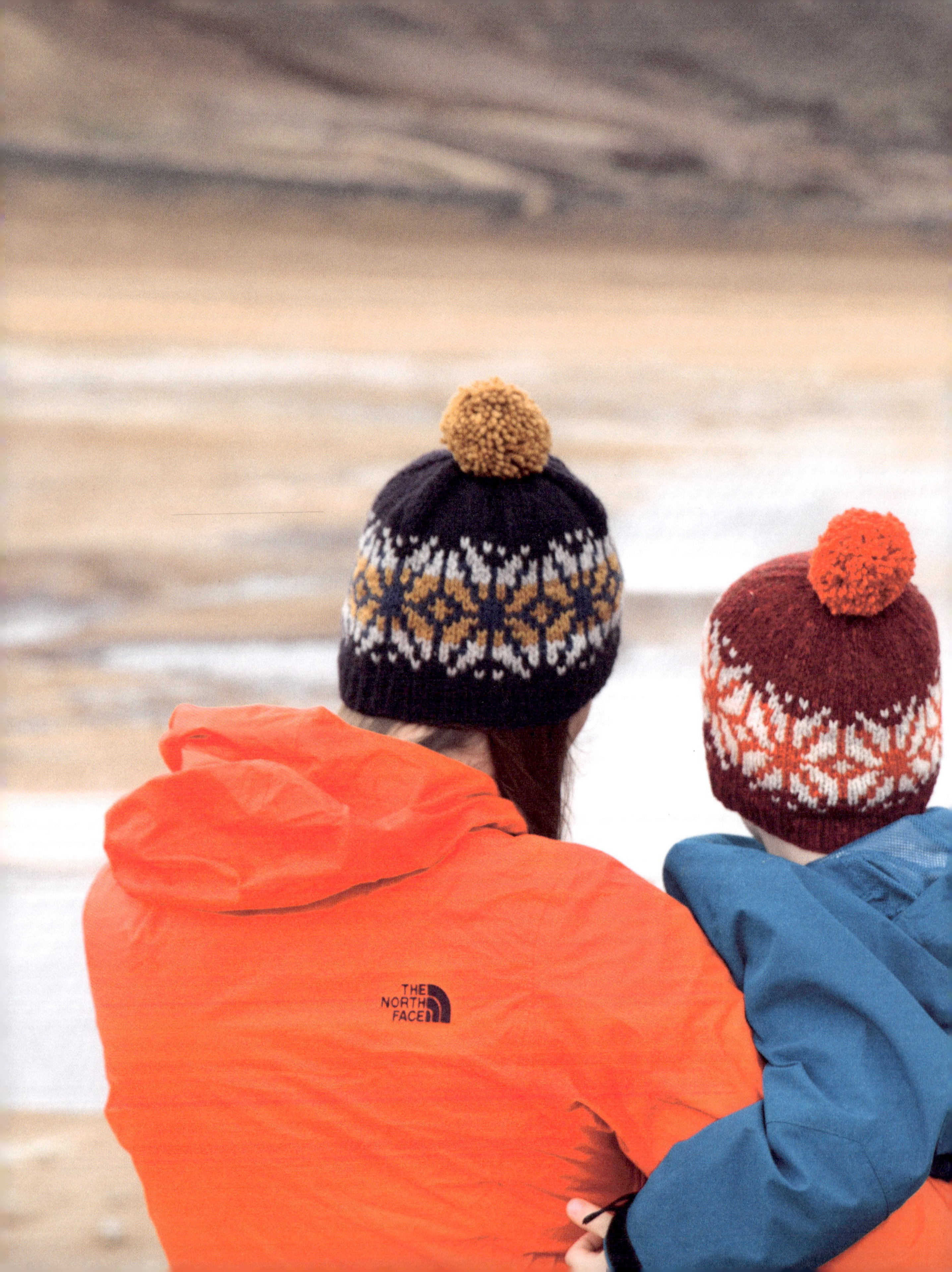

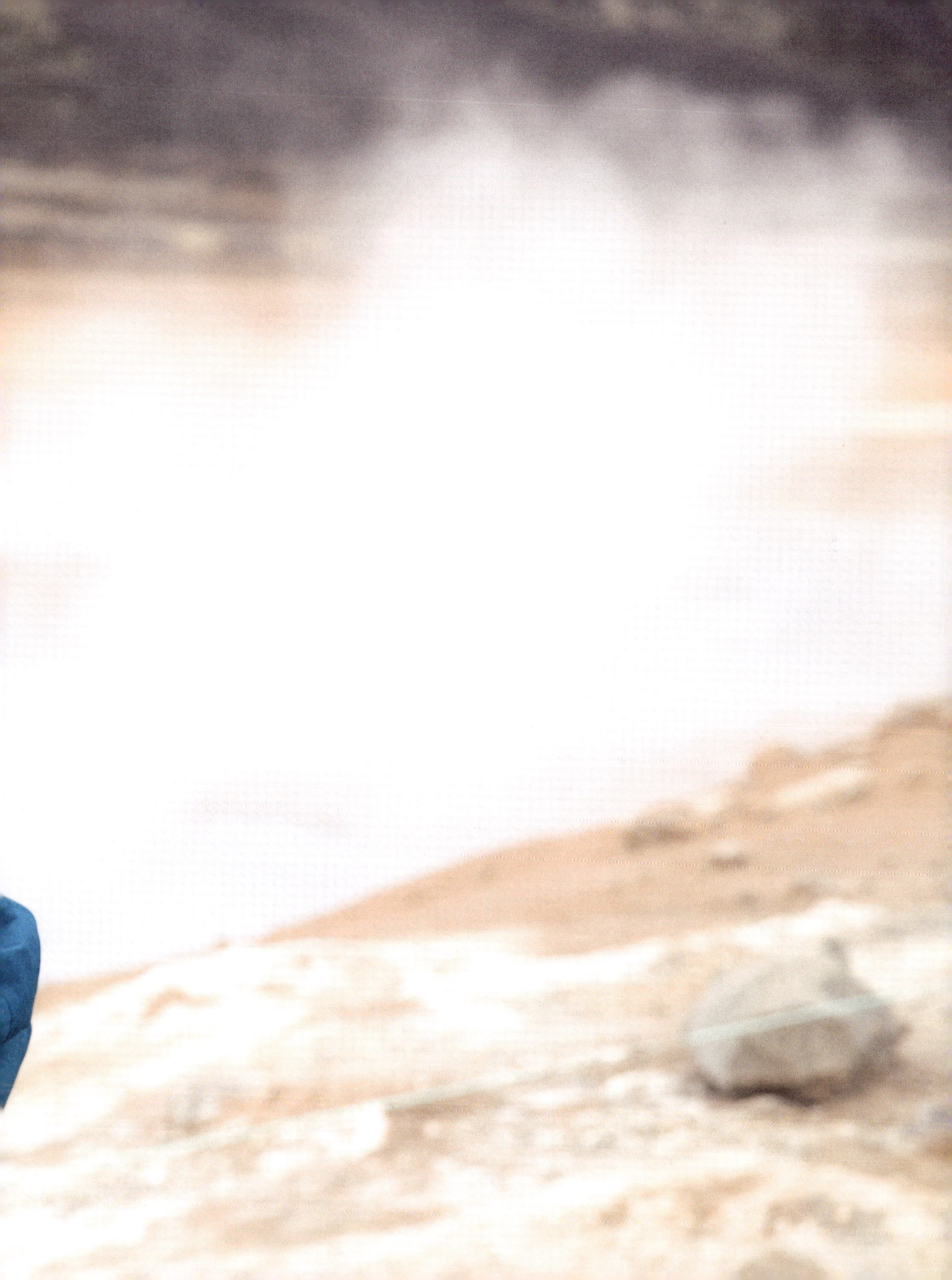

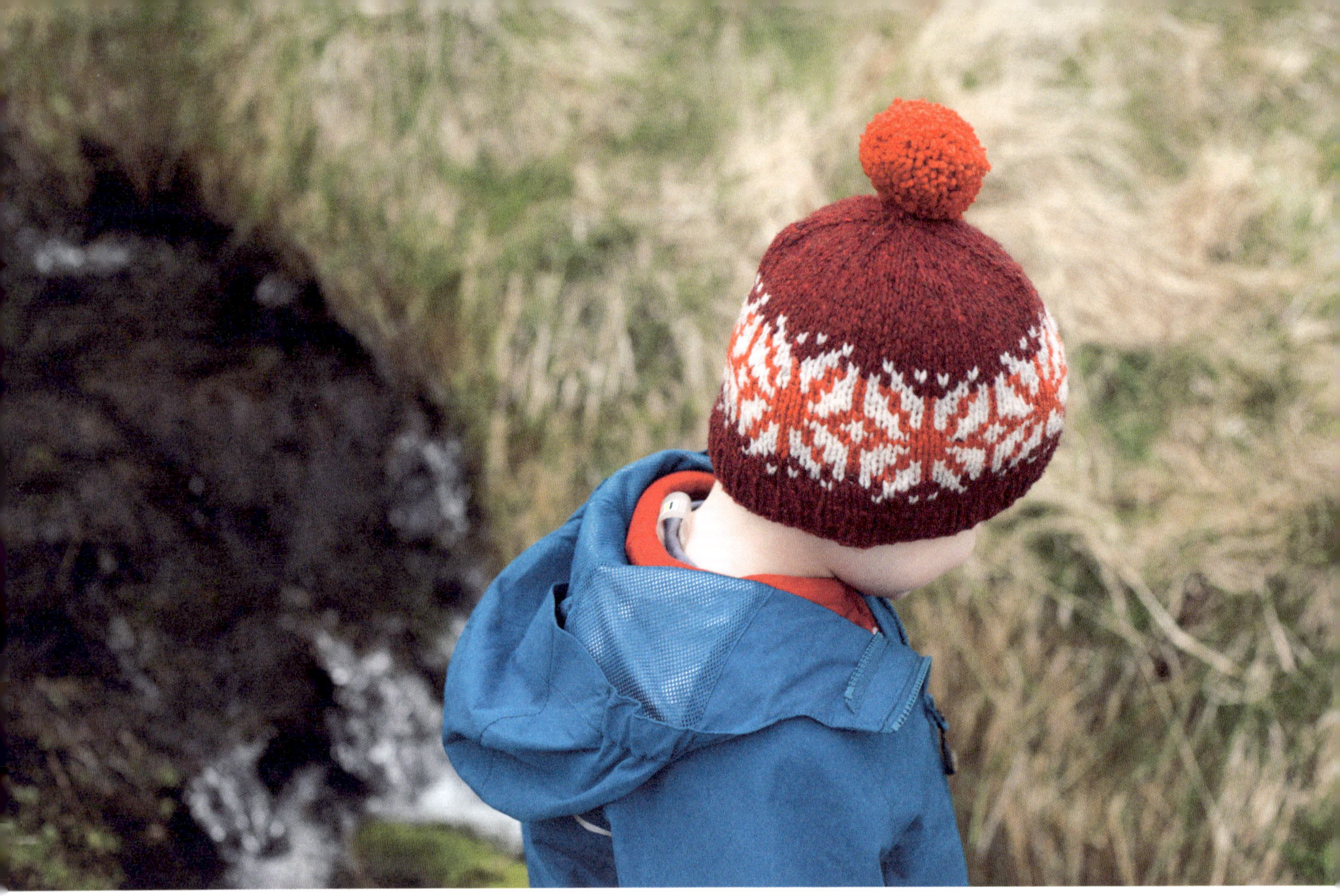
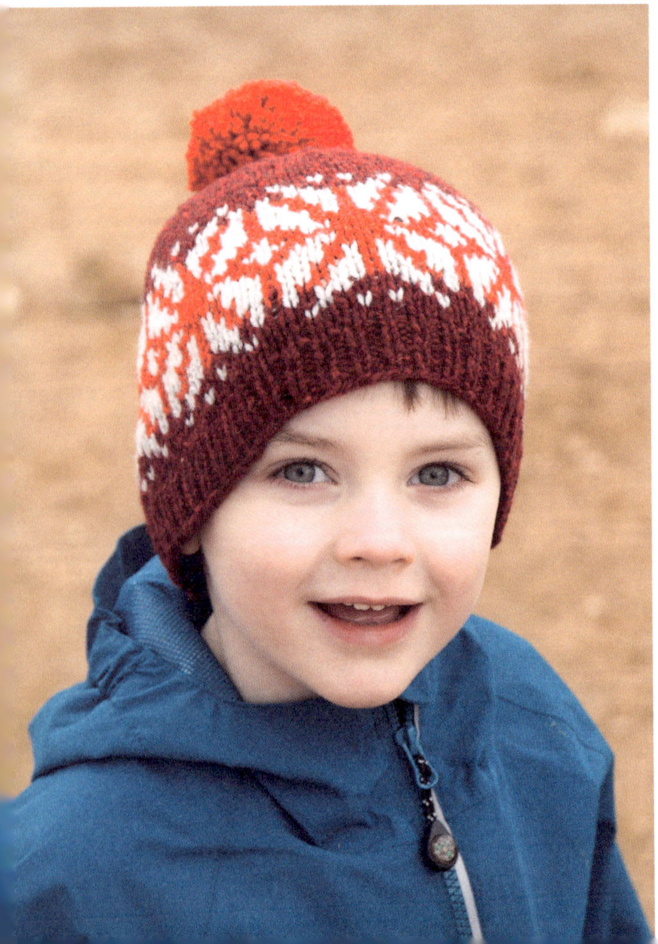
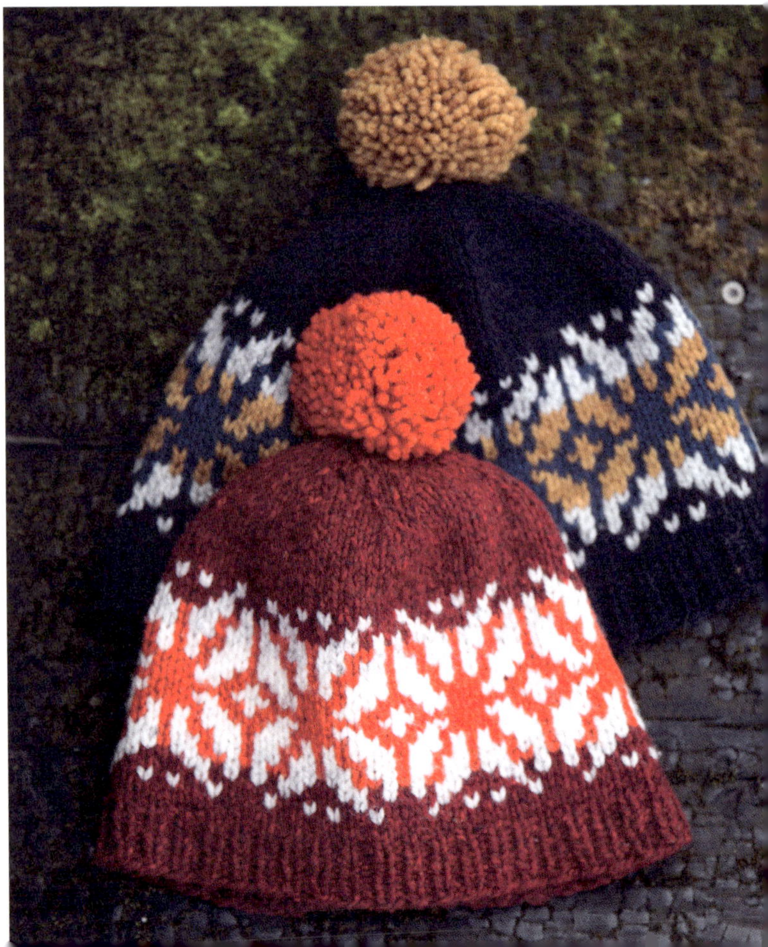

Flotte

Größen:

Neugeborenes (Baby, Kleinkind, Kind, **Erwachsenengröße SM, Erwachsenengröße L**)
Passt bei einem Kopfumfang von: 33 (38, 43, 48,5, **54,5, 58,5**) cm

Emily trägt Erwachsenengröße SM, Max die Kleinkindgröße.

Materialien:

Garne: Mitteldickes Garn in 4 Farben
HF: 55 (75, 85, 95, **110, 140**) Meter
KF 1, KF 2, KF 3: Jeweils 20 Meter
Plus 30 Meter für einen Pompon
*(Die gezeigten Mützen wurden mit **Rauwerk Merino Heavy DK** und **Brooklyn Tweed Shelter** gestrickt; siehe Schemaseite für die Farbgebung.)*

Maschenprobe: 20 M & 20 Rd / 10 cm mit Einstrickmusterstreifen und dickeren Nadeln

Nadeln: Nr. 4 & 5 *(oder die zur Einhaltung der Maschenprobe nötige Stärke)*
Für die Neugeborenen- und Babygröße sind NS in beiden Stärken oder lange Rundstricknadeln für die Magic-Loop-Technik erforderlich.

Für alle anderen Größen brauchen Sie 40 cm lange Rundstricknadeln in beiden Stärken und NS in der größeren Stärke oder eine lange Rundstricknadel für die Magic-Loop-Technik.

Zubchör: Maschenmarkierer, Stopfnadel

Muster:

Mit dünneren Nadeln in HF 60 (72, 84, 84, **96, 108**) M locker anschlagen, ME und zur Runde schließen.

2 (2, 2,5, 2,5, **2,5, 3**) cm im Rippenmuster 1x1 (1r, 1l) str. Die Nadeln gegen dickere tauschen und 1 (1, 1, 1, **2, 2**) Rd str.

Runde 1–19 des Schemas str.

Mit HF str, bis das Strickstück 12 (12,5, 13,5, 14,5, **14,5, 16,5**) cm ab Anschlag misst.

Abnahmen für die Spitze:

Vorbereitungsrunde: [10r (12, 14, 14, **16, 18**) Mr] ringsherum. Das Strickstück ist jetzt in 6 Abschnitte aufgeteilt.
Rd 1: [1r, 2MrabhV, bis 2 M vor dem Markierer str, 2Mzus, MV] rundherum [12 M abn
Rd 2: rechts

Runde 1–2 insg. 3 (4, 5, 5, **6, 7**)-mal str. [24 M]

Nächste Runde: 2MrabhV, 2Mzus, MV] ringsherum [12 M]
Nächste Runde: [2Mzus] ringsherum [6 M]

Faden abschneiden und 20 cm davon stehen lassen. Das herunterhängende Fadenende durch die verbliebenen Maschen ziehen und fest anziehen. **Fadenenden verstecken**, die Mütze **waschen und blocken**. Wenn Sie wollen, können Sie die Mütze noch mit einem Pompon schmücken.

Schema:

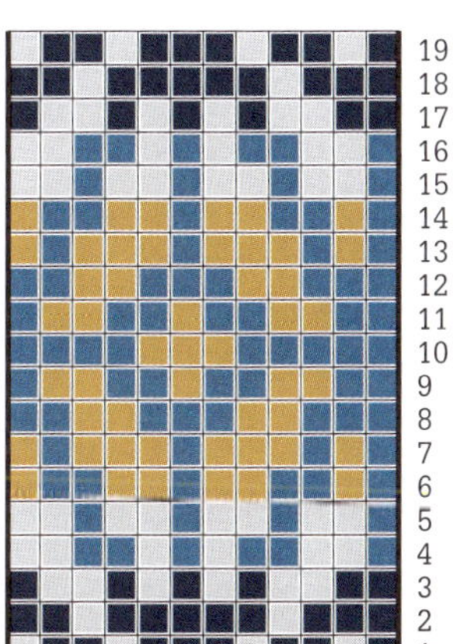

Rapport: 12 M

Farbgebung:

Erwachsenengröße SM aus **Rauwerk Merino Heavy DK** in:

- HF: Lavender - Obsidian
- Kies - hellgrau
- Henna (gefärbt von **Hey Mama Wolf**)
- Nachthimmel - Kalk

Die gezeigte Kindermütze ist aus **Brooklyn Tweed Shelter** in:

- HF: Long Johns
- Snowbound
- Cinnabar
- Fossil

Hinweise zu den Schemata:

Lesen Sie alle Schemarunden von rechts nach links.

Moräne

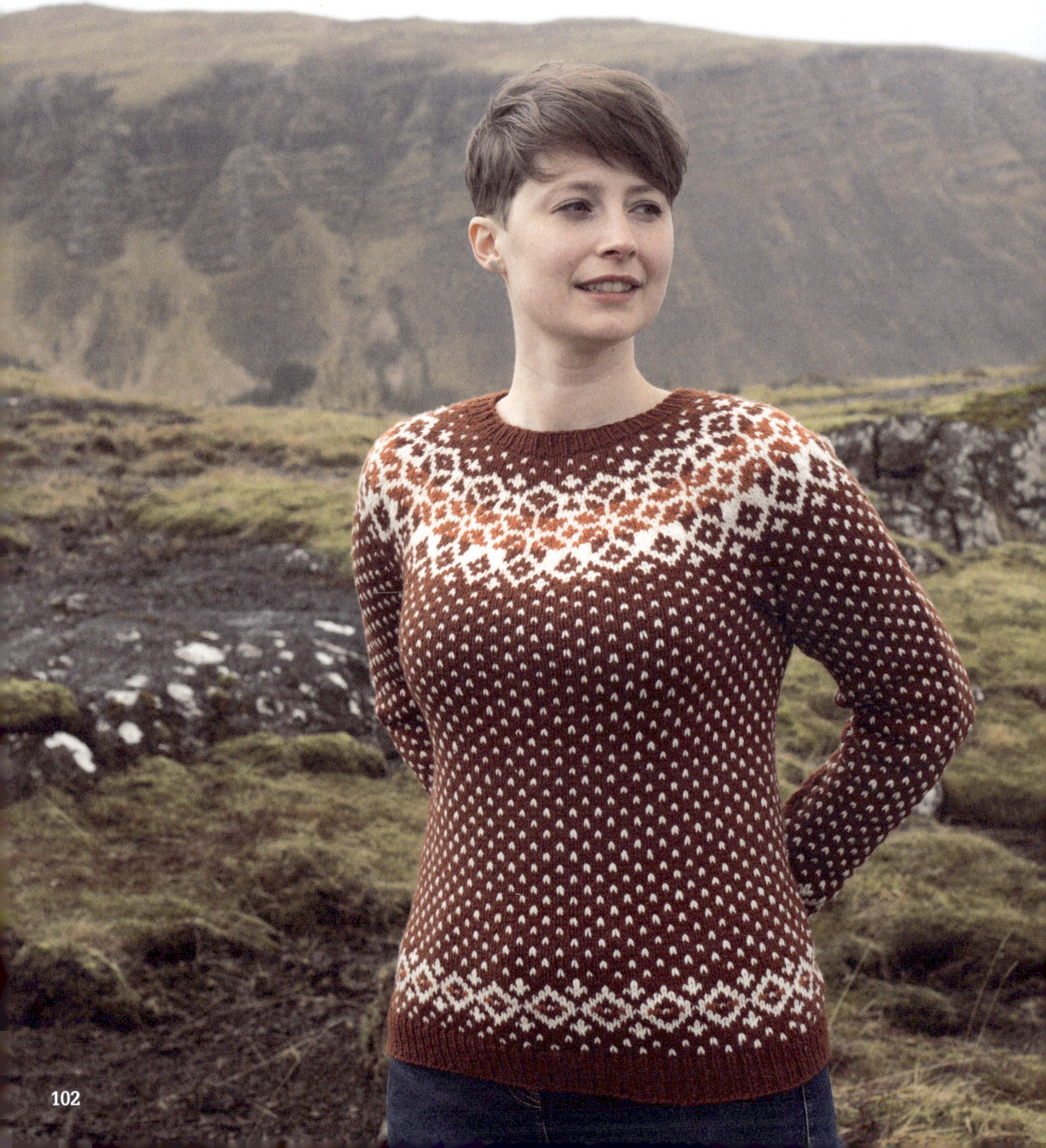

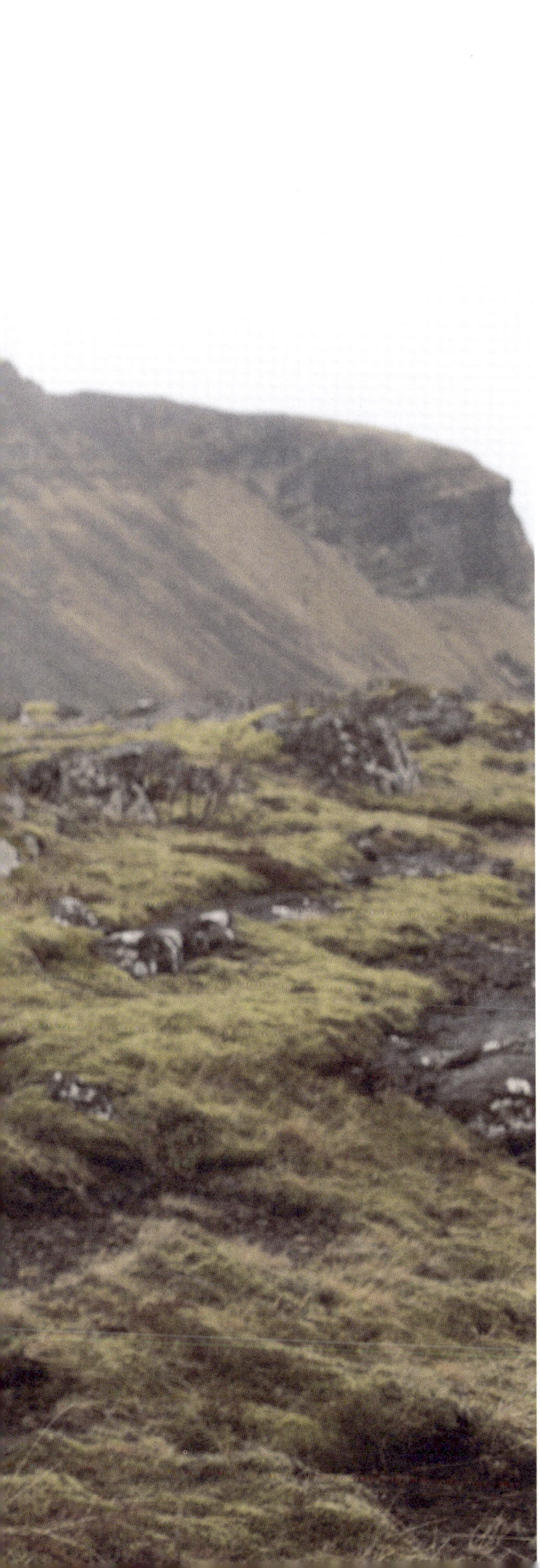
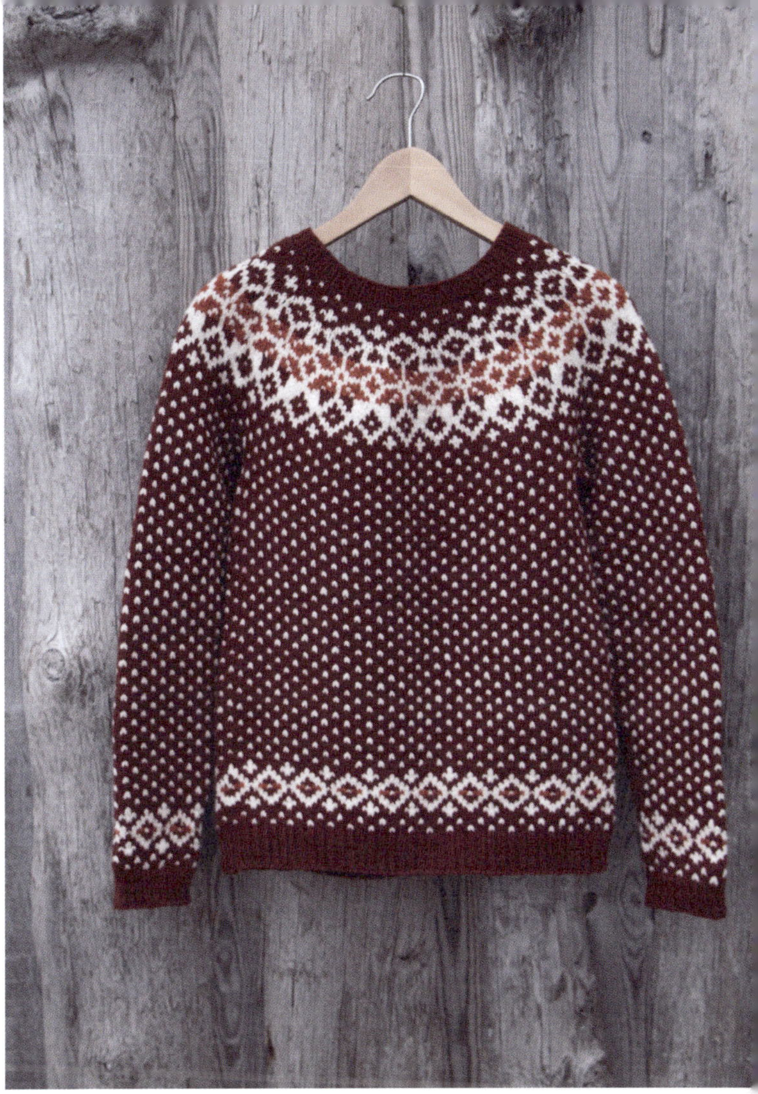
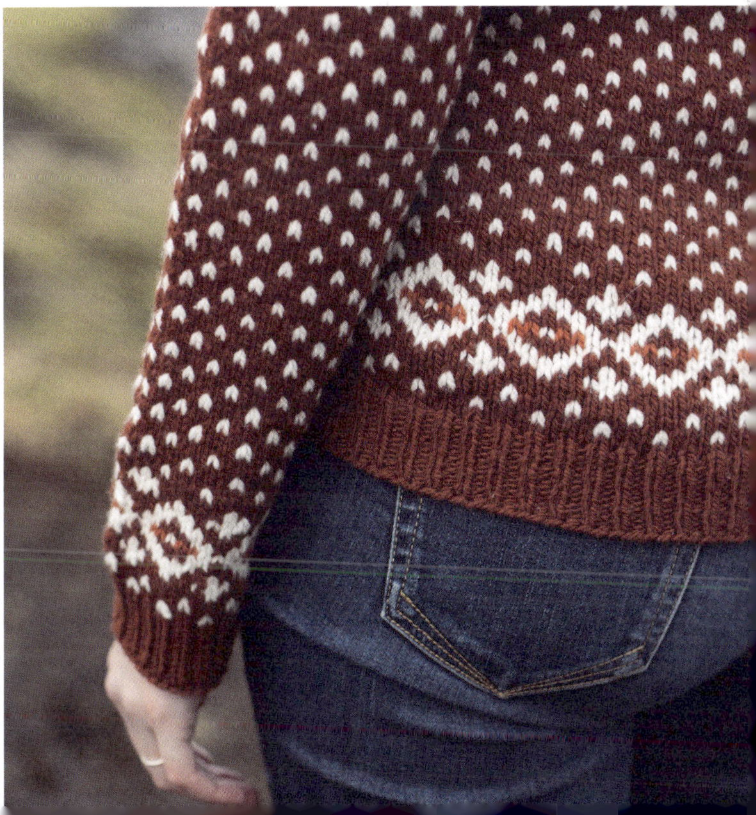

Materialien:

Garne: Mitteldicke Garne – siehe Tabelle für die benötigte Garnmenge *(die gezeigten Modelle wurden mit* **Stone Wool Cormo** *gestrickt, siehe Schemaseite für die Farbgebung)*

Maschenprobe 18 M & 21 Rd / 10 cm im Perlmuster mit dickeren Nadeln

Nadeln: Nr. 3,75 & 5 *(oder andere Stärke, um der Maschenprobe zu entsprechen)*

*0–6 Mo–4 J: Rundstricknadel von 40 cm und NS in allen Größen**
*4 Jahre–XS: Rundstricknadeln von 40 und 60 cm sowie NS in allen Größen**
*S–4XL: Rundstricknadeln von 40 und 80 cm sowie NS in allen Größen**
**Alternativ können Sie die Magic-Loop-Technik nutzen, um mit einer einzelnen langen Rundnadel in Rd zu stricken.*

Zubehör: Maschenmarkierer, Stopfnadel

Größen:

In dieser Tabelle sind die Maße des fertigen Kleidungsstücks aufgeführt. Wählen Sie Ihre Größe anhand Ihres Brustumfangs plus des gewünschten Spielraums. 1–2 J und 2–4 J haben den gleichen Brustumfang, unterscheiden sich aber bei der Länge und den Ärmeln.

	Größe	a	b	c	d	e	Garnmenge HF	Garnmenge KF1	Garnmenge KF2
Kindergrößen	0–6 Mo	50 cm	18 cm	20 cm	19 cm	11,5 cm	275 m	160 m	30 m
	6–12 Mo	55 cm	20 cm	23 cm	19 cm	11,5 cm	365 m	185 m	30 m
	1–2 J	58,5 cm	23 cm	25,5 cm	21,5 cm	11,5 cm	415 m	205 m	30 m
	2–4 J	58,5 cm	28 cm	28 cm	21,5 cm	11,5 cm	505 m	230 m	30 m
	4–6 J	64 cm	33 cm	30,5 cm	23,5 cm	13,5 cm	550 m	255 m	30 m
	6–8 J	67,5 cm	35,5 cm	33 cm	28 cm	16 cm	640 m	300 m	30 m
	8–10 J	72,5 cm	38 cm	35,5 cm	30,5 cm	18 cm	735 m	320 m	30 m
Erwachsenengrößen	**XS**	**76 cm**	**40,5 cm**	**40,5 cm**	**30,5 cm**	**18 cm**	**780 m**	**320 m**	**45 m**
	S	**81 cm**	**43 cm**	**40,5 cm**	**33 cm**	**19,5 cm**	**825 m**	**345 m**	**45 m**
	SM	**90 cm**	**45,5 cm**	**43 cm**	**33 cm**	**19,5 cm**	**915 m**	**390 m**	**45 m**
	M	**95 cm**	**45,5 cm**	**43 cm**	**35 cm**	**19,5 cm**	**960 m**	**415 m**	**45 m**
	ML	**99 cm**	**48,5 cm**	**43 cm**	**37,5 cm**	**21,5 cm**	**1005 m**	**415 m**	**45 m**
	L	**104 cm**	**48,5 cm**	**45,5 cm**	**39,5 cm**	**21,5 cm**	**1100 m**	**460 m**	**45 m**
	LXL	**113 cm**	**48,5 cm**	**48,5 cm**	**39,5 cm**	**24 cm**	**1145 m**	**480 m**	**45 m**
	XL	**117 cm**	**48,5 cm**	**48,5 cm**	**42 cm**	**24 cm**	**1235 m**	**525 m**	**45 m**
	XXL	**127 cm**	**51 cm**	**51 cm**	**46,5 cm**	**26 cm**	**1325 m**	**550 m**	**45 m**
	3XL	**140 cm**	**53,5 cm**	**51 cm**	**48,5 cm**	**28 cm**	**1465 m**	**620 m**	**45 m**
	4XL	**148,5 cm**	**53,5 cm**	**51 cm**	**48,5 cm**	**28 cm**	**1510 m**	**640 m**	**45 m**

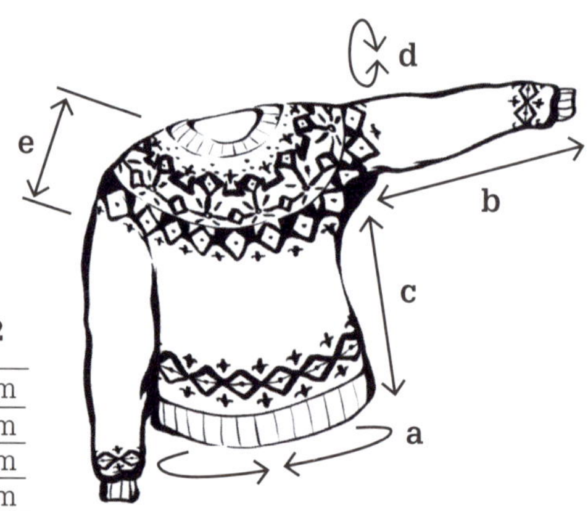

Anmerkungen zu den Größen:

Nina trägt Erwachsenengröße M (95,5 cm) ohne Mehrweite. Hunter trägt die Größe 8–10 J (72,5 cm) mit 6,3 cm Mehrweite.

Da dieser Pullover durchgehend gemustert ist, ist das Gewebe bei Weitem nicht so elastisch wie glatt rechts Gestricktes, deshalb sollten Sie genau Ihre Größe oder eine etwas größere wählen.

Ohne eine Schneeflocke wäre unsere Pullover-kollektion nicht vollständig! Die Geometrie und Symmetrie dieses traditionellen Motivs inspirieren uns immer wieder aufs Neue.

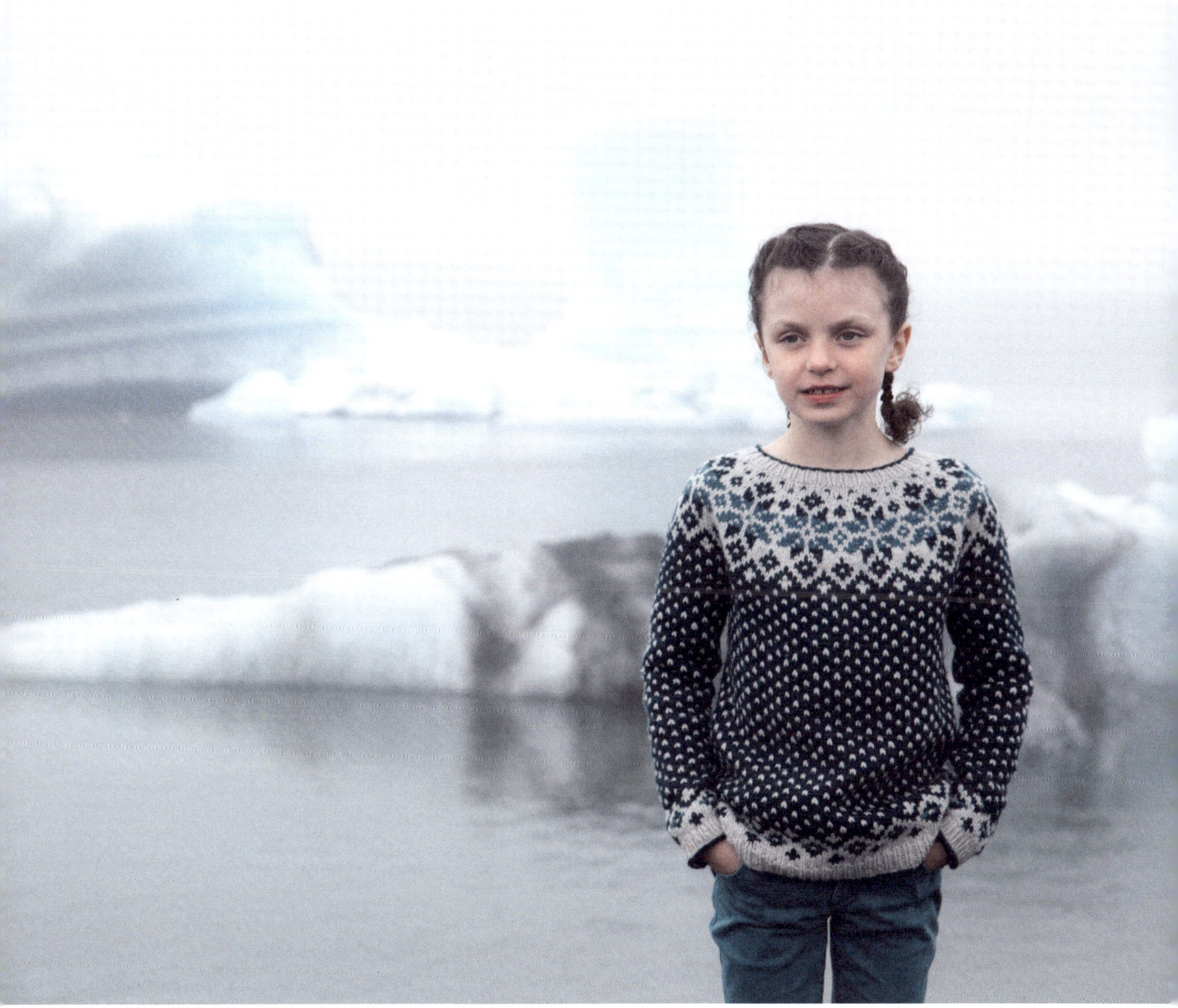

Aufbau:

Top-Down. Zuerst wird die Rundpasse gestrickt, danach werden die Maschen für Körper und Ärmel aufgeteilt, die bis zum Saum bzw. den Bündchen hinunter gestrickt werden.

Das Muster gibt es in folgenden Größen, die in dieser Reihenfolge aufgeführt sind, sofern nicht anders angegeben: 0–6 Mo (6–12 Mo, 1–2 J, 2–4 J, 4–6 J, 6–8 J, 8–10 J, **XS, S, SM, M, ML, L, LXL, XL, XXL, 3XL, 4XL**.)

Rundpasse:

Mit dünneren Nadeln in HF 56 (60, 66, 66, 68, 72, 72, **76, 78, 80, 84, 84, 88, 92, 92, 92, 96, 96**) M locker anschlagen, ME und zur Runde zusammenschließen.

Nur für Kindergrößen: zu KF 1 wechseln und 1 Rd str.

Alle Größen: Im Rippenmuster 1x1 (2r, 2l) str, bis das Strickstück 2 (2, 2, 2, 2, 2,5, 2,5, **2,5, 2,5, 2,5, 2,5, 2,5, 3, 3, 3, 3, 3, 3**) cm misst. Ab jetzt mit dickeren Nadeln weiterstricken

Zunahmerunde:

0–6 Mo (**M, ML**):
[2r, 1M, 2r, 1M, 3r, 1M] bis zum Ende

6–12 Mo (4–6 J, 8–10 J, **S, L, LXL, XL**):
0r (4, 0, **0, 8, 4, 4**), [3r (2, 3, **3, 2, 2, 2**), 1M] bis zum Ende

1–2 J (2–4 J, **SM**):
6r (6, **0**), [2r, 1M, 3r, 1M] bis zum Ende

6–8 J: [4r, 1M, r5, 1M] ringsherum
XS: 6r, [r3, 1M, 4r, 1M] bis zum Ende
XXL: 2r, [1r, 1M, 2r, 1M] bis zum Ende
3XL: [1r, 1M, 1r, 1M, 2r, 1M] bis zum Ende
4XL: [2r, 1M (1r, 1M) 4 Mal] ringsherum

[80 (80, 90, 90, 100, 88, 96, **96, 104, 112, 120, 120, 128, 136, 136, 152, 168, 176)** M]

Schema für die Passe:

0–6 Mo (6–12 Mo, 1–2 J, 2–4 J, 4–6 J): Stricken Sie Schema A. Der Rapport wiederholt sich 8 (9, 9, 9, 10)-mal pro Rd.

6–8 J (8–10 J): Stricken Sie Schema B. Der Rapport wiederholt sich 11 (12)-mal pro Rd.

XS (S, SM, M, ML, L, LXL, XL, XXL, 3XL, 4XL): Stricken Sie Schema C. Der Rapport wiederholt sich **12 (13, 14, 15, 15, 16, 17, 17, 19, 21, 22)**-mal pro Rd.

[128 (128, 144, 144, 160, 176, 192, **192, 208, 224, 240, 240, 256, 272, 272, 304, 336, 352)** M]

Alle Größen: Runde 1–4 von Schema D insg. 0 (0, 0, 0, 1, 0, 1, **0, 1, 1, 1, 2, 2, 3, 3, 4, 5, 5**)-mal str.

In Körper und Ärmel aufteilen:

Um das Muster zu zentrieren, lassen Sie ein paar Maschen aus und verlegen den RA. Bei manchen Größen müssen Sie gegebenenfalls den Faden abschneiden und wieder zusammenfügen.

RA entfernen, 6 (5, 11, 11, 1, 8, 14, **13, 3, 7, 13, 13, 3, 7, 7, 3, 13, 1**) M links abheben und ungestrickt von der LH auf die RH nehmen, RA-Markierer wiedereinsetzen.

In HF 37 (39, 43, 43, 47, 49, 53, **55, 59, 67, 71, 71, 75, 83, 83, 91, 103, 111**) M für die Rückseite str,

27 (25, 29, 29, 33, 39, 43, **41, 45, 45, 49, 49, 53, 53, 53, 61, 65, 65**) M für den linken Ärmel auf einem Faden stilllegen,

7 (9, 9, 9, 9, 11, 11, **13, 13, 13, 13, 17, 17, 17, 21, 21, 21, 21**) M für die linke Achsel anschlagen,

M für die Vorderseite wie für die Rückseite str,

M für den rechten Ärmel so wie für den linken auf einem Faden stilllegen,

M für die rechte Achsel so wie für die linke anschlagen, RA-Markierer einsetzen.

[88 (96, 104, 104, 112, 120, 128, **136, 144, 160, 168, 176, 184, 200, 208, 224, 248, 264**) Körper-M]

Farbgebung:

Die Modelle sind aus **Stone Wool Cormo** in:

HF: Ozark 3	HF: Osage 3
KF 1 : Shale 1	KF 1: Scoured White
KF 2: Ozark 2	KF 2: Osage 2

Symbole & Abkürzungen:

M 1M - 1 Masche zunehmen (in der angegebenen Farbe)

Hinweise zu den Schemata:

Alle Schemarunden werden von rechts nach links gelesen.

In den Anleitungen ist vermerkt, welches Schema Sie für welche Größe verwenden müssen.

Schema für die Angleichung

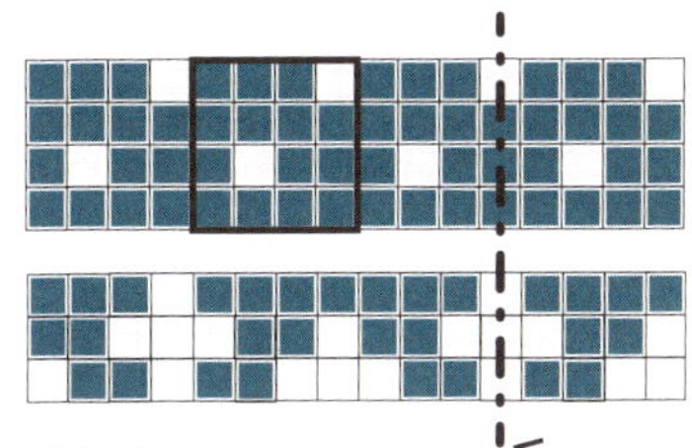

Die KF-Punkte des Perlmusters liegen auf einer vertikalen Linie mit den Kreuzen und Punkten der Passenmusterung.

Schema D: Perlmuster

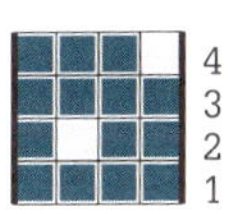

Schema E:

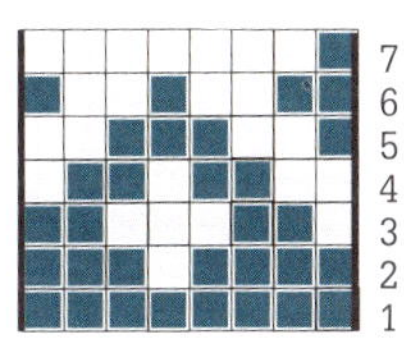

Schema F:

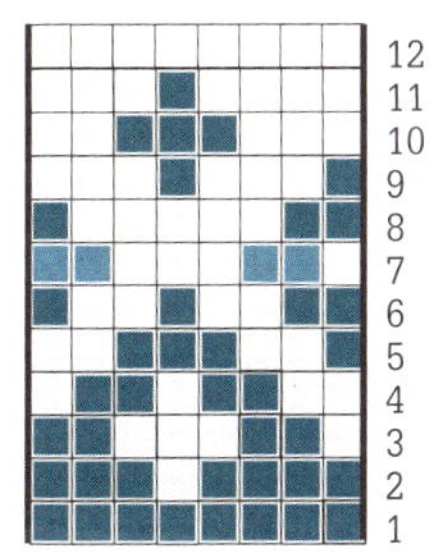

Schema G:

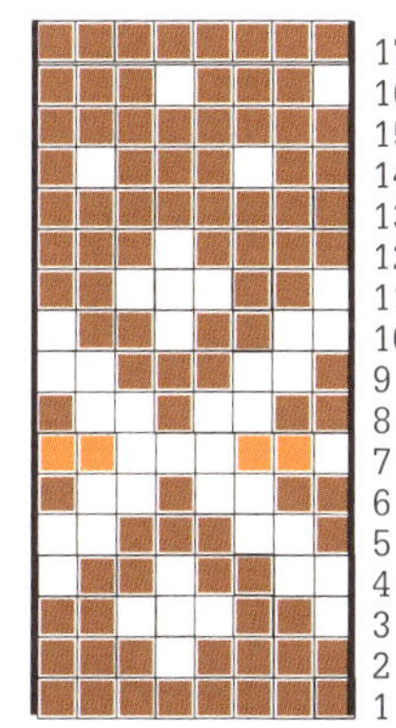

Schema A:

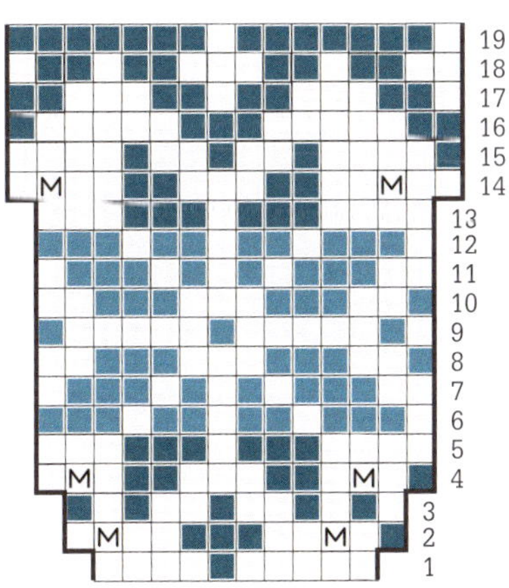

Schema B:

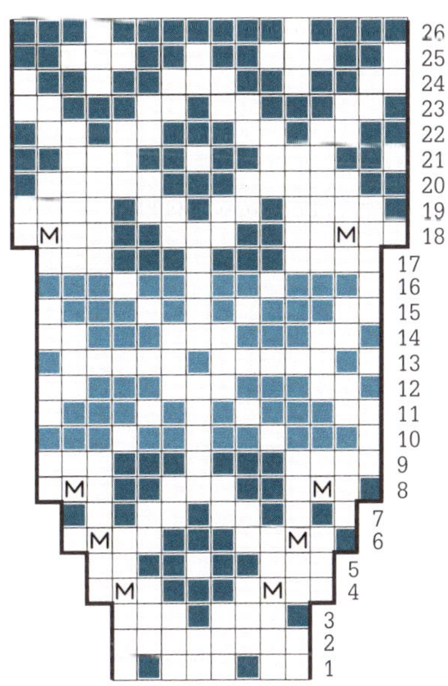

Schema C:

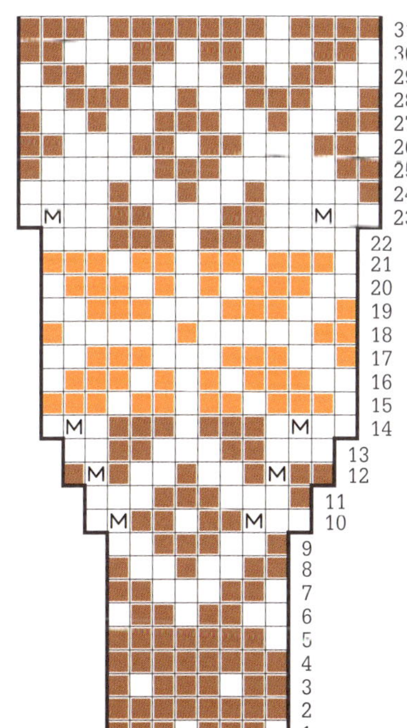

Körper:

RA entfernen, 2 (3, 1, 1, 3, 0, 2, **3, 1, 1, 3, 3, 1, 1, 1, 1, 3, 3**) M links abheben und ungestrickt von der LH auf die RH nehmen, RA-Markierer wiedereinsetzen. Mit Runde 2 von Schema D beginnend im Perlmuster str, bis der Körper 14 (16,5, 18, 20,5, 23, 25,5, 28, **29, 29, 32, 32, 32, 34,5, 37, 37, 39,5, 39,5, 39,5**) cm misst oder 6,5 (6,5, 7,5, 7,5, 7,5, 7,5, 7,5, **11,5, 11,5, 11,5, 11,5, 11,5, 11,5, 11,5, 11,5, 11,5, 11,5, 11,5**) cm weniger als die gewünschte Gesamtlänge. Dabei mit Runde 2 enden.

Saum:

Stricken Sie Schema E (E, F, F, F, F, F, **G, G, G, G, G, G, G, G, G, G, G**).

Fürs Rippenmuster bei den Kindergrößen KF 1 nehmen und bei **Erwachsenengrößen** HF. Ab jetzt mit dünneren Nadeln weiterstricken und für Kinder-(**Erwachsenen**–)Größen 2,5 (**4**) cm im Rippenmuster 1x1 (1r, 1 l) str.

Kindergrößen: zu HF wechseln und alle Maschen locker abketten. **Erwachsenengrößen:** Alle Maschen in HF locker abketten.

Ärmel:

Die 27 (25, 29, 29, 33, 39, 43, **41, 45, 45, 49, 49, 53, 53, 53, 61, 65, 65**) stillgelegten Ärmelmaschen auf dickere Nadeln nehmen. Dabei in der Mitte der angeschlagenen M an der Achsel in HF beginnen, 4 (5, 5, 5, 5, 6, 6, **7, 7, 7, 7, 9, 9, 9, 11, 11, 11, 11**) M aufnehmen und stricken. Über die stillgelegten Ärmel-M str. 3 (4, 4, 4, 4, 5, 5, **6, 6, 6, 6, 8, 8, 8, 10, 10, 10, 10**) M aufnehmen und str. ME und zur Runde schließen.

[34 (34, 38, 38, 42, 50, 54, **54, 58, 58, 62, 66, 70, 70, 74, 82, 86, 86**) M]

Den Ärmel in Rd str, die ersten 2 und die letzte M der Runde in HF und alle anderen M wie festgelegt im Perlmuster arbeiten.

Für 0–6 Mo, 6–12 Mo, 1–2 J, 2–4 J, 6–8 J und XS Schema D (Perlmuster) str, sodass es auf einer Linie mit dem Sternmuster der Passe liegt (siehe Schema für die Angleichung auf S. 107). So weiterstricken, bis der Ärmel 5 (7,5, 10, 11,5, 4, 7,5, 14, **12,5, 15,5, 10, 18, 14, 14, 10, 5, 1,5, 1,5**) cm ab der Achsel misst.

Abnahmerunde:

1 r, 2MrabhV, bis 3 M vor Ende, 2 Mzus, 1 r [2 M abn]. 3 Rd str, die ersten 2 und die letzte M in HF, alle anderen M im Perlmuster.

Diese 4 Rd insg. 1 (1, 3, 3, 5, 9, 11, **7, 9, 9, 11, 9, 11, 11, 13, 17, 19, 19**)-mal str.

[32 (32, 32, 32, 32, 32, 32, **40, 40, 40, 40, 48, 48, 48, 48, 48, 48, 48**) M]

Die ersten 2 und die letzte M der Runde weiter in HF str, alle anderen M im Perlmuster wie festgelegt, bis der Ärmel 12,5 (15,5, 15,5, 20,5, 25,5, 28, 30,5, **29, 32, 34,5, 34,5, 37, 37, 37, 37, 39,5, 42, 42**) cm ab Achsel misst oder 5 (5, 7,5, 7,5, 7,5, 7,5, 7,5, **11,5, 11,5, 11,5, 11,5, 11,5, 11,5, 11,5, 11,5, 11,5, 11,5, 11,5**) cm weniger als die gewünschte Länge, dabei auf Perlmusterrunde 2 oder 4 enden. Am Ende der Runde Maschen nach Bedarf abheben und den RA-Markierer versetzen, sodass die 3. M der Runde eine KF-Masche ist.

Stricken Sie Schema E (E, F, F, F, F, F, **G, G, G, G, G, G, G, G, G, G, G**).

Fürs die nächste Runde und das Rippenmuster bei den Kindergrößen KF 1 nehmen und bei Erwachsenengrößen HF.

0–6 Mo (6–12 Mo, 1–2 J, 2–4 J, 4–6 J, **XS, S**): [2r (2, 6, 6, 6, **8, 8**), 2Mzus]

ML (L): [10r, 2Mzus] ringsherum

[24 (24, 28, 28, 28, 32, 32, **36, 36, 40, 40, 44, 44, 48, 48, 48, 48, 48**) M]

Ab jetzt mit dünneren Nadel im Rippenmuster 1x1 (1r, 1l) 2,5 (**4**) cm für Kinder-(**Erwachsenen**-) Größen str.

Kindergrößen: zu HF wechseln und alle Maschen locker abketten. **Erwachsenengrößen:** Alle Maschen in HF locker abketten.

Fertigstellung

Fadenenden verstecken, den Pullover **waschen und blocken**, um das Maschenbild auszugleichen. Verzichten Sie nicht aufs Blocken, das bringt Ihre Einstrickmuster erst richtig zum Glänzen!

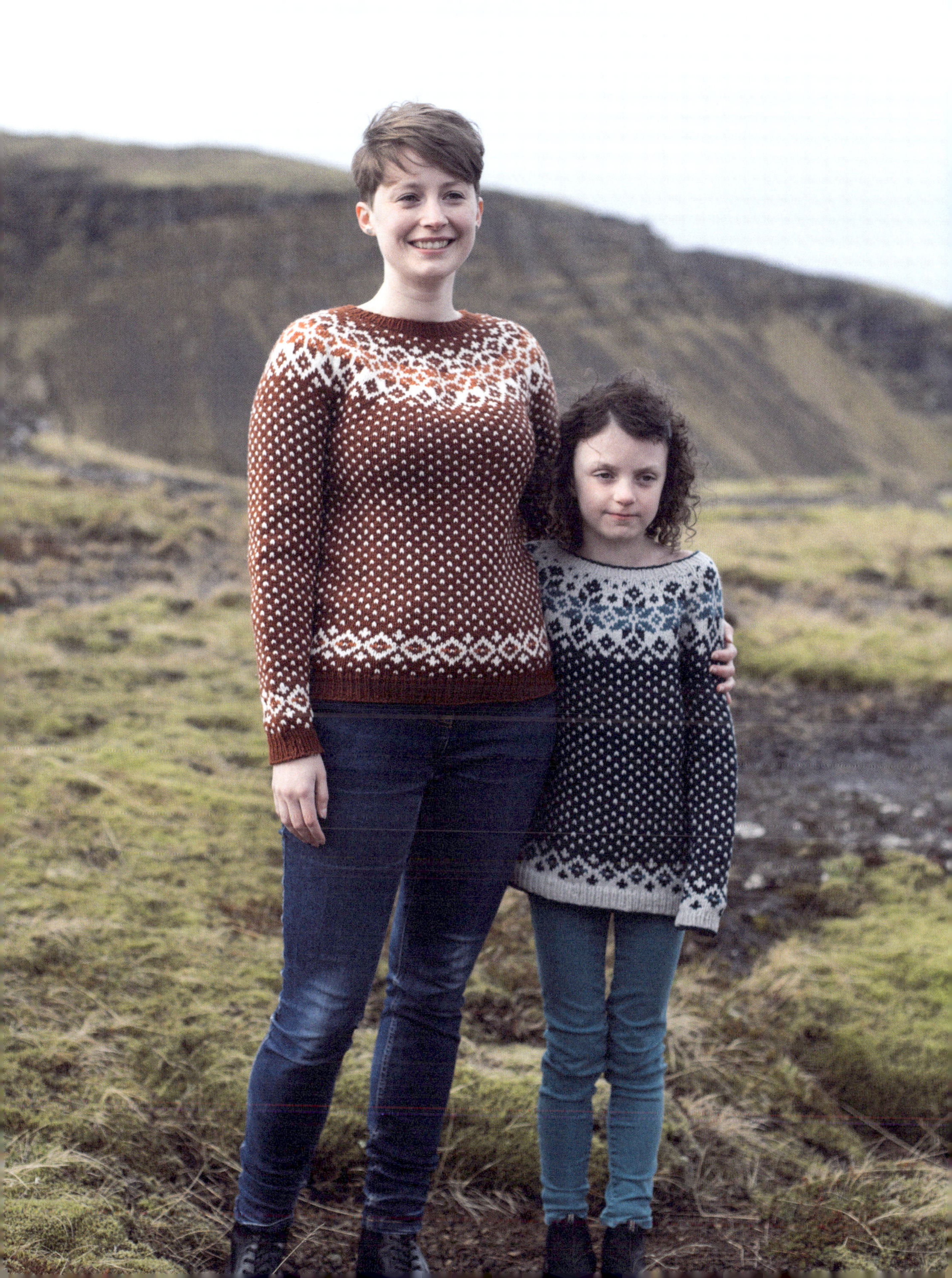

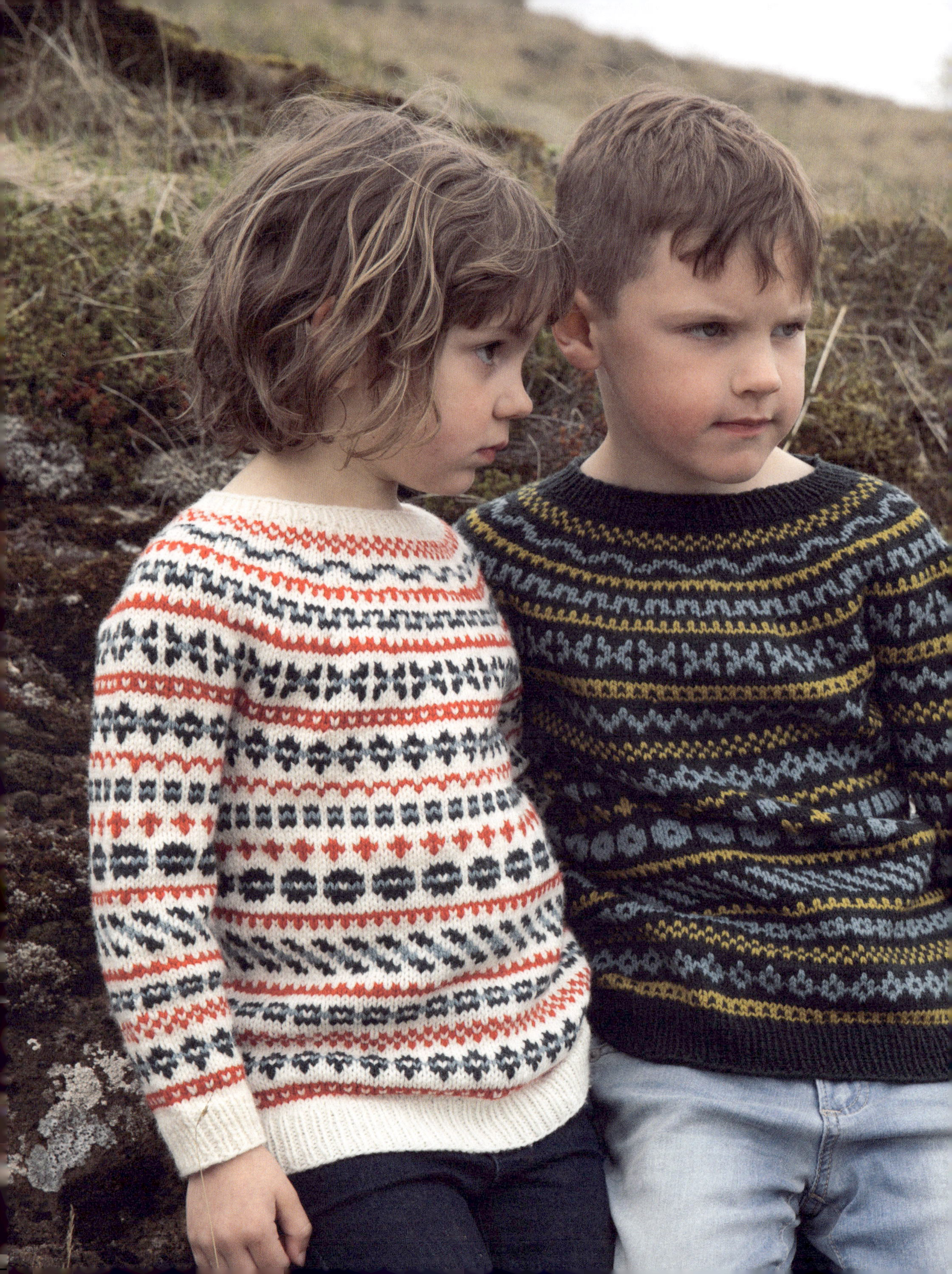

Kartografie

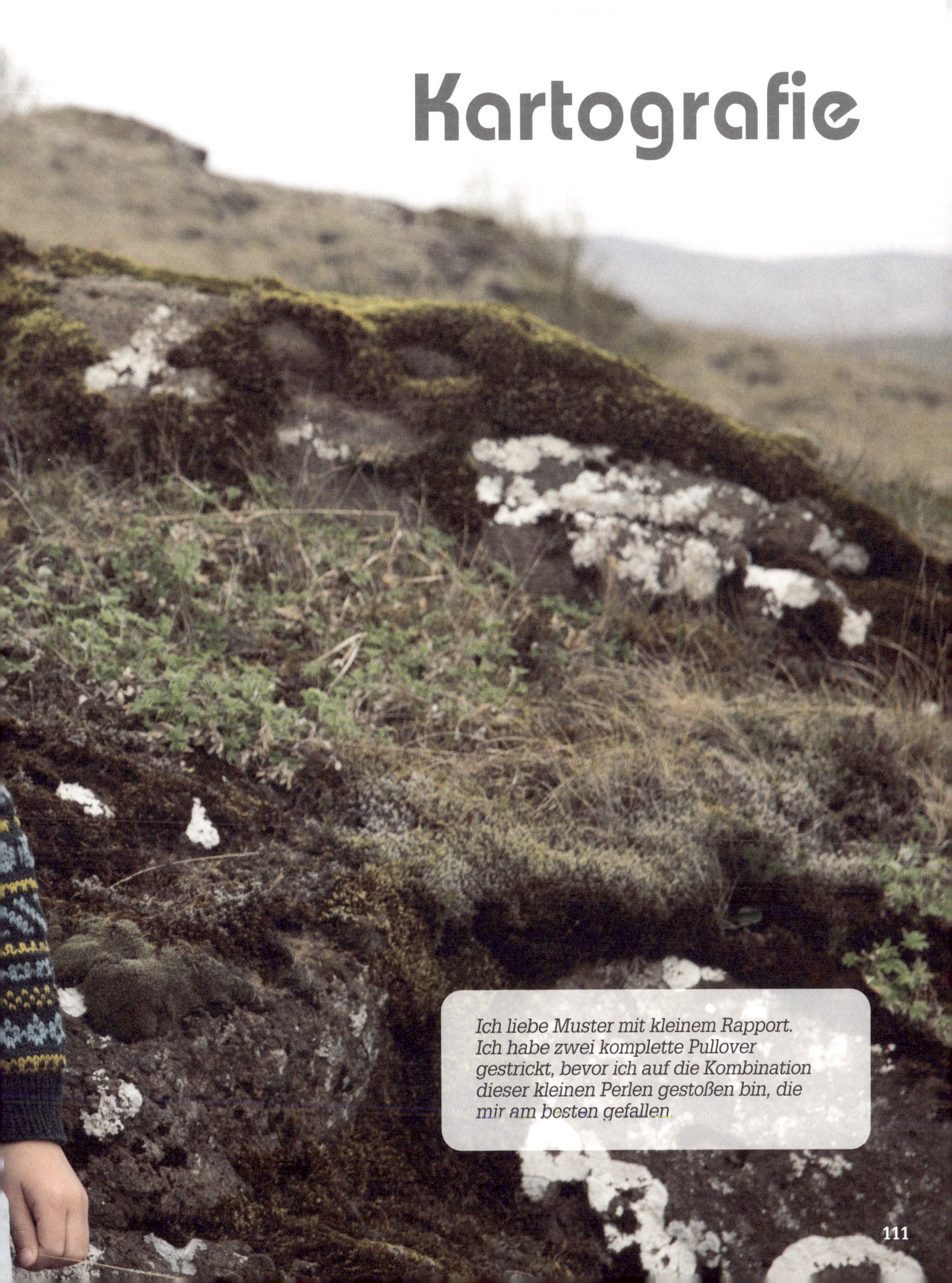

Ich liebe Muster mit kleinem Rapport. Ich habe zwei komplette Pullover gestrickt, bevor ich auf die Kombination dieser kleinen Perlen gestoßen bin, die mir am besten gefallen.

Materialien:

Garne: Für dünne Garne – siehe Tabelle für die Garnmenge
*(die gezeigten Modelle sind aus **Brooklyn Tweed Arbor**, siehe Rapportseite für die Farbgebung)*

Maschenprobe: 22 M & 26 Rd / 10 cm mit Einstrickmusterstreifen und dickeren Nadeln

Nadeln: Nr. 3,25 & 4 *(oder andere Stärke, um der Maschenprobe zu entsprechen)*

*0–6 Mo–4 J: Rundstricknadel von 40 cm und NS in allen Größen**
*4 Jahre–XS: Rundstricknadeln von 40 und 60 cm sowie NS in allen Größen**
*S–4XL: Rundstricknadeln von 40 und 80 cm sowie NS in allen Größen**
**Alternativ können Sie die Magic-Loop-Technik nutzen, um mit einer einzelnen langen Rundnadel in Rd zu stricken.*

Zubehör: Maschenmarkierer, Stopfnadel

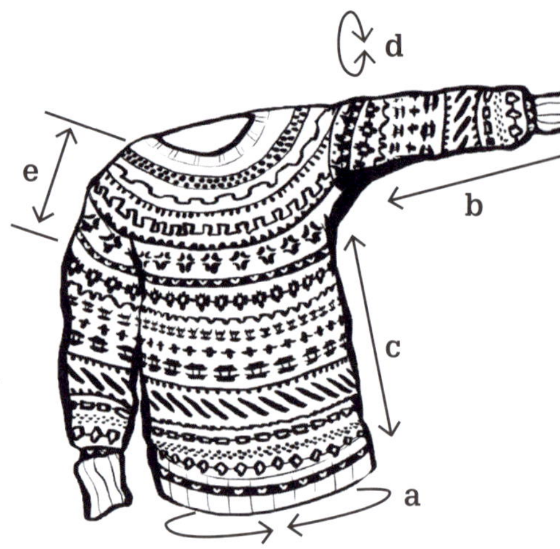

Größen:

In dieser Tabelle sind die Maße des fertigen Kleidungsstücks aufgeführt. Wählen Sie Ihre Größe anhand Ihres Brustumfangs plus des gewünschten Spielraums.

	Größe	a	b	c	d	e	Garnmenge HF	Garnmenge KF*
Kindergrößen	0–6 Mo	44,5 cm	16,5 cm	16,5 cm	18,5 cm	11,5 cm	255 m	160 m
	6–12 Mo	50 cm	21,5 cm	21,5 cm	19,5 cm	11,5 cm	300 m	185 m
	1–2 J	56 cm	23 cm	23 cm	23 cm	14 cm	345 m	205 m
	2–4 J	61 cm	26,5 cm	26,5 cm	23 cm	14 cm	415 m	255 m
	4–6 J	66 cm	29 cm	29 cm	26 cm	16 cm	480 m	275 m
	6–8 J	72,5 cm	33 cm	33 cm	28 cm	16,5 cm	550 m	345 m
	8–10 J	77,5 cm	37 cm	37 cm	28 cm	18,5 cm	620 m	365 m
Damengrößen	**XS**	**77,5 cm**	**39,5 cm**	**39,5 cm**	**30,5 cm**	**20 cm**	**665 m**	**390 m**
	S	**82,5 cm**	**44,5 cm**	**40,5 cm**	**31 cm**	**20 cm**	**735 m**	**435 m**
	SM	**89 cm**	**45,5 cm**	**42 cm**	**32,5 cm**	**23,5 cm**	**800 m**	**480 m**
	M	**94 cm**	**45,5 cm**	**42 cm**	**34,5 cm**	**23,5 cm**	**825 m**	**505 m**
	ML	**100,5 cm**	**48,5 cm**	**44,5 cm**	**36 cm**	**25 cm**	**895 m**	**550 m**
	L	**105,4 cm**	**48,5 cm**	**44,5 cm**	**39 cm**	**25,5 cm**	**940 m**	**575 m**
	LXL	**117 cm**	**48,5 cm**	**48,5 cm**	**40,5 cm**	**25,5 cm**	**1005 m**	**595 m**
	XL	**122 cm**	**48,5 cm**	**48,5 cm**	**42,5 cm**	**25,5 cm**	**1075 m**	**640 m**
	XXL	**127 cm**	**50 cm**	**50 cm**	**45 cm**	**28,5 cm**	**1145 m**	**685 m**
	3XL	**138,5 cm**	**52 cm**	**52 cm**	**49 cm**	**31 cm**	**1280 m**	**780 m**
	4XL	**150 cm**	**53,5 cm**	**53,5 cm**	**51 cm**	**32,5 cm**	**1375 m**	**825 m**
Herrengrößen	*S*	*94 cm*	*45,5 cm*	*45,5 cm*	*38 cm*	*24 cm*	*825 m*	*505 m*
	M	*105,4 cm*	*52 cm*	*48,5 cm*	*41,5 cm*	*25,5 cm*	*960 m*	*595 m*
	L	*117 cm*	*53,5 cm*	*50 cm*	*44,5 cm*	*28,5 cm*	*1030 m*	*620 m*
	XL	*122 cm*	*53,5 cm*	*50 cm*	*49 cm*	*32,5 cm*	*1100 m*	*665 m*
	XXL	*133,5 cm*	*53,5 cm*	*50 cm*	*51 cm*	*32,5 cm*	*1235 m*	*755 m*
	3XL	*145 cm*	*56 cm*	*52 cm*	*52,5 cm*	*34,5 cm*	*1305 m*	*780 m*
	4XL	*155 cm*	*57 cm*	*53,5 cm*	*56,5 cm*	*36 cm*	*1440 m*	*870 m*

** Es wird die gesamte KF–Garnmenge angegeben, da es viele Varianten gibt und es auch davon abhängt, wie viele KF Sie für dieses Design verwenden.*

Anmerkungen zu den Größen:

Dieser Pullover sieht mit etwas Mehrweite richtig klasse aus. Das Gestrick dieses Pullovers ist nicht so dehnbar wie normales glatt rechts Gestricktes, deshalb sollte man eine Größe mit etwas Spielraum wählen, damit das Muster nicht gestreckt wird.

Bodhi trägt Größe 4–6 J (66 cm) mit 5 cm Mehrweite, Jones trägt Größe 6–8 J (72,5 cm) mit 5 cm Mehrweite.

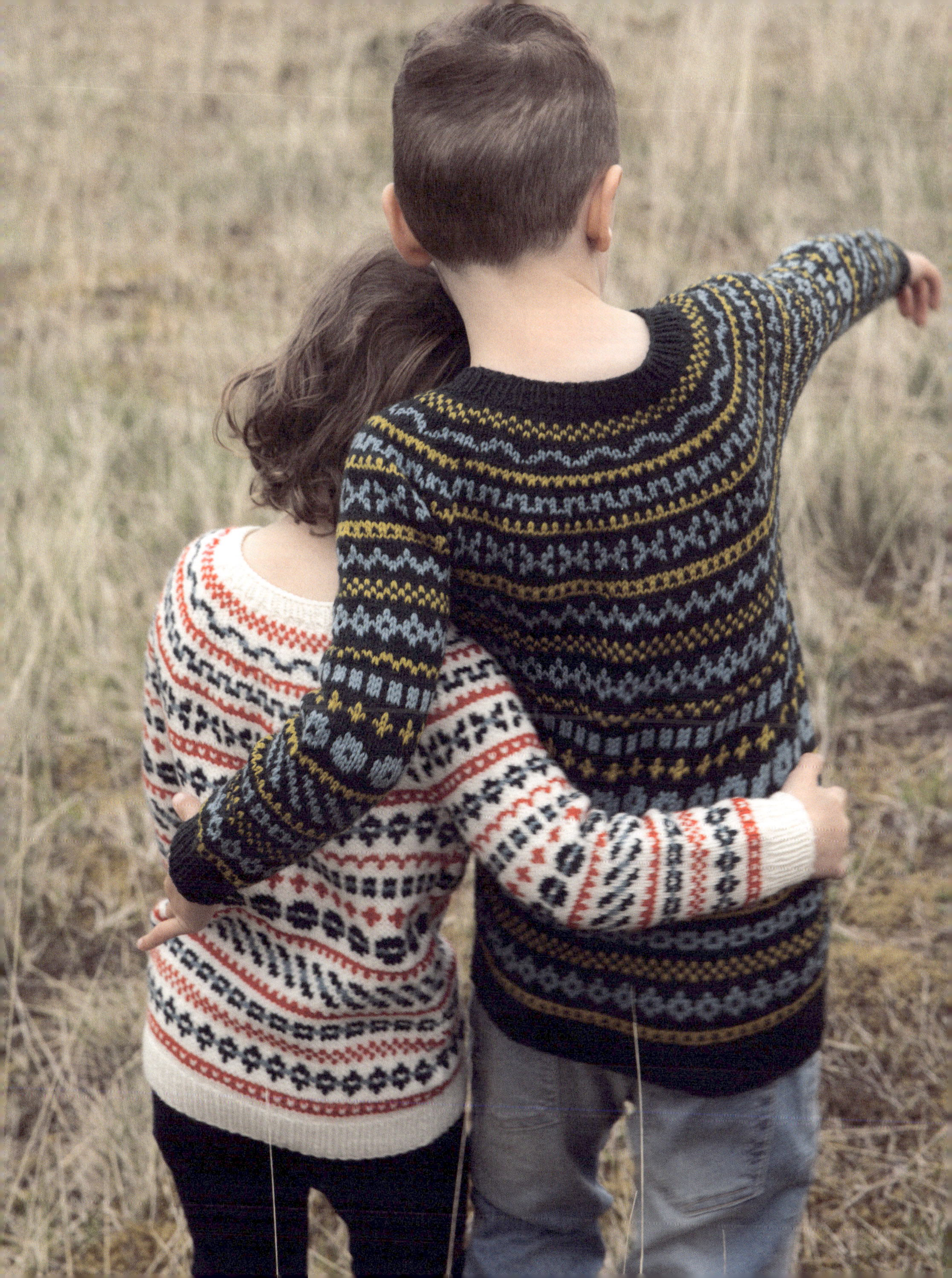

Muster:

Top-Down. Zuerst wird die Passe gestrickt, danach werden die Maschen in Körper und Ärmel aufgeteilt. Der Körper wird in Rd bis zum Saum gestrickt, und jeder Ärmel in der Runde bis zum Bündchen.

Rundpasse:

Mit dünneren Nadeln in HF 68 (72, 80, 88, 88, 88, 96, **96, 100, 100, 104, 104, 108, 108, 112, 112, 112, 112**, *108, 108, 112, 112, 112, 112, 112*) M anschlagen. RA-Markierer einsetzen und zur Runde schließen. Im Rippenmuster 1x1 (1r, 1l) str, bis das Strickstück 2 (2, 2, 2, 2, 2,5, 2,5, **2,5, 2,5, 2,5, 2,5, 2,5, 3, 3, 3, 3, 3, 3**, *3, 3, 3, 3, 3, 3*) cm ab Anschlag misst. Die Nadeln gegen dickere tauschen und 1 Runde str.

Zunahmerunde 1 (HF, nur Erwachsenengrößen):

Damengröße XS: mit Zunahmerunde 2 fortfahren.
Damengröße S (SM, L, LXL, *Herrengröße S, M*): [**5r (5, 9, 9**, *9, 9*), 1M] ringsherum
Damengröße M (ML): [6r, 1M, 7r, 1M] ringsherum
Damengröße XL (XXL, 3XL, 4XL, *Herrengröße L, XL, XXL, 3XL, 4XL*): [3r, 1M, 4r, 1M] ringsherum

[**96 (120, 120, 120, 120, 120, 120, 144, 144, 144, 144**, *120, 120, 144, 144, 144, 144, 144*) M]

Zunahmerunde 2 (HF):

0–6 Mo: 1r, 1M, 2r, 1M, [2r, 1M, 3r, 1M] bis zum Ende
6–12 Mo (1–2 J, 8–10 J, **Damengröße XS, S, SM, M, ML, XL, XXL, 3XL, 4XL**, *Herrengröße L, XL, XXL, 3XL, 4XL*): [3r (2, 2, **2, 5, 5, 5, 5, 3, 3, 3, 3**, *3, 3, 3, 3, 3*), 1M] ringsherum
2–4 J (4–6 J, 6–8 J): [2r, 1M (3r, 1M) 3 Mal] ringsherum
Damengröße L (LXL, *Herrengröße S, M*): [2r, 1M, 3r, 1M] ringsherum

[96 (96, 120, 120, 120, 120, 144, **144, 144, 144, 144, 144, 168, 168, 192, 192, 192, 192**, *168, 168, 192, 192, 192, 192, 192*) M]

Stricken Sie von Schema A Runde 1 bis 4 (4, 4, 4, 9, 9, 9, **9, 9, 9, 9, 9, 9, 9, 9, 9, 13, 13**, *9, 9, 9, 9, 13, 13, 13*).

Zunahmerunde 3 (HF):

0–6 Mo (6–12 Mo, 1–2 J, 8–10 J, **Damengröße XS, S, SM, M, ML, XXL, 3XL, 4XL**, *Herrengröße 3XL, 4XL*): [4r (4, 5, 3, **3, 3, 2, 2, 2, 2, 2, 2, 2**, *2, 2*), 1M] ringsherum
2–4 J (4–6 J, 6–8 J): [2r, 1M, 3r, 1M] ringsherum
Damengröße L (LXL, *Herrengröße M*): [2r, 1M, 2r, 1M, 3r, 1M] ringsherum
Damengröße XL, (*Herrengröße L, XL, XXL*): [2r, 1M, 3r, 1M, 3r, 1M] ringsherum
Herrengröße S: [r, 1M, 4r, 1M] ringsherum

[120 (120, 144, 168, 168, 168, 192, **192, 192, 216, 216, 216, 240, 240, 264, 288, 288, 288**, *216, 240, 264, 264, 264, 288, 288*) M]

Stricken Sie von Schema A Runde 6 (6, 6, 6, 11, 11, 11, **11, 11, 11, 11, 11, 11, 11, 11, 11, 15, 15**, *11, 11, 11, 11, 15, 15, 15*) bis 9 (9, 13, 13, 18, 18, 18, **18, 18, 22, 22, 22, 22, 22, 22, 22, 34, 34**, *22, 22, 22, 22, 34, 34, 39*).

Zunahmerunde 4 (MC):

0–6 Mo (6–12 Mo, 1–2 J, 2–4 J, 4–6 J, 8–10 J, **Damengröße XS, S, ML, XXL, 3XL**, *Herrengröße S, 4XL*): [5r (5, 6, 7, 7, **4, 4, 4, 3, 3, 3**, *3, 2*), 1M] ringsherum
6–8 J: [r, 1M, 4r, 1M] ringsherum
Damengröße SM (M): [4r, 1M, 5r, 1M] ringsherum
Damengröße L: [3r, 1M, 3r, 1M] ringsherum
Damengröße LXL *(Herrengröße M)*: [2r, 1M, 3r, 1M] ringsherum
Damengröße XL *(Herrengröße L)*: [2r, 1M (3r, 1M) 3 Mal] ringsherum
Damengröße 4XL *(Herrengröße 3XL)*: 8r, [2r, 1M, 2r, 1M, r3, 1M] bis zum Ende
Herrengröße XL (XXL): [3r, 1M, (2r, 1M) 4 Mal] ringsherum

[144 (144, 168, 192, 192, 216, 240, **240, 240, 264, 264, 288, 312, 336, 360, 384, 384, 408**, *288, 336, 360, 384, 384, 408, 432*) M]

Stricken Sie von Schema A Runde 11 (11, 15, 15, 20, 20, 20, **20, 20, 24, 24, 24, 24, 24, 24, 24, 36, 36**, *24, 24, 24, 24, 36, 36, 41*) bis 18 (18, 22, 22, 29, 29, 34, **39, 39, 43, 43, 50, 50, 50, 50, 54, 62, 66**, *43, 50, 54, 66, 66, 71, 76*).

Schema A: Passe

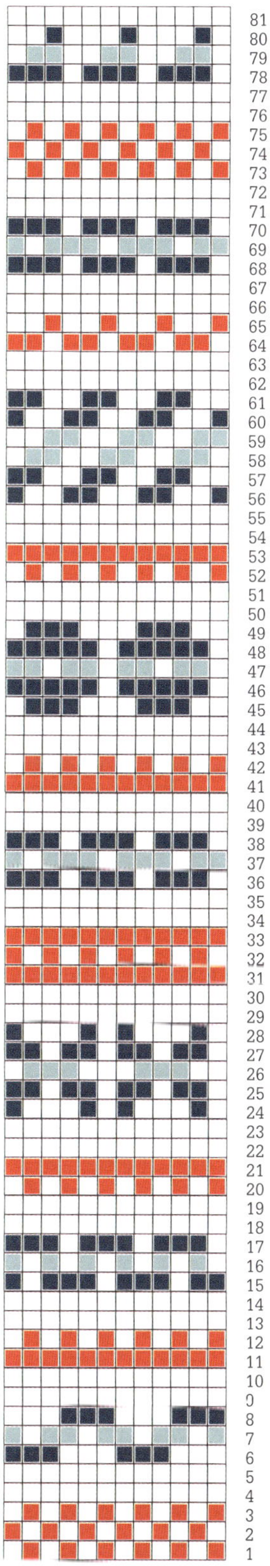

Farbgebung:

Die Modelle sind aus **Brooklyn Tweed Arbor** in:

Firebrush	Dorado
Dorado	Rainier
Rainier	Tincture
Hammock	

Hinweise zu den Schemata:

Jedes Schema wird von rechts nach links gelesen. Die Schemata zeigen einen Rapport von 12 M, da die Motive Rapports von 2, 3, 4 und 6 M haben. Die Ärmel müssen nicht mit einem vollständigen Rapport enden.

Schema B: Körper & Ärmel

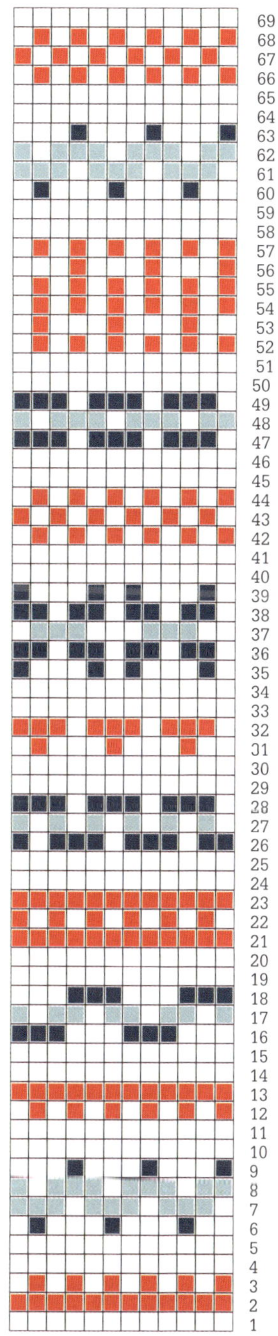

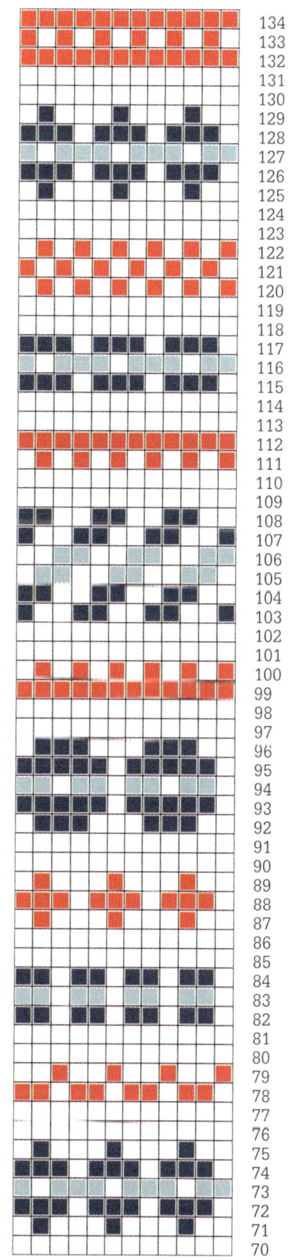

Zunahmerunde 5 (MC):

0–6 Mo (1–2 J, 2–4 J, 6–8 J, 8–10 J, **Damengröße XS, S, SM, ML, L, LXL, XL, XXL,** *Herrengröße M, XL, XXL, 4XL*) : [12r (7, 16, 9, 20, **15, 10, 11, 12, 13, 14, 30, 32,** *28, 24, 8, 9*), 1M] ringsherum
6–12 Mo: [(5r, 1M) 6 Mal, 6r, 1M] ringsherum
4–6 J: [(6r, 1M, 7r, 1M) 3 Mal, 9r, 1M] ringsherum
Damengröße M: [(7r, 1M) 2 Mal, 8r, 1M] ringsherum
Damengröße 3XL: [(8r, 1M , 9r, 1M) 5 Mal, 11r, 1M] ringsherum
Damengröße 4XL: [(7r, 1M , 8r, 1M) 6 Mal, 12r, 1M] ringsherum
Herrengröße S: [(14r, 1M, 15r, 1M) 2 Mal, 14r, 1M] ringsherum
Herrengröße L: [22r, 1M, 23r, 1M] ringsherum
Herrengröße 3XL: [(10r, 1M) 4 Mal, 11r, 1M] ringsherum

[156 (172, 192, 204, 220, 240, 252, **256, 264, 288, 300, 312, 336, 360, 372, 396, 428, 460,** *308, 348, 376, 400, 432, 448, 480*) M]

Stricken Sie von Schema A Runde 20 (20, 24, 24, 31, 31, 36, **41, 41, 45, 45, 52, 52, 52, 52, 56, 68, 68,** *45, 52, 56, 68, 68, 73, 78*) bis 22 (22, 29, 29, 34, 34, 39, **43, 43, 50, 50, 54, 54, 54, 54, 62, 71, 71,** *50, 54, 62, 71, 71, 76, 81*).

Aufteilung in Ärmel und Körper:

In HF 43 43 (49, 53, 59, 63, 69, 75, **73, 77, 85, 89, 93, 99, 109, 113, 119, 129, 141,** *87, 99, 109, 113, 125, 133, 143*) M *(Rückseite)* str,

die nächsten 35 (37, 43, 43, 47, 51, 51, **55, 55, 59, 61, 63, 69, 71, 73, 79, 85, 89,** *67, 75, 79, 87, 91, 91, 97*) M auf einem separaten Faden stilllegen *(rechter Ärmel)*,

5 (5, 7, 7, 9, 9, 9, **11, 13, 11, 13, 15, 15, 17, 19, 19, 21, 21,** *15, 15, 17, 19, 19, 23, 25* M aufschlingen *(rechte Achsel)*,

über die Vorderseite sowie über die Rückseite str,

für den linken Ärmel ebenso viele Maschen stilllegen wie für den rechten,

an der linken Achsel M anschlagen wie für rechts, ME und zur Runde schließen.

[96 (108, 120, 132, 144, 156, 168, **168, 180, 192, 204, 216, 228, 252, 264, 276, 300, 324,** *204, 228, 252, 264, 288, 312, 336*) Körper-M]

Körper:

Stricken Sie von Schema B Runde 103 (92, 87, 78, 71, 60, 52, **47, 35, 31, 31, 26, 26, 26, 26, 21, 16, 12,** *31, 16, 12, 12, 12, 6, 2)* bis 134 (134, 134, 134, 134, 134, 134, **134, 124, 124, 124, 124, 124, 134, 134, 134, 134, 134,** *134, 124, 124, 124, 124, 124, 124)*.

1 Runde in HF str.

Ab jetzt für Kinder-, (**Damen-**, *Herren-*)Größen 4 (**5**, *5*) cm mit dünneren Nadeln im Rippenmuster 1x1 (1r, 1l) weiterstricken.

Ärmel:

Die stillgelegten Maschen auf dickere Nadeln nehmen. In der Mitte der angeschlagenen M an der Achsel in HF beginnen und 3 (3, 4, 4, 5, 5, 5, **6, 7, 6, 7, 8, 8, 9, 10, 10, 11, 11,** *8, 8, 9, 10, 10, 12, 13)* M str, über die Ärmel-M str, 2 (2, 3, 3, 4, 4, 4, **5, 6, 5, 6, 7, 7, 8, 9, 9, 10, 10,** *7, 7, 8, 9, 9, 11, 12)* M str, ME und zur Runde zusammenschließen.

[40 (42, 50, 50, 56, 60, 60, **66, 68, 70, 74, 78, 84, 88, 92, 98, 106, 110,** *82, 90, 96, 106, 110, 114, 122*) M]

Stricken Sie von Schema B Runde 103 (92, 87, 78, 71, 60, 52, **47, 35, 31, 31, 26, 26, 26, 26, 21, 16, 12,** *31, 16, 12, 12, 12, 6, 2*) bis 109 (101, 90, 90, 80, 80, 80, **76, 69, 76, 64, 64, 58, 45, 45, 29, 24, 14,** *40, 29, 24, 14, 14, 10, 4*).

Abnahmerunde (HF): 1r, 2MrabhV, bis 3 M vor Ende str, 2Mzus, 1r [2 M abn]

Stricken Sie von Schema B Runde 111 (103, 92, 92, 82, 82, 82, **78, 71, 78, 66, 66, 60, 47, 47, 31, 26, 16,** *42, 31, 26, 16, 16, 12, 6*) bis Runde 134, dann in der zweiten HF-Runde zwischen den Motiven eine Abnahmerunde wie oben, und das für insg. (inkl. erster Abnahmerunde) 5 (6, 8, 8, 10, 10, 10, **11, 12, 11, 13, 13, 14, 16, 16, 19, 20, 22,** *17, 19, 20, 22, 22, 23, 24*) Abnahmerunden.

[30 (30, 34, 34, 36, 40, 40, **44, 44, 48, 48, 52, 56, 56, 60, 60, 66, 66,** *48, 52, 56, 62, 66, 68, 74)* M]

Alle Größen: 1 Runde in HF str.

Damengröße 3XL (4XL): [9r, 2Mzus] ringsherum [60 (60) M]
Herrengröße 4XL: [7r, 2Mzus] 8 Mal, 2r [66 M]

Alle Größen: Ab jetzt für Kinder-, (**Damen-**, *Herren-*)Größen 4 (**5**, *5)* cm mit dünneren Nadeln im Rippenmuster 1x1 (1r, 1l) weiterstricken.

Fertigstellung

Fadenenden verstecken, den Pullover **waschen und blocken**, um das Maschenbild auszugleichen. Verzichten Sie nicht aufs Blocken, das bringt Ihre Einstrickmuster erst richtig zum Glänzen!

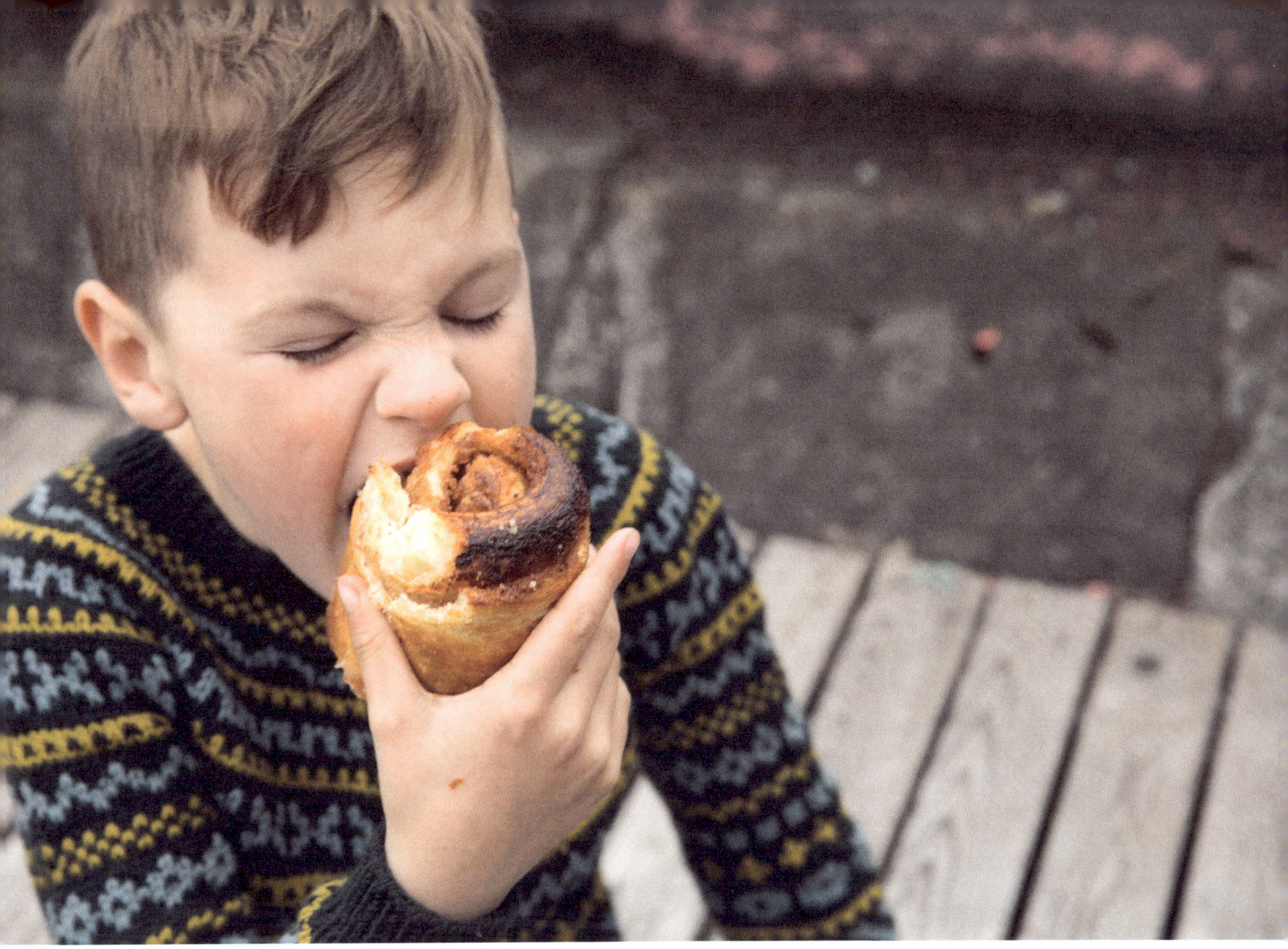

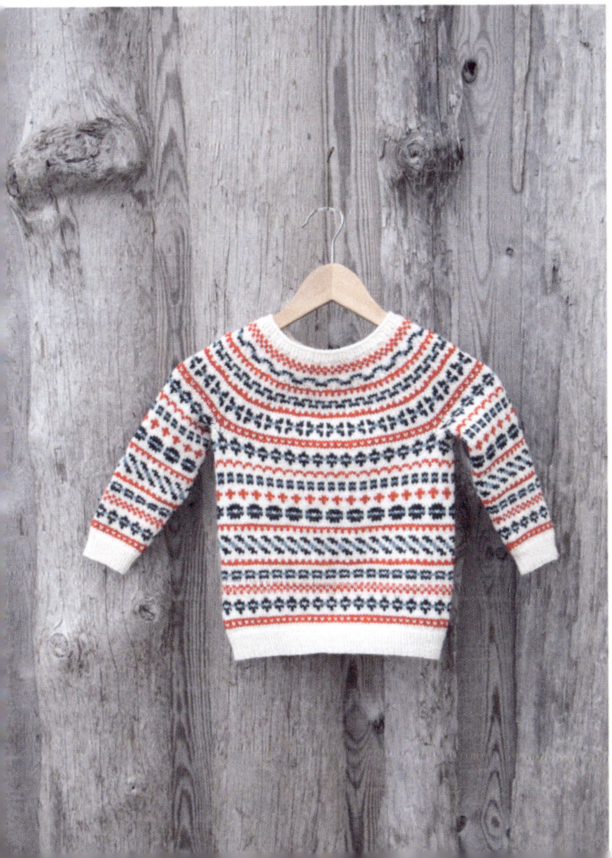

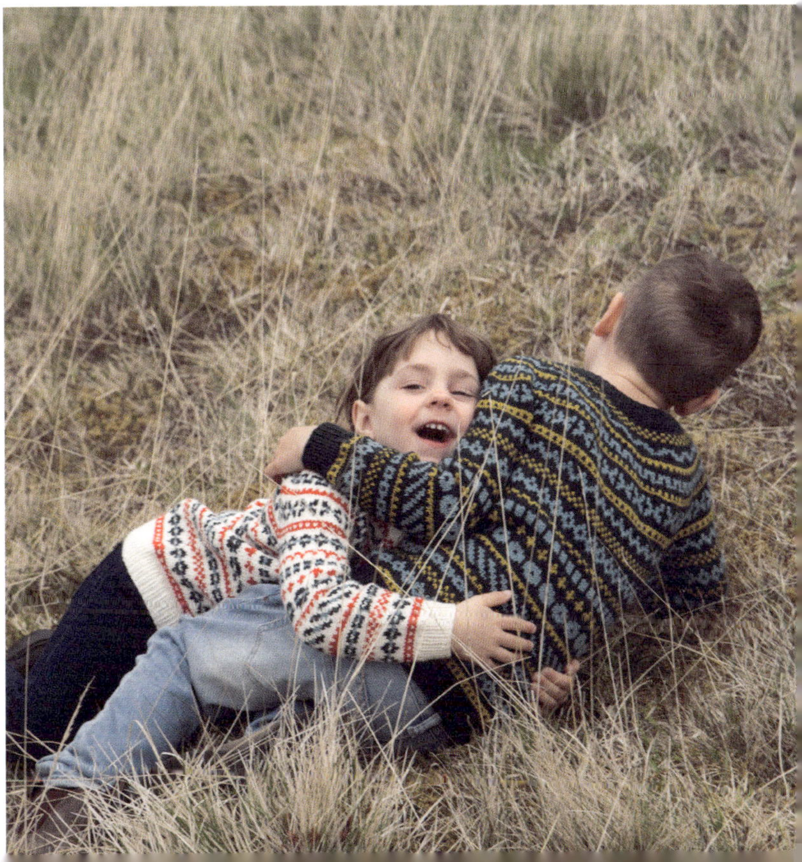

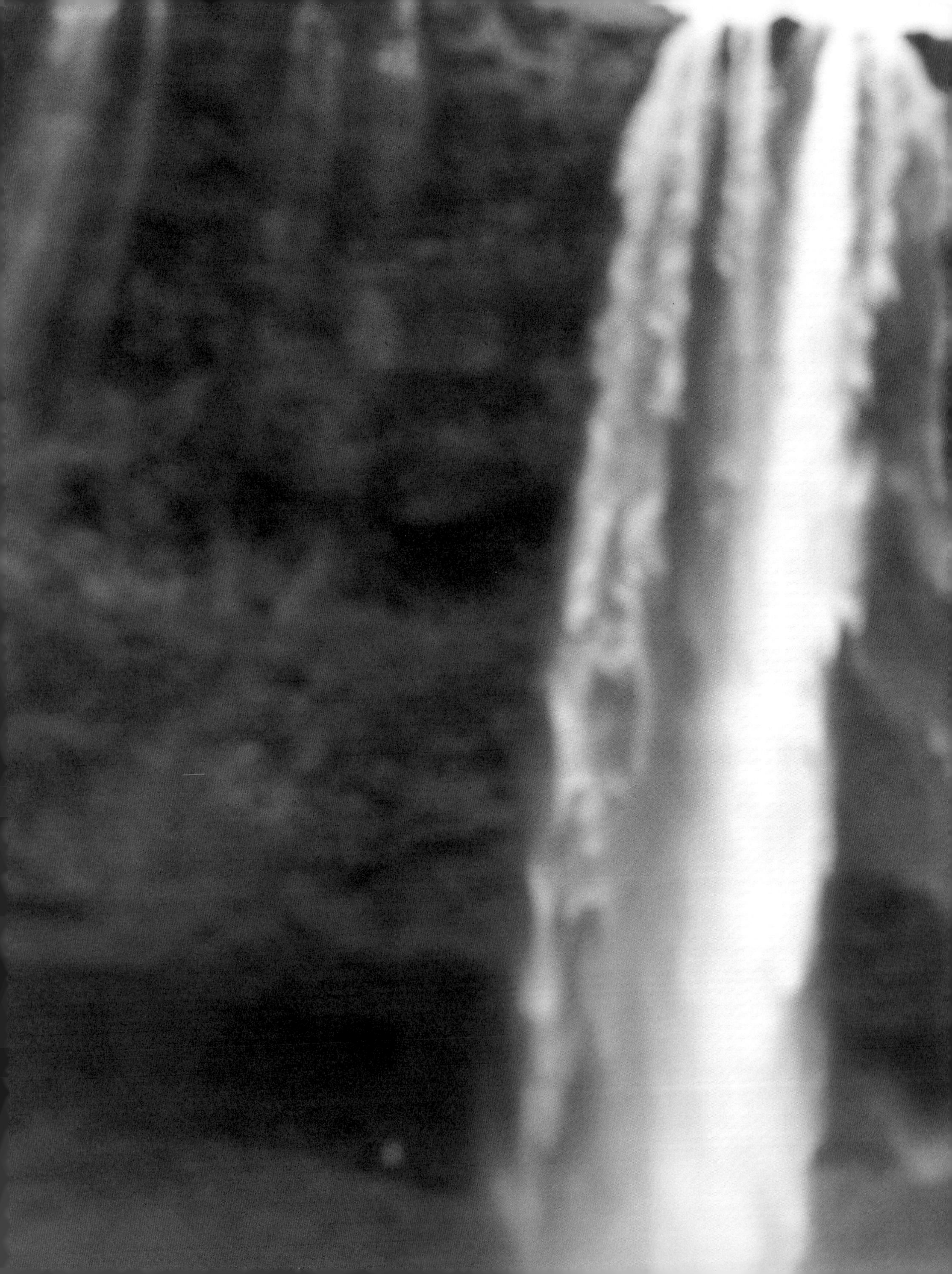

Kartografie-Mütze

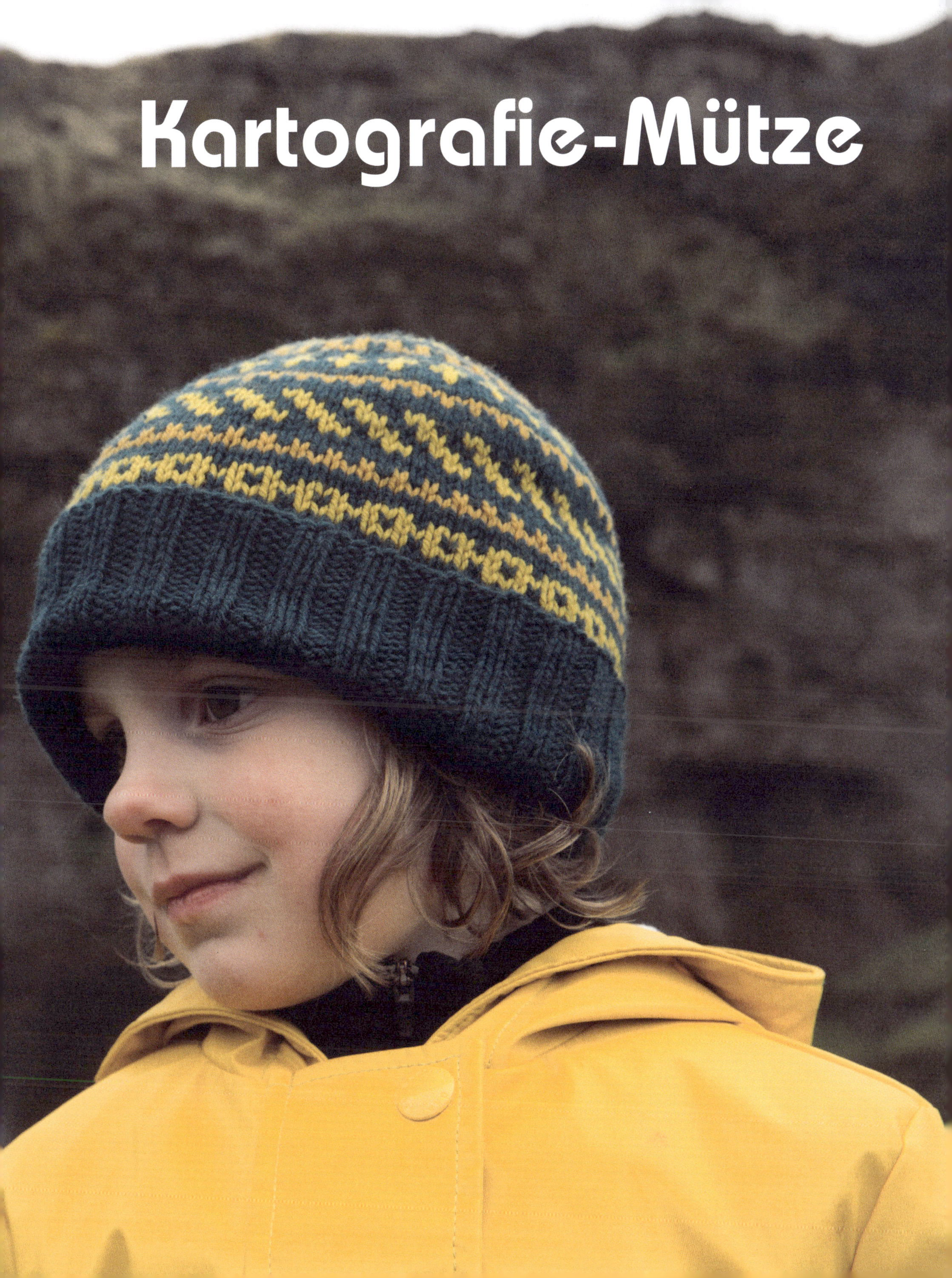

Größen:

Neugeborenes (Baby, Kleinkind, Kind, **Erwachsenengröße SM, Erwachsenengröße L**)

Passt bei einem Kopfumfang von: 35,5 (43, 48,5, 51, **53,5, 58,5**) cm

Nina trägt Erwachsenengröße L und Bodhi die Kindergröße.

Materialien:

Garne: Dünnes Garn in 2 oder mehr Farben
HF: 75 (95, 110, 120, **140, 165**) Meter
KF: 40 (50, 55, 65, **65, 85**) Meter*
**KF kann aus einer einzigen oder aus mehreren Farben bestehen.*

(Die gezeigten Modelle sind aus **Brooklyn Tweed Arbor**, *siehe Rapportseite für die Farbgebung.)*

Maschenprobe 22 M & 26 Rd / 10 cm mit Einstrickmusterstreifen und dickeren Nadeln

Nadeln: Nr. 3,5 & 4 *(oder die zur Einhaltung der Maschenprobe erforderliche Stärke)*

Für die Neugeborenen- und Babygröße sind NS in beiden Stärken oder lange Rundstricknadeln für die Magic-Loop-Technik erforderlich.

Für alle anderen Größen brauchen Sie 40 cm lange Rundstricknadeln in beiden Stärken und NS in der größeren Stärke oder eine lange Rundstricknadel für die Magic-Loop-Technik.

Zubehör: Maschenmarkierer, Stopfnadel

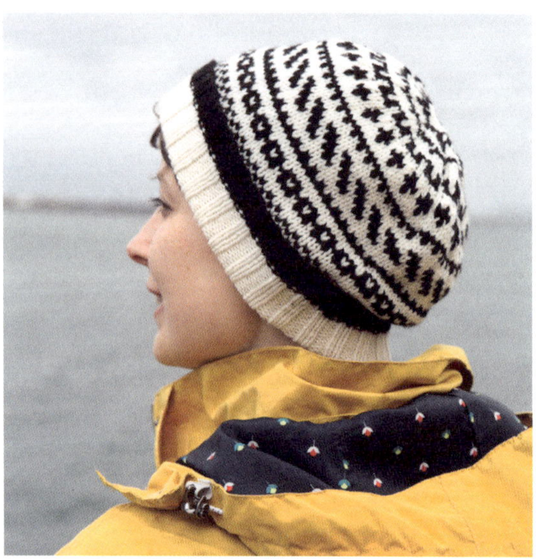

Muster:

Hinweis: Für einen gestreiften Rand wie bei unserer Erwachsenengröße M in KF anschlagen, die ersten 6 Reihen des Rippenmusters in KF str, dann zu HF wechseln.

Mit dünneren Nadeln in HF 80 (88, 96, 104, **112, 120**) M locker anschlagen, ME und zur Runde schließen.

Im Rippenmuster 2x2 (2r, 2l) str, bis das Strickstück 6,5 (6,5, 7,5, 8,5, **9, 10**) cm ab Anschlag misst. Die Nadeln gegen dickere tauschen und 2 Rd str.

Neugeborenes: Stricken Sie Rd 1–12 von Schema A.
Baby: Stricken Sie Rd 1–18 von Schema A.
Kleinkind: Stricken Sie Rd 1–22 von Schema A.
Kind (**Erwachsenengröße SM, L**): Stricken Sie Rd 1–22 von Schema A, dann Rd 1–5 von Schema B.

Abnahmen für die Spitze:

Alle Größen: 1 Runde in HF str.

Abnahmerunde 1 (HF):

Neugeborenes: [1r, 2Mzus, 1r, 2Mzus, 2r, 2Mzus] ringsherum
Baby: [2r, 2Mzus, 2r, 2Mzus, 1r, 2Mzus] ringsherum
Kleinkind und Erwachsenengröße L: [1r, 2Mzus] ringsherum
Kind: [(1r, 2Mzus) 3 Mal, 2r, 2Mzus] ringsherum
Erwachsenengröße SM: [1r, 2Mzus, 2r, 2Mzus] ringsherum [56 (64, 64, 72, **80, 80**) M]
Neugeborenes: Stricken Sie Rd 15–22 von Schema A.
Baby: Stricken Sie Rd 21–22 von Schema A, dann Runde 1–5 von Schema B.
Kleinkind: Stricken Sie Rd 1–5 von Schema C.
Kind: Stricken Sie Rd 1–8 von Schema D.
Erwachsenengröße SM und L: Stricken Sie Runde 1–7 von Schema E.
Alle Größen: 1 Rd in HF str.

Abnahmerunde 2 (HF): [2Mzus] ringsherum [28 (32, 32, 36, **40, 40**) M]

Alle Größen: Stricken Sie Rd 1–4 von Schema F.

HF 3 (HF): [2Mzus] ringsherum [14 (16, 16, 18, **20, 20**) M]

Abnahmerunde 4 (HF): [2Mzus] ringsherum [7 (8, 8, 9, **10, 10**) M]

Faden abschneiden und 20 cm davon stehen lassen. Das herunterhängende Fadenende durch die verbliebenen Maschen ziehen und fest anziehen. **Fadenenden verstecken**, die Mütze **waschen und blocken**. Dann direkt M für eine weitere Mütze in einer anderen Farbkombi anschlagen!

Hinweise zu den Schemata:

Lesen Sie alle Schemarunden von rechts nach links. In den Anleitungen ist vermerkt, welche Schemata Sie für welche Größe verwenden müssen.

Für die gezeigte Kindergröße wurden abwechselnd 2 KF bei einheitlicher HF verwendet.

Farbgebung:

Die Modelle sind aus **Brooklyn Tweed Arbor** in:

- Hammock
- Kettle
- Treehouse
- Klimt
- Tincture

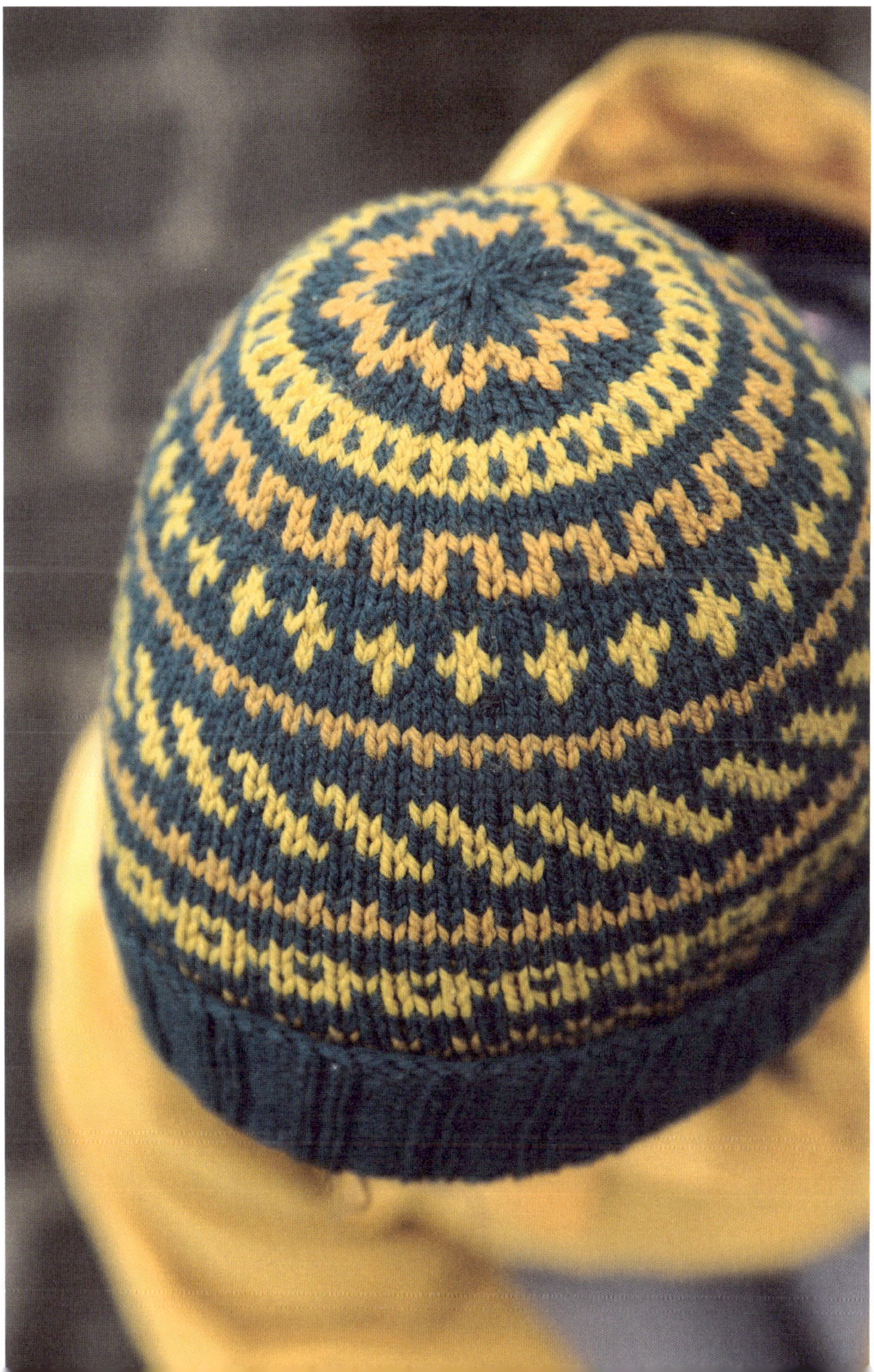

Schema A:

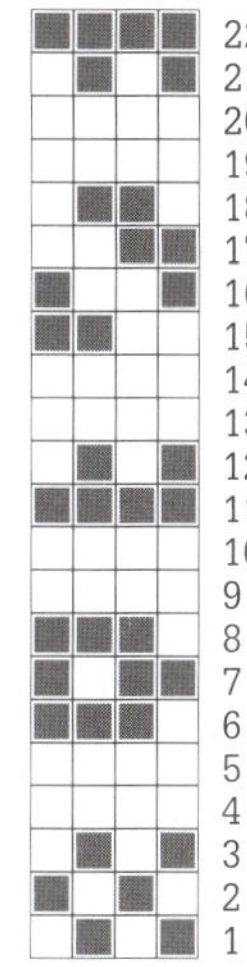

Schema B:

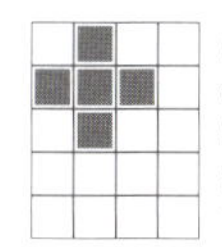

Schema C:

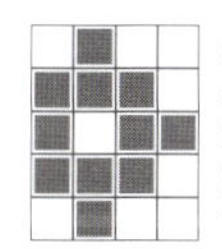

Schema D:

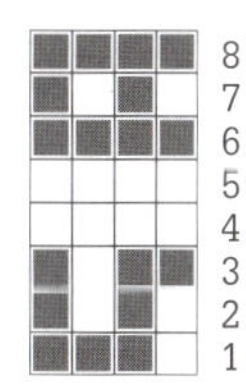

Schema E:

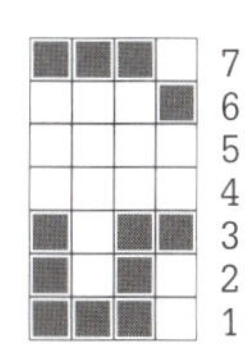

Schema F:

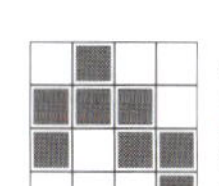

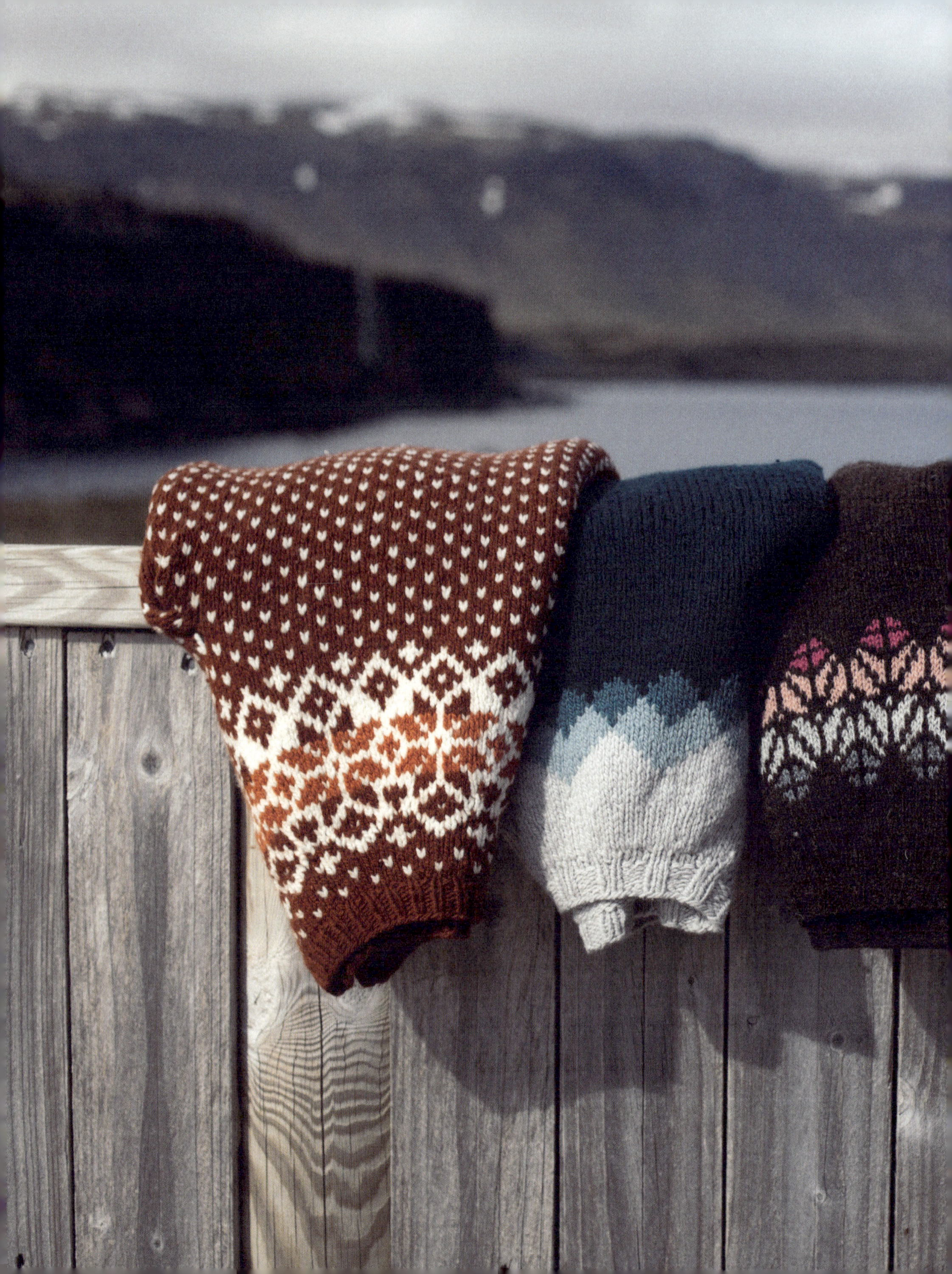

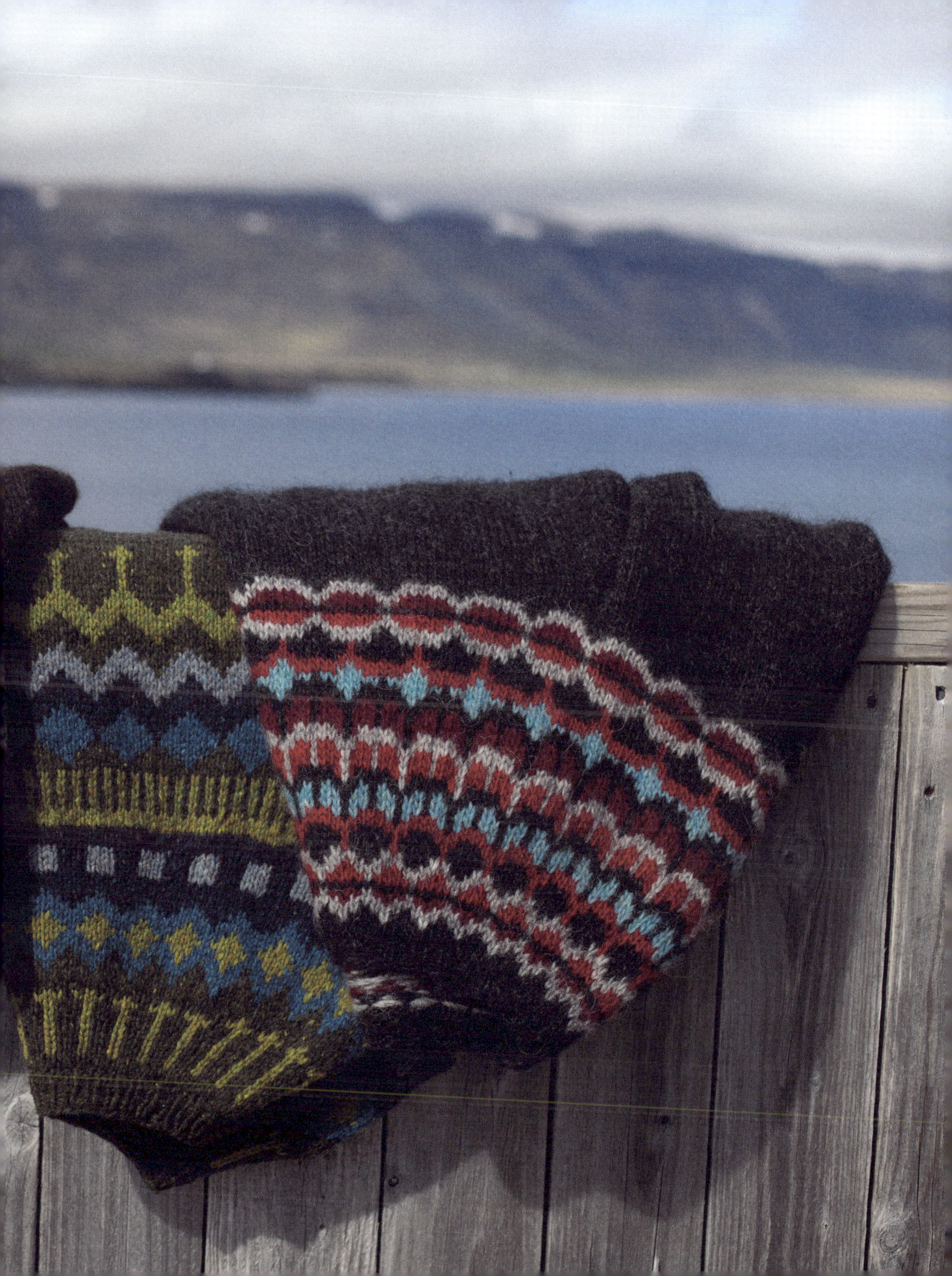

Wenn der Pullover passt ...

So wählen Sie Ihre Größe:

Die richtige Größe zu wählen ist beim Pulloverstricken entscheidend. Bei Kindern ist die genaue Größe nicht ganz so wichtig (im Zweifelsfall immer eine Nummer größer!). Allerdings unterscheiden sich die Größen bei Kindern oft gewaltig, sodass Nachmessen meist eine gute Idee ist.

Am besten orientieren Sie sich an einem gern getragenen Pullover, um die passende Größe zu ermitteln.

Maße:

a Brustumfang

b Ärmellänge von der Achsel zum Bündchen

c Körperlänge von der Achsel zum Saum

Der Brustumfang bestimmt die Mustergröße. Davon ausgehend können Sie Ärmel- und Körperlänge bei Bedarf anpassen.

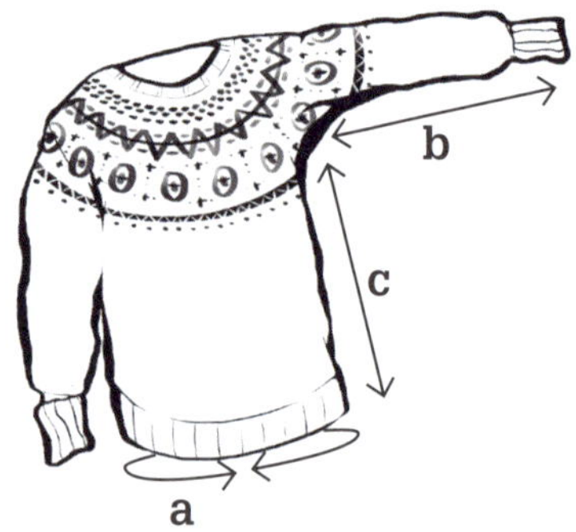

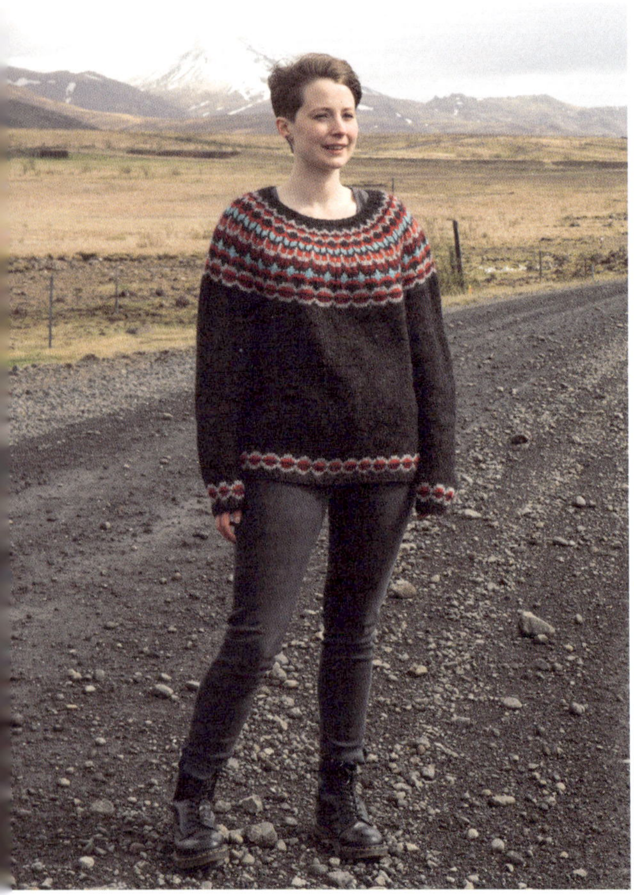

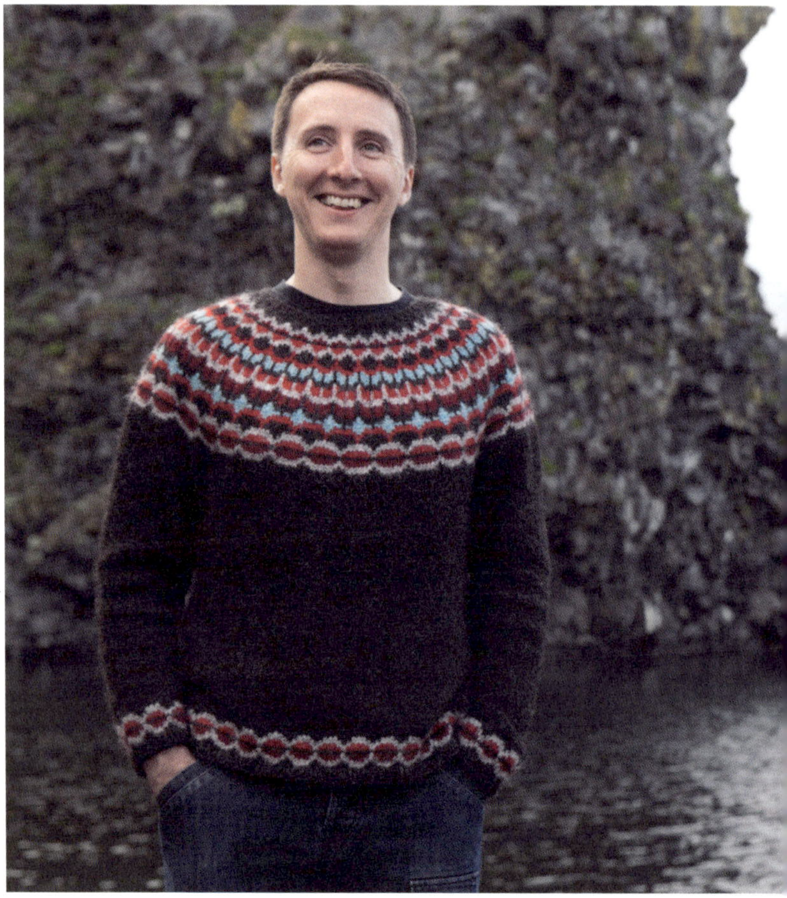

Bei wem sieht er am besten aus? Nina träg das Modell Almanach mit 14 cm Mehrweite für einen coolen »den habe ich von meinem großen Bruder geliehen«-Look, John trägt die engere Variante mit 7,5 cm Mehrweite.

Die Pullover in dieser Kollektion haben größtenteils eine »neutrale« Passform. Die meisten sind gerade gestrickt und haben eine durchschnittliche Länge und lange Ärmel. Entscheidend ist die Rundpasse – der Rest lässt sich ganz leicht nach Ihrem Geschmack anpassen.

Wohlgeformte Taille:

Für eine leichte Taillierung, die die Kurven angenehm umschmeichelt, siehe die Anweisungen in der Strange-Brew-Anleitung.

Kürzere Ärmel:

Stricken Sie kurze, dreiviertellange oder besonders lange Ärmel. Wenn Sie von oben nach unten stricken, ist das superleicht; einfach bei der gewünschten Länge aufhören. Wenn Sie dagegen von unten hochstricken, schlagen Sie am Bündchen ein paar M mehr an und nehmen schneller bis zur Gesamtmaschenzahl zu. Danach stricken Sie bis zur gewünschten Länge.

Runter damit!

Pullover gibt es auch in Kurzgrößen. Wenn Sie von oben nach unten stricken, stricken Sie einfach bis zur gewünschten Länge; um die korrekte Länge zu bestimmen, können Sie das Strickstück zwischendurch anprobieren. Wenn Sie von unten nach oben stricken, hören Sie einfach auf, wenn die gewünschte Länge erreicht ist.

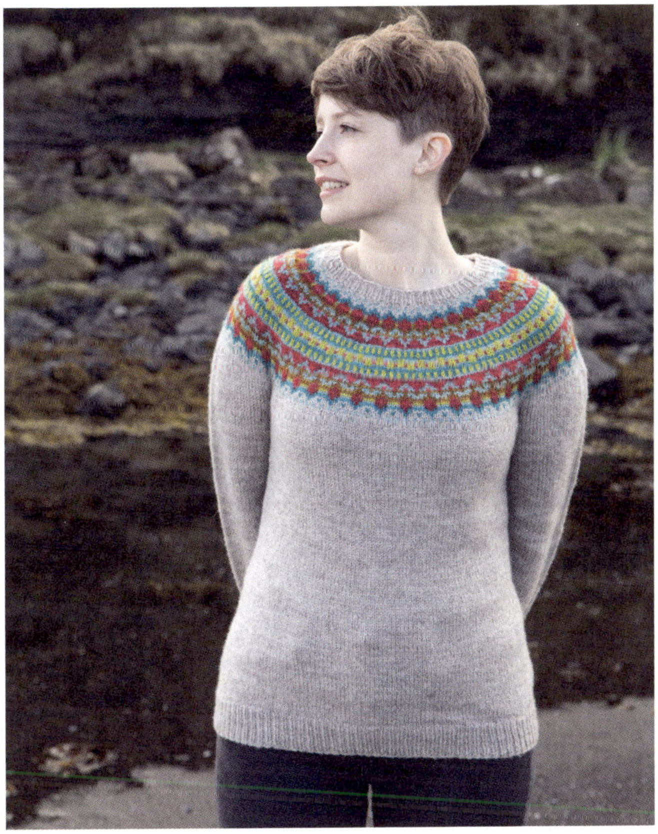

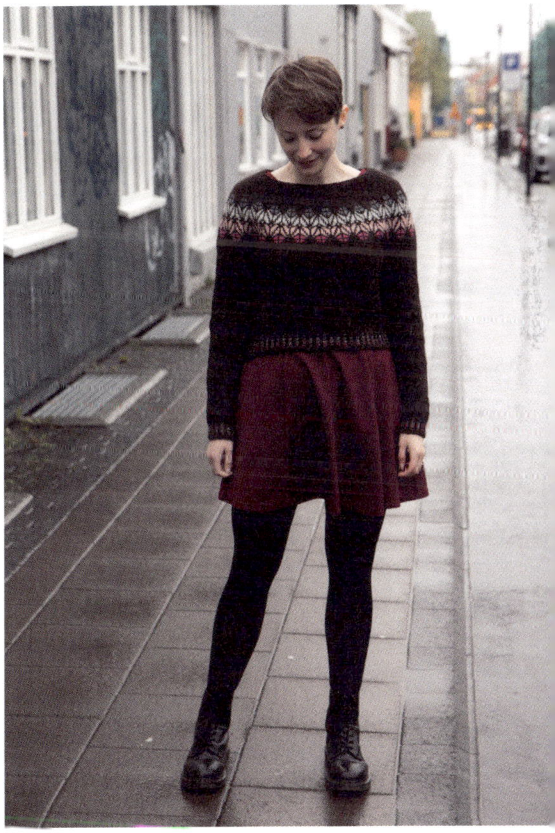

Garne für Einstrickmuster

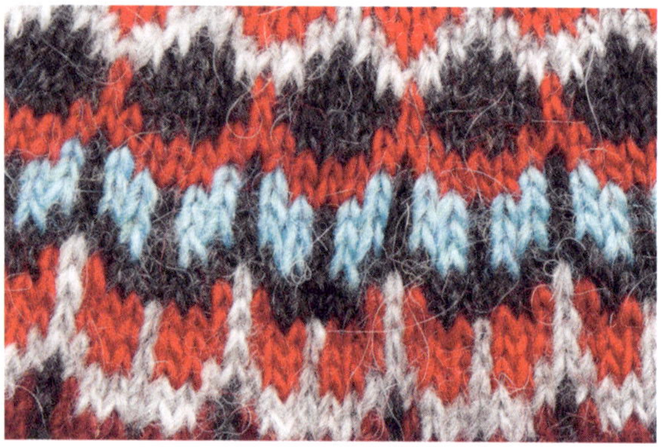

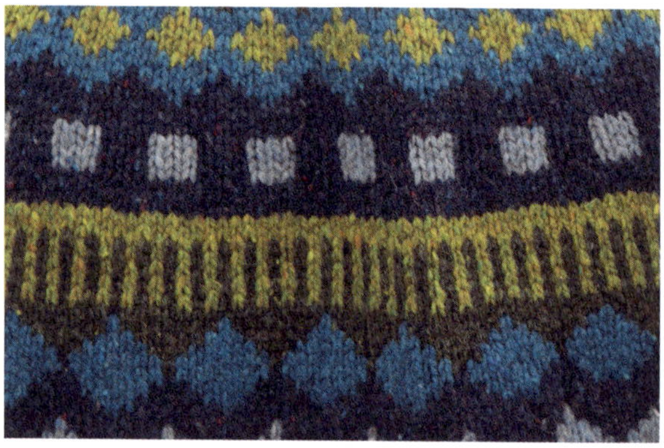

Es gibt viele Arten von Garnen, die alle ihren eigenen Charakter haben. Bei Istex Lettlopi handelt es sich um ein haariges, luftiges, einfädiges Garn mit Nimbus. Brooklyn Tweed Shelter ist ein gesponnener zweifädiger Wolltweed. In beiden Fällen beruht die Wirkung eher auf den Farbblöcken als auf klar definierten einzelnen Maschen.

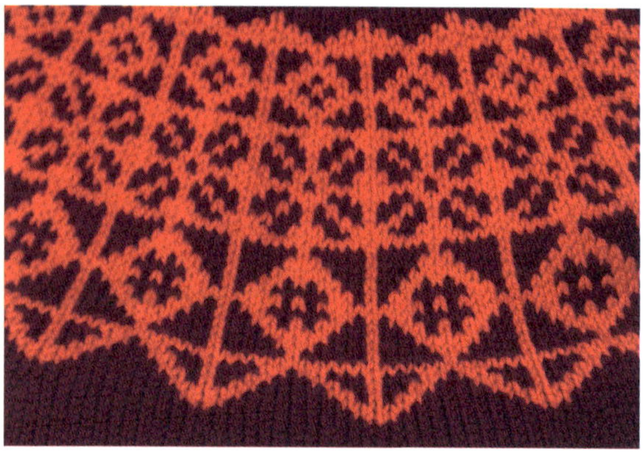

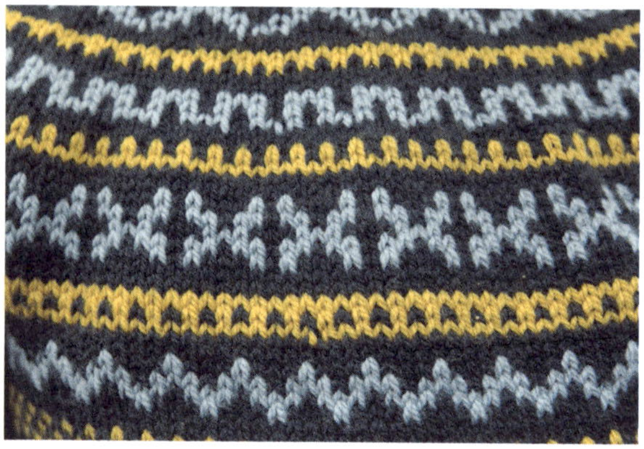

Solche mehrfädigen, glatten Garne ohne Superwash-Ausrüstung haben gut definierte Maschen und ein matteres Farbfinish als Superwash-Wolle. Beispiele für diesen Garntyp sind Quince & Co Chickadee und Brooklyn Tweed Arbor.

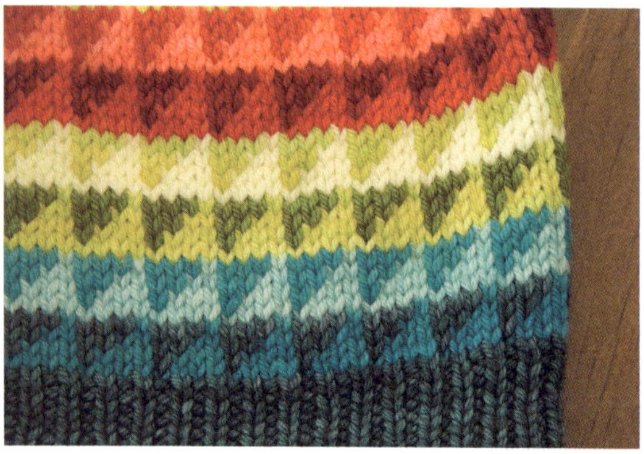

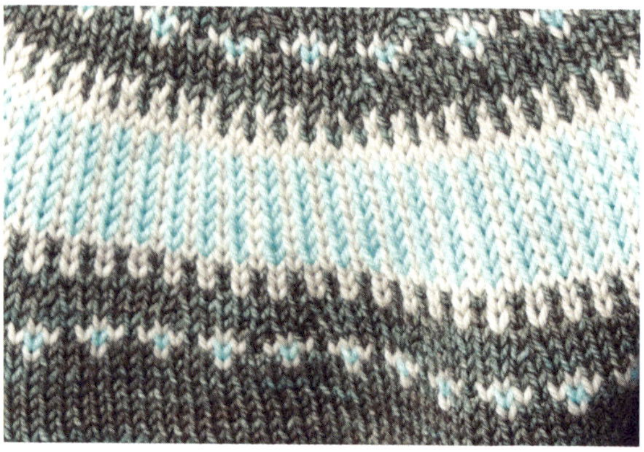

Superwash-Garne haben oft sagenhafte, gesättigte Farben. Typischerweise sind sie glatt und rund und bilden bei Einstrickmustern sehr klare, definierte Maschen. Zu diesem Garntyp gehören beispielsweise Rainbow Heirloom Sweater und Sweet Fiber Merino Twist DK.

Welches Garn soll ich nehmen?

Die kurze Antwort lautet: So ziemlich alles, das sich blocken lässt, und wir empfehlen eindeutig ein Woll- oder Wollmischgarn. Das soll nicht heißen, dass Sie auf Einstrickmuster verzichten müssen, wenn Sie unter einer Wollallergie leiden, aber Wolle vergibt einem einfach mehr. Wolle hat das, was man als »Gedächtnis« bezeichnet, wodurch die Maschen leichter dort bleiben, wo Sie sie haben wollen, und das verhindert, dass das Kleidungsstück im Laufe der Zeit die Form verliert.

Es gibt etliche unterschiedliche Garne, von wolligen Wollgarnen bis hin zu glatten, gezwirnten Superwash-Garnen und allem dazwischen. Jedes hat seine Vor- und Nachteile, und vieles hängt davon ab, welche Garne Ihnen zur Verfügung stehen und welche Farben Sie am liebsten mögen.

Wie unterscheiden sich die Garne?

Die von uns verwendeten Garne unterscheiden sich darin, wie weit sie aneinander vorbeigleiten oder »zusammenkleben« und wie viele flauschige, pelzige Anteile sie haben, die die Lücken ausfüllen. Dank seiner Flauschigkeit/Pelzigkeit/Haftung vergibt zum Beispiel Shetlandgarn eher Fehler bei Einstrickmustern als ein glattes, einfädiges Superwash-Sockengarn.

Erwähnenswert ist auch, dass Superwash-Garne tendenziell beim Blocken und durchs Tragen »wachsen«. Sie sind etwas dehnbarer, deshalb sollten Sie Ihre Maschenprobe unbedingt blocken und das auch bei der Wahl Ihrer Größe und (Ärmel-)Länge berücksichtigen.

In diesem Buch haben wir diverse Garne verwendet, von Wollgarnen wie Brooklyn Tweed Shelter und Icelandic Lopi über das zweifädige Strukturgarn Stone Wool Cormo bis hin zu glatten, Rd Garnen wie Quince und Co Chickadee.

Gestalten Sie einen Regenbogen:

Wir lieben Einstrickmuster aus Garnen, die in allen Farben des Regenbogens erhältlich sind. Damit können wir unsere Kollektion immer weiter und weiter ausbauen in dem Wissen, dass die Garne miteinander harmonieren und dass die Farbpalette, die uns für unsere bunten Muster zur Verfügung steht, immer größer wird! Wenn Sie einmal ein Garn gefunden haben, das Ihnen richtig gut gefällt, sollten Sie in einen eigenen Regenbogen investieren; Einstrickarbeiten können echt süchtig machen!

Haben Sie Lust, bei Ihrer Garnsuche noch eine Stufe weiterzugehen? Wenn Sie ein Garn nach Ihrem Geschmack gefunden haben, stricken Sie sich eine Mütze und tragen Sie sie eine Woche lang. Danach wissen Sie WIRKLICH, wie sich das Garn trägt. Das ist das bestmögliche Probestück, ohne gleich einen ganzen Pullover stricken zu müssen.

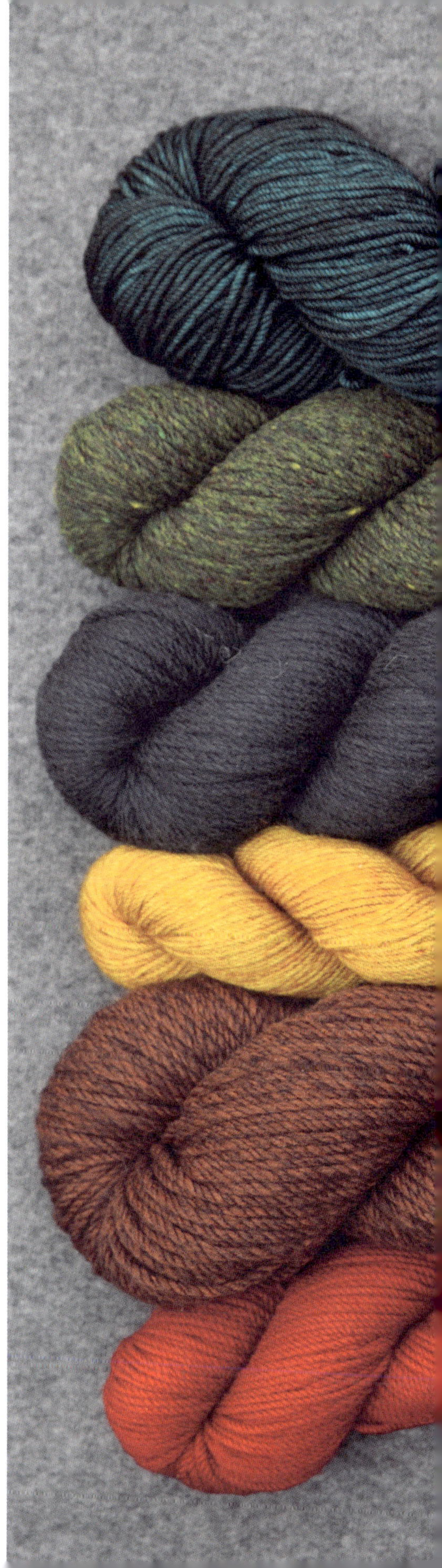

Einstrickmustervorlagen

Als Appetithäppchen und Basis für Ihre Kollektion zeigen wir Ihnen hier eine kleine Auswahl an Einstrickmustern.

All diese Motive haben einen Rapport von 2, 3, 4, 6, 8 oder 12 M und eignen sich gleichermaßen für die Strange-Brew-Rundpassen. Mischen und kombinieren Sie sie nach Herzenslust!!

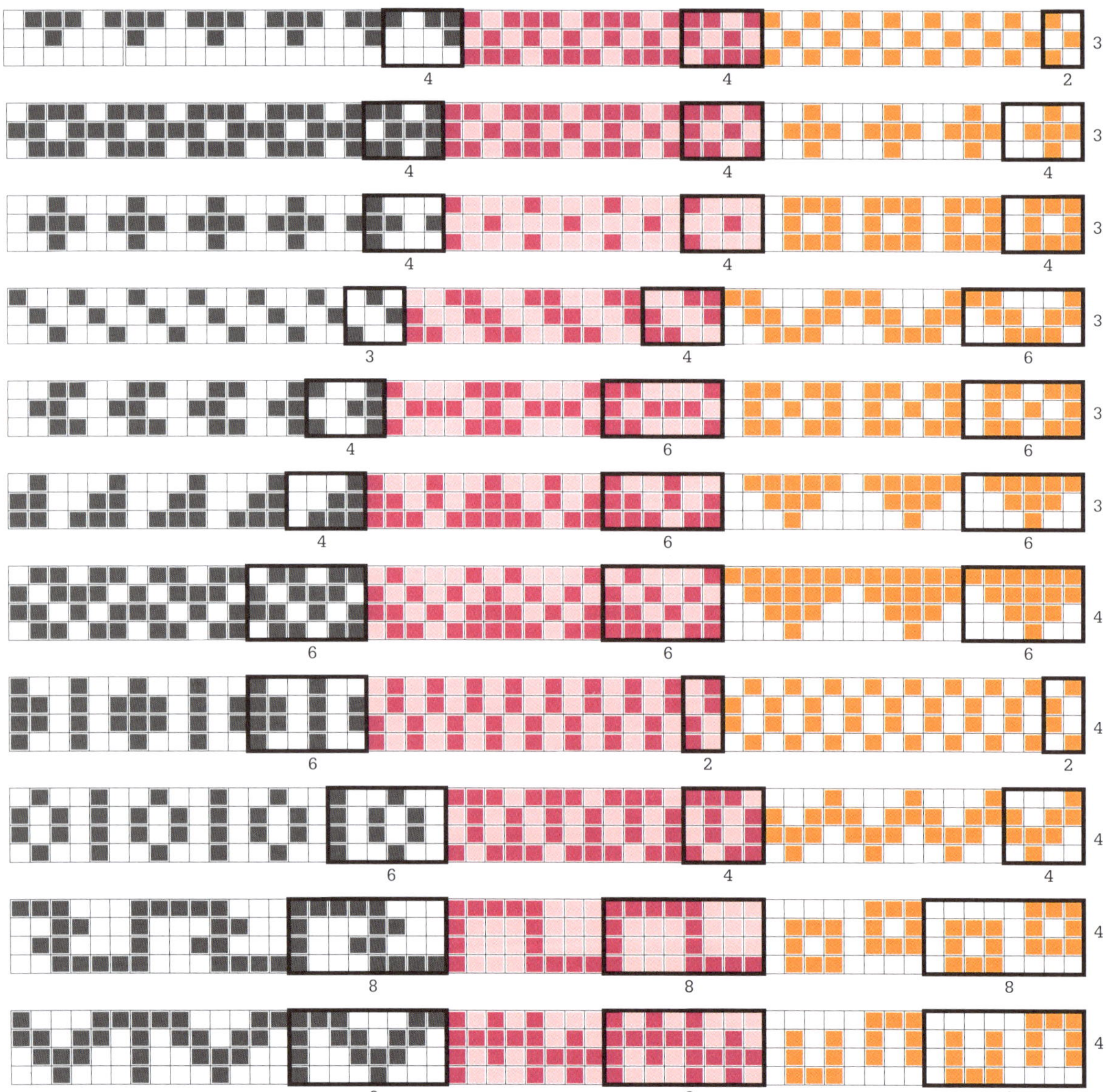

Einfarbig ist ja ganz nett, aber ich liebe es mit MEHR Farbe …

Diese Muster werden zweifarbig dargestellt, aber Sie können für etwas mehr Komplexität sowohl die helleren als auch die dunkleren Farbtöne im Muster austauschen.

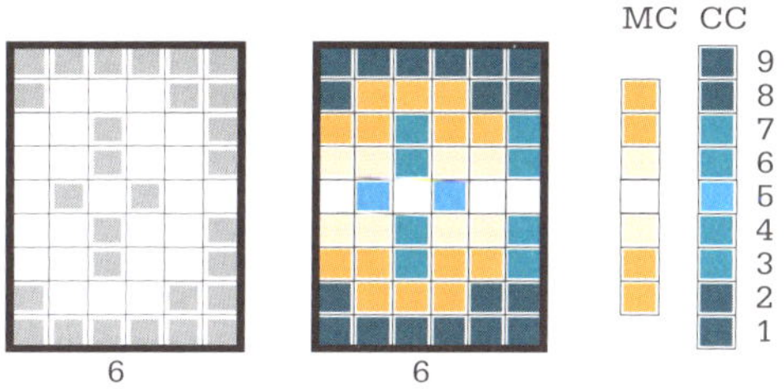

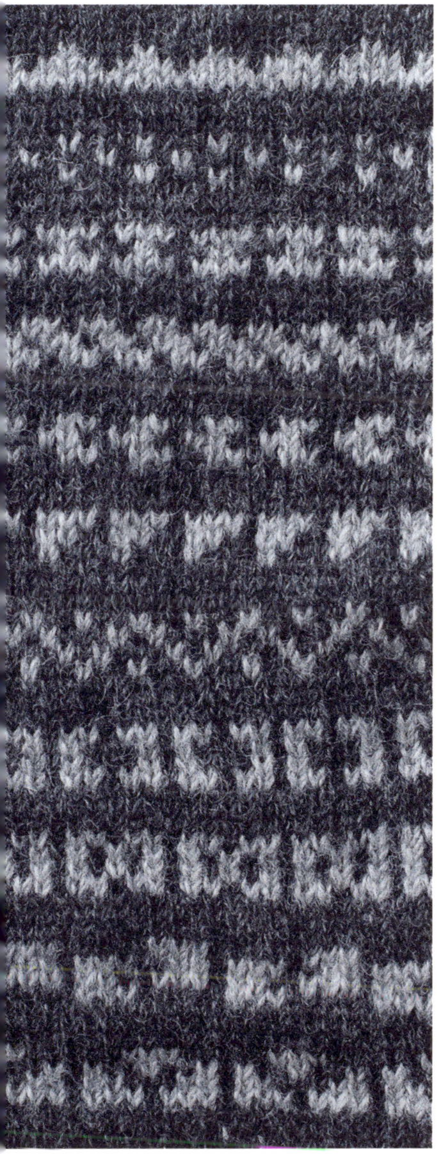

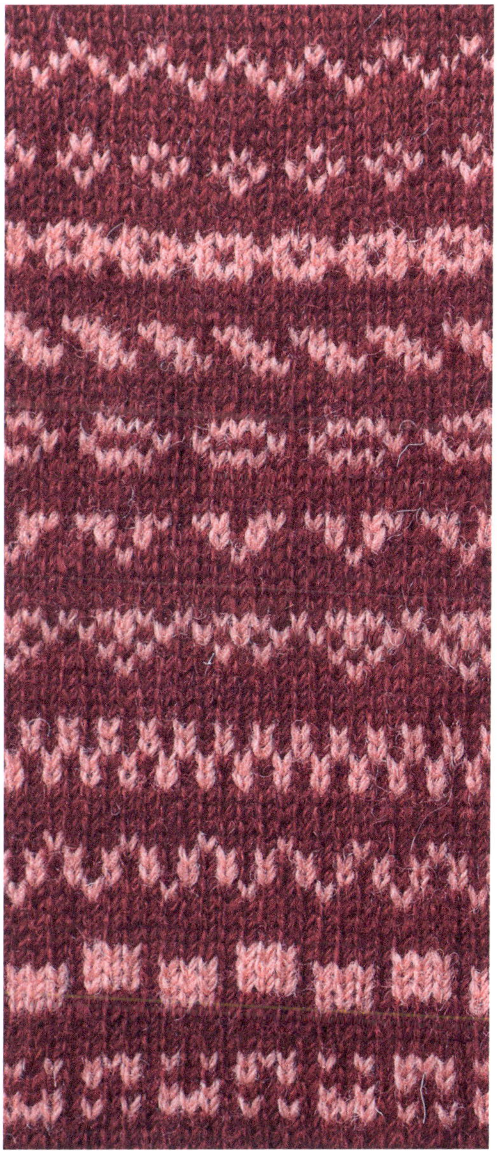

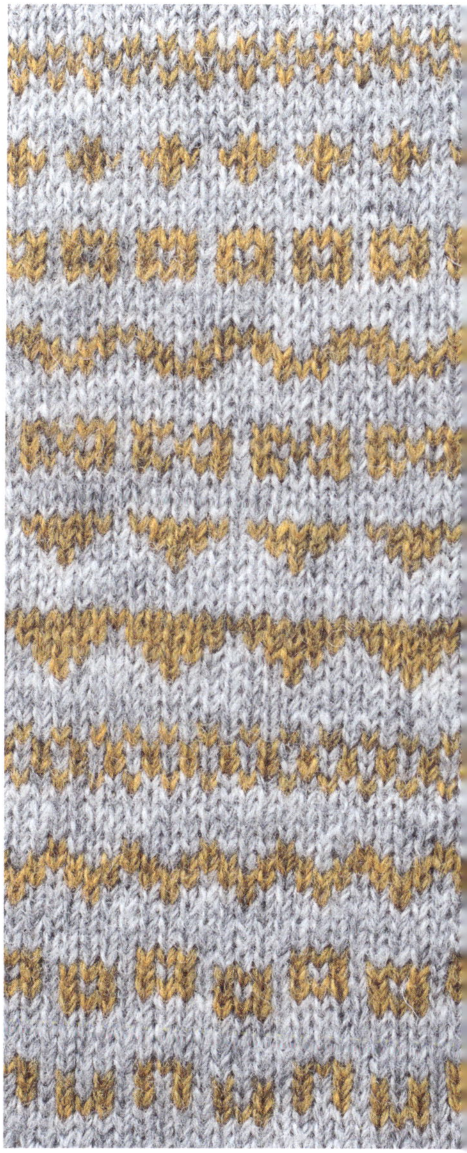

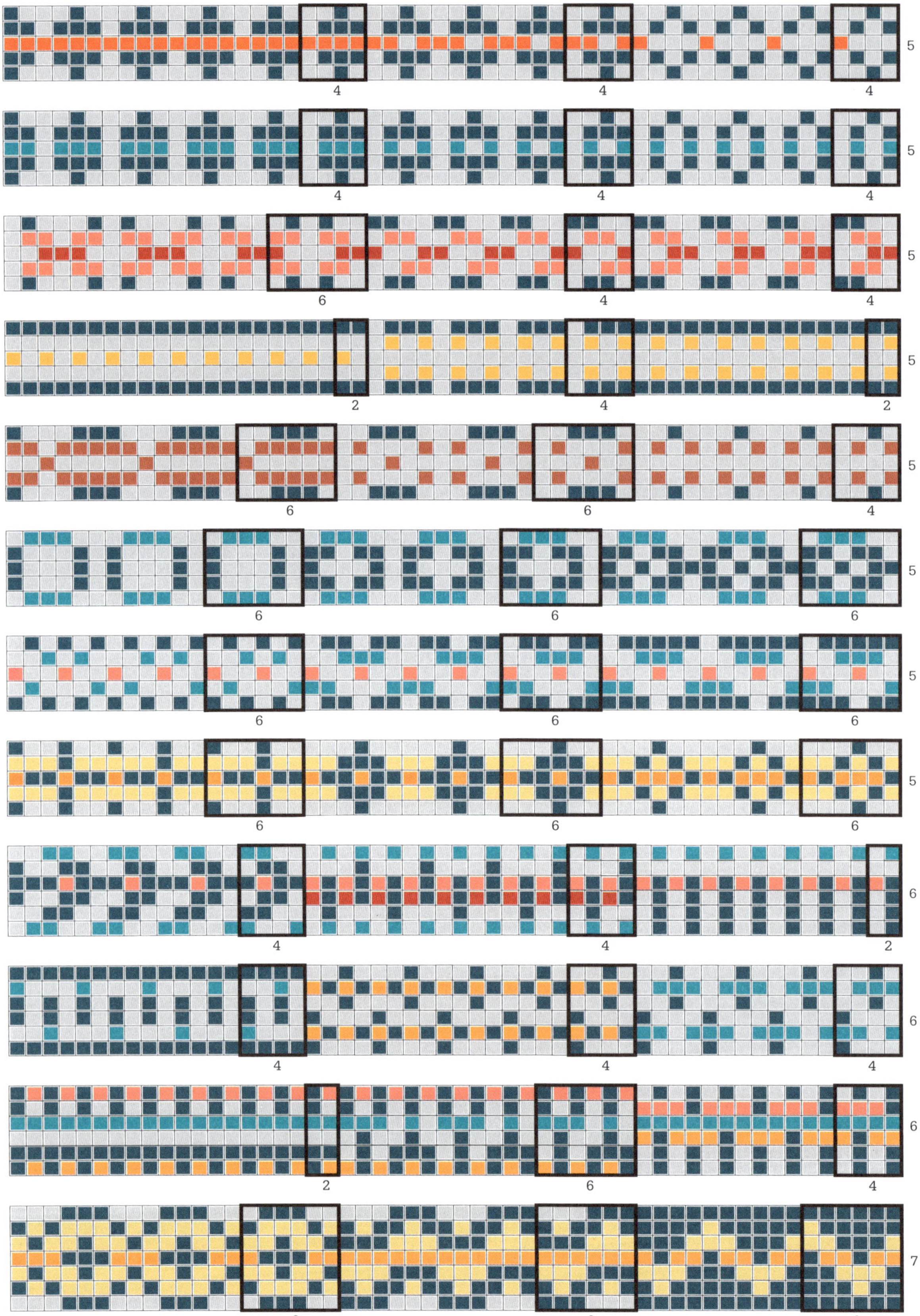

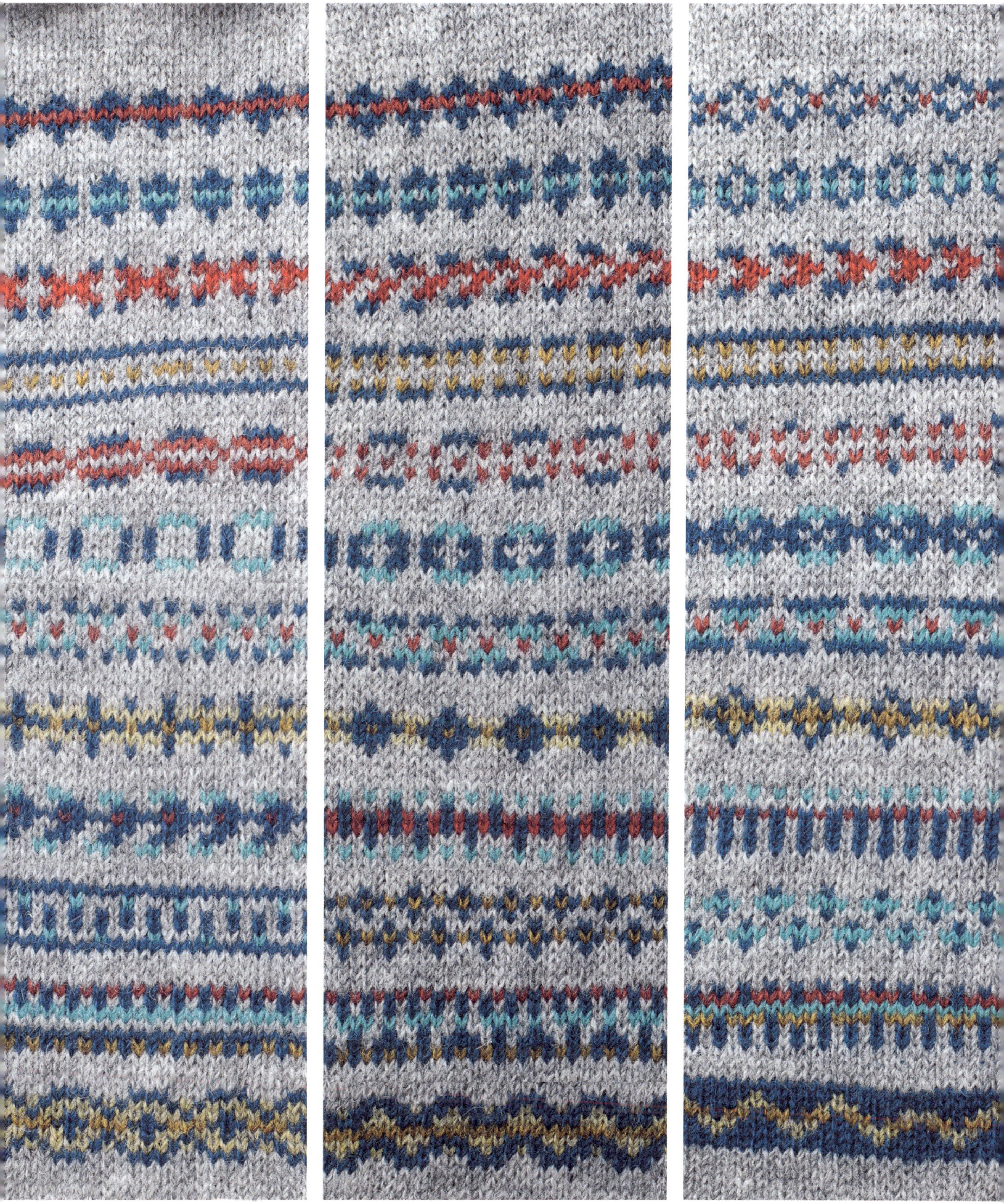

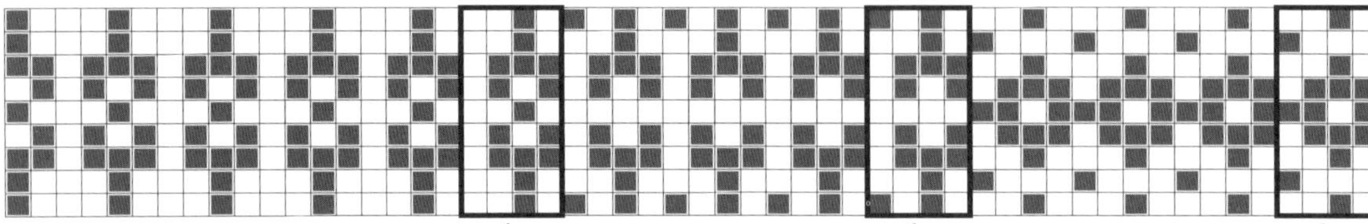

4 4 4 9

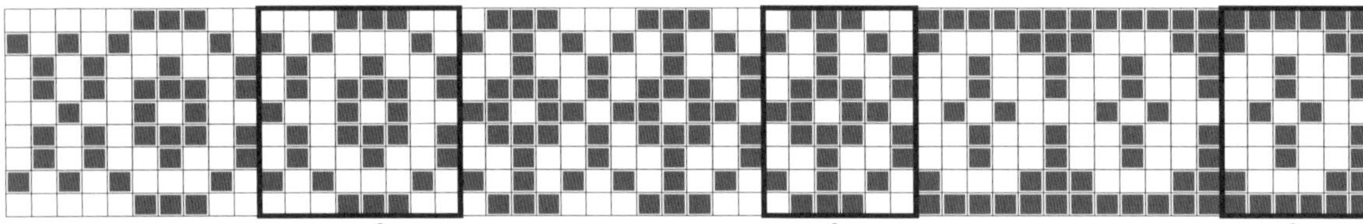

8 6 6 9

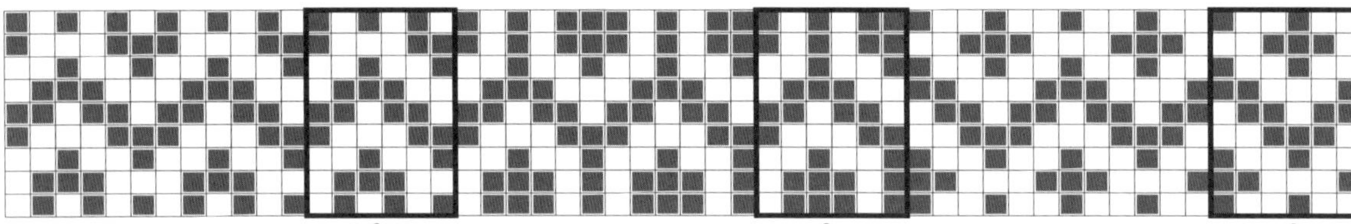

6 6 6 9

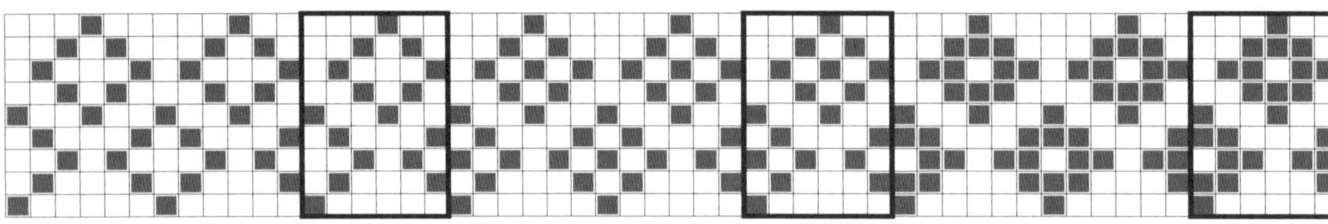

6 6 6 9

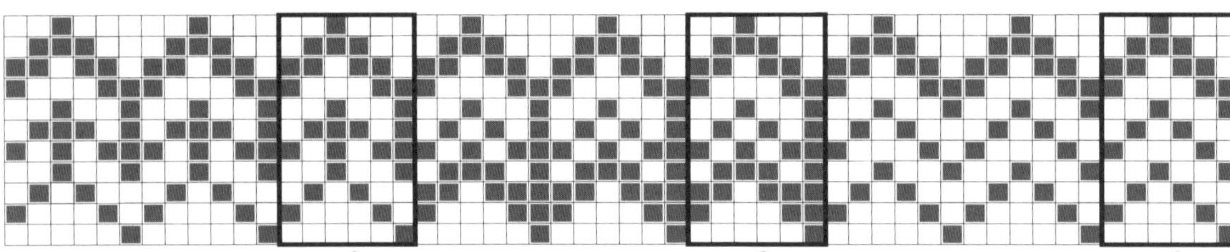

6 6 6 11

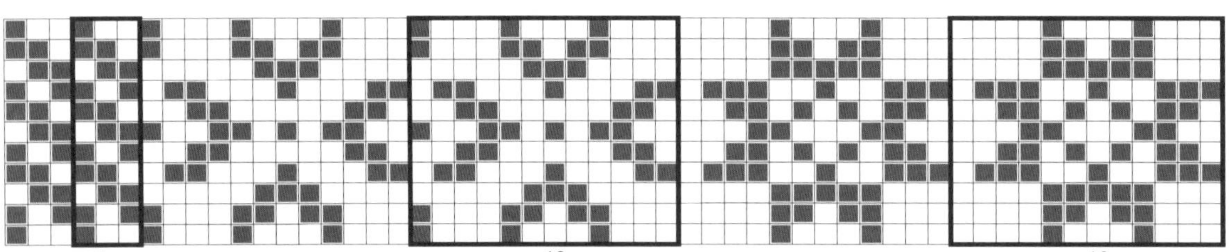

3 12 12 11

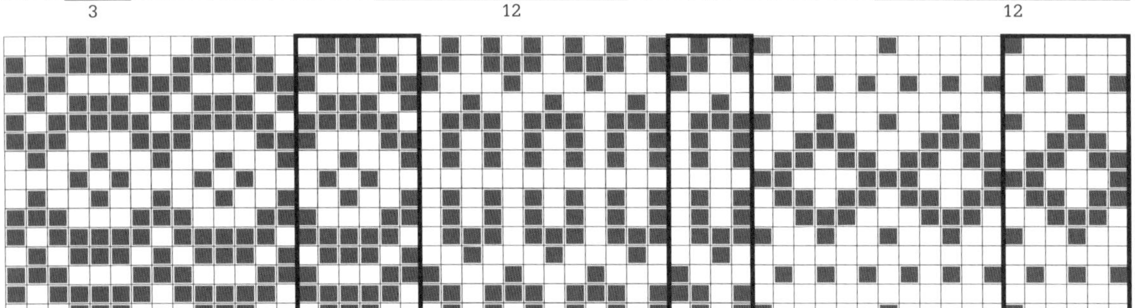

6 4 6 15

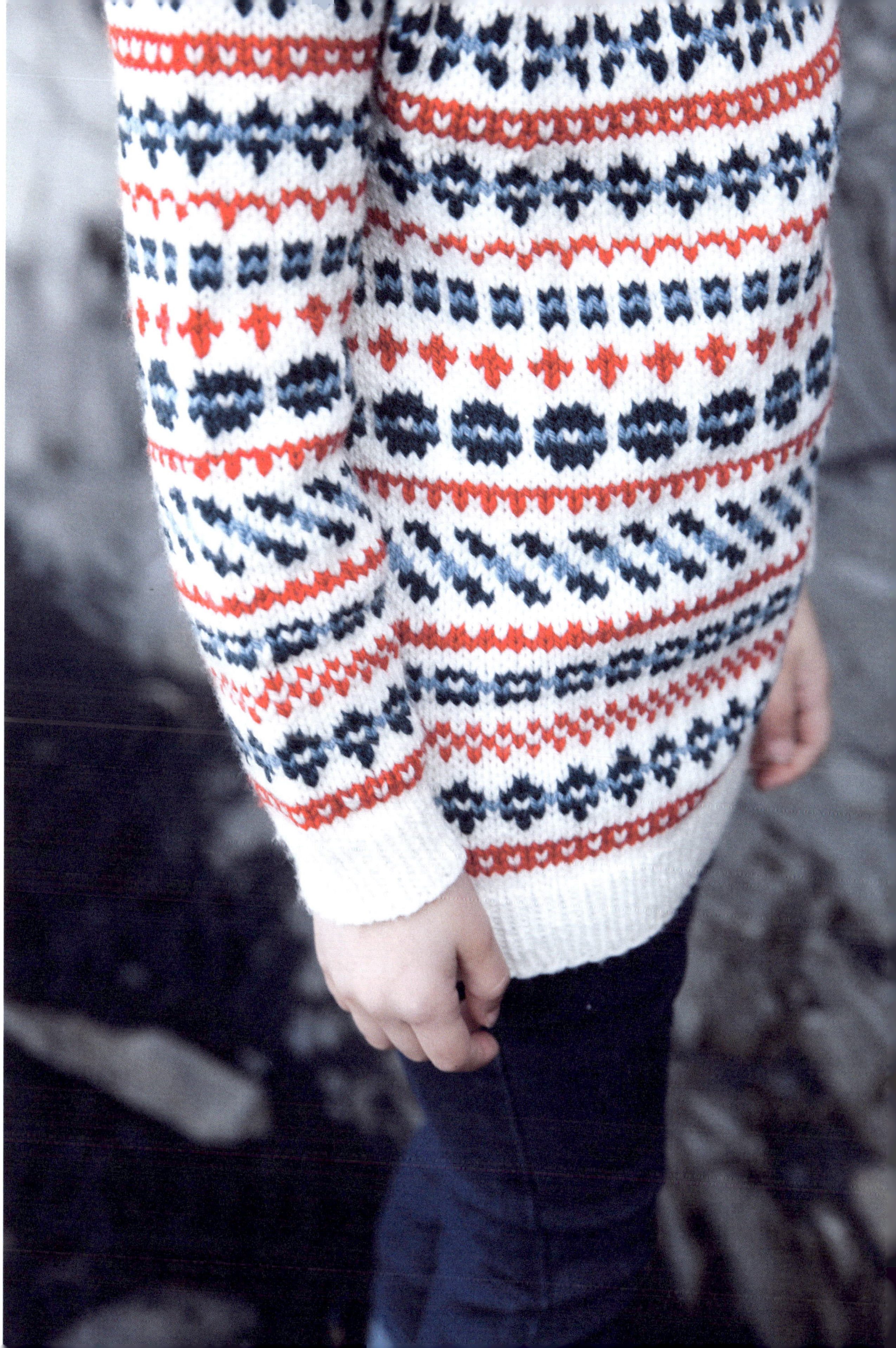

Maschenproben

Warum sollten Sie bei Einstrickmustern eine Maschenprobe stricken?

Aus zwei Gründen: um Ihre gewählten Farbkombinationen und Muster zu testen, und als Maschenprobe. Wenn Sie damit Farben und Muster prüfen wollen, legen Sie einfach los! Wenn Sie das Probestück dagegen als Maschenprobe stricken, sieht die Geschichte anders aus.

In Runden gestrickte Probestücke: Alle Pullover und Accessoires in diesem Buch werden in Runden gestrickt. Bei vielen Stricker:innen fällt die Maschenprobe unterschiedlich aus, je nachdem, ob sie linke oder rechte Maschen stricken, und bei einem Pullover kann das einen großen Unterschied ausmachen. Auch bei glatt rechts Gestricktem fällt die Maschenprobe anders als bei Einstrickmustern aus, weshalb Sie für beides eine Probe anfertigen sollten. Manche müssen für Einstrickmuster eine andere Nadelstärke verwenden als für glatt rechts Gestricktes (meistens heißt das eine Nummer größer).

Behandeln Sie Ihre Maschenprobe genauso wie ein fertiges Kleidungsstück: Waschen und blocken Sie Ihre Maschenprobe genauso wie ein fertiges Strickstück. Unterschiedliche Garne verändern sich beim Blocken auf unterschiedliche Art, und Sie wollen doch möglichst genaue Maße bekommen.

Achten Sie beim Blocken darauf, ob die Farben ausbluten. Wenn Sie merken, dass sich das Wasser verfärbt, waschen Sie die dunklen Farben vor, bis sie nicht mehr ausbluten, und lassen sie trocknen, bevor Sie das Garn aufwickeln.

Warum ist eine Maschenprobe wichtig?

Nehmen wir einmal an, Sie wollen einen Pullover stricken, der Ihnen mit Ihren 102 cm Brustumfang passt. Die Maschenprobe für das Muster sagt 22 M / 10 cm (also 2,2 M pro cm), und als Nadelstärke wird Nr. 4 empfohlen. Sie entscheiden sich für ein dünnes Garn und schlagen 228 M mit der empfohlenen Nadelstärke an. Aber Sie stricken etwas lockerer und benötigen für 10 cm nur 20 M (statt 22 M).

228 M bei 2,2 M pro cm = 105,5 cm (der Pullover hat Ihre gewünschte Passform).

228 M bei 2 M pro cm = 115,5 cm

Der Pullover ist Ihnen am Brustkorb 10 cm zu groß … So hatten Sie sich die Passform nicht vorgestellt. Das ist besonders tragisch, da Sie 50+ Stunden mit dem Stricken verbracht haben.

Was nur nach einem geringen Unterschied aussieht, wirkt sich sehr deutlich auf die Größe des fertigen Pullovers aus. Wenn Sie eine Stunde ins Stricken, Waschen und Blocken eines Probestücks (oder den Ärmelanfang) investieren, kann Ihnen das viel Zeit und Enttäuschung ersparen.

Wie Sie eine Maschenprobe für Einstrick-muster anfertigen können:

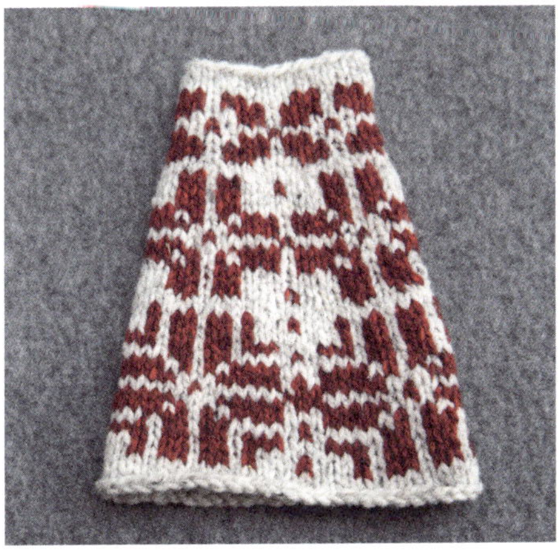

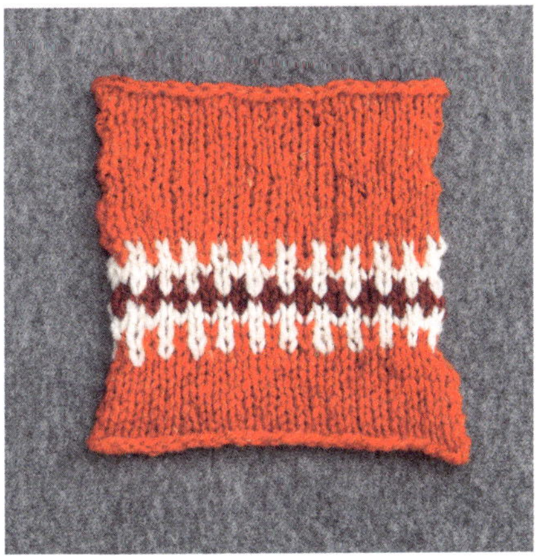

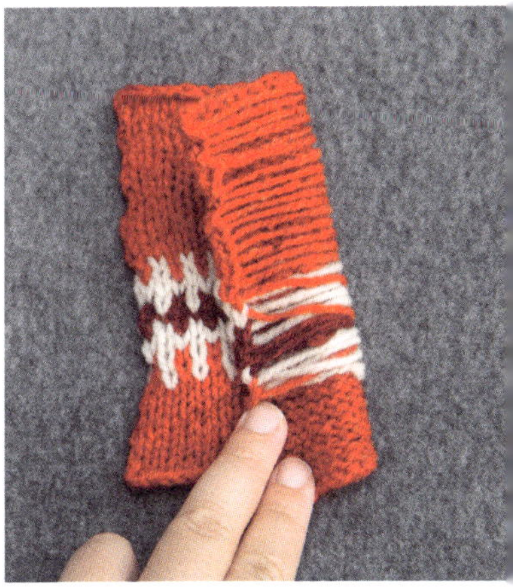

Stricken Sie einen Schlauch und trennen Sie ihn auf: Schlagen Sie genug Maschen für mindestens 15 cm Gestrick an und str Sie einen kleinen Schlauch. Wenn er fertig ist, schneiden Sie ihn auf, sodass Sie ihn flach blocken und gut Maß nehmen können. Ich habe einen Teil eines Passenkeils gestrickt, um Abnahme, Musterung und Maschenprobe auszutesten.

Führen Sie das Garn über die Rückseite des Strickstücks: Für diese Methode benötigen Sie NS oder Rundnadeln. Maschen anschlagen und 1 Runde stricken, das Strickstück dann nicht wenden. Die Maschen ans andere Ende der Nadel gleiten lassen, sodass die RS immer noch vorne ist und der Faden auf der Rückseite des Strickstücks. Dann die nächste Reihe stricken. Zwischen den Reihen den Faden ganz locker über die Rückseite des Gestricks ziehen.

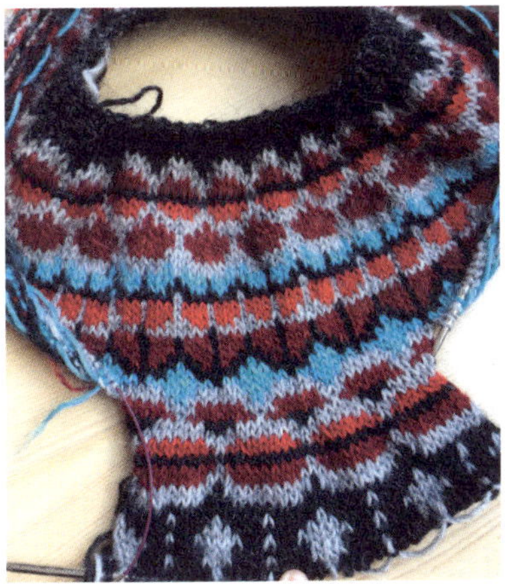

Maschenprobe auf den Nadeln: Um die nächsten Muster oder Farben auszuprobieren, über eine kleine Anzahl von Maschen in Hin- und Rückreihen stricken, direkt in der Mitte des Strickstücks. Wenn Sie sich entschieden haben, trennen Sie alles einfach wieder auf und fahren in Runden fort.

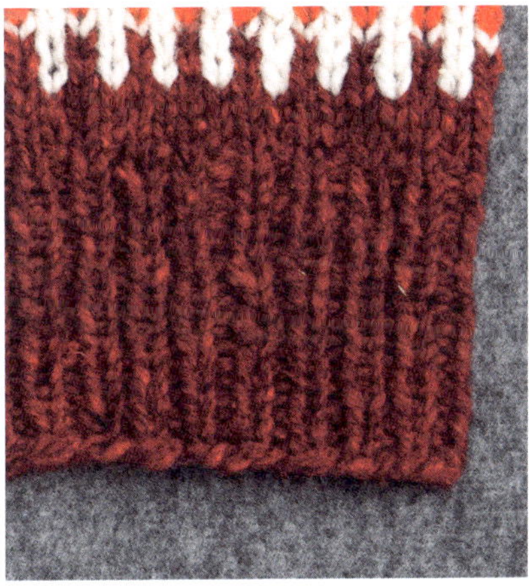

Ärmel als Maschenprobe: Wenn Sie einen Pullover von unten nach oben stricken, fangen Sie einfach mit einem Ärmel an. Sie können die Nadelstärke beim Stricken anpassen oder alles bis zum Rippenmuster wieder auftrennen und es mit einer anderen Nadelstärke erneut versuchen.

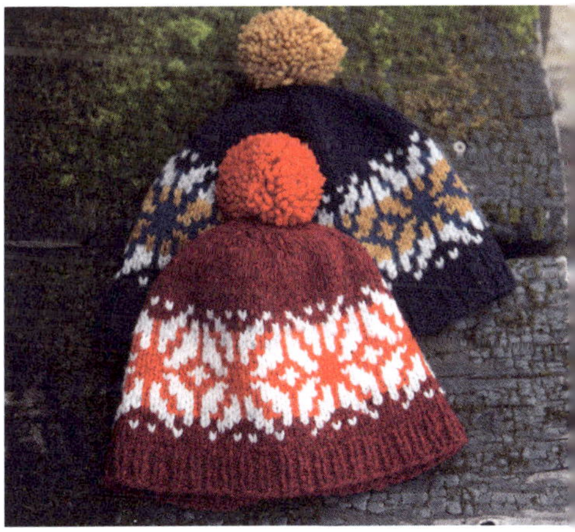

Stricken Sie eine Mütze: So verschwenden Sie nicht eine einzige Masche! Eine Mütze zu stricken dauert nicht viel länger als eine ordentliche Maschenprobe und ist viel nützlicher.

Tipps für Einstrickmusterstreifen

Wie es scheint, gibt es ebenso viele Arten, das Garn bei Einstrickmustern zu halten, wie es Strickstile gibt! Es ist eine reine Präferenzfrage, also müssen Sie die Art finden, die für Sie am besten funktioniert, und sich daran halten.

Eine persönliche Anmerkung: Wir halten den Faden bei Einstrickmustern auf unterschiedliche Art, Emily nimmt eine Farbe auf und lässt sie dann los, um die nächste Farbe aufzunehmen, und das immer auf die gleiche Weise. Alexa hält eine Farbe in jeder Hand. Beide Methoden funktionieren gleichermaßen gut.

Flottierfäden:

Bei Einstrickmustern strickt man oft nur ein paar Maschen mit einer Farbe. Das andere Garn liegt auf der Rückseite, und dieser freiliegende Faden wird Flottierfaden genannt. Wenn Sie 3 M in einer Reihe in Ihrer HF stricken und die KF dahinterliegt, haben Sie einen Flottierfaden über eine Länge von 3 M. Wie lange ein Flottierfaden sein darf, darüber gehen die Meinungen auseinander. Bei manchen Strickstilen gibt es keine Flottierfäden, die Garne werden mit jeder Masche »eingefangen«. Emily und ich lassen für gewöhnlich recht lange Flottierfäden stehen (7-10 M), während andere Strickerinnen sie lieber nicht länger als 3 M werden lassen.

Was sind die Vor- und Nachteile von langen oder kurzen Flottierfäden? Die Vorteile eines langen Flottierfadens: Wenn Sie einen Flottierfaden einweben, schimmert die andere Farbe manchmal durch, wenn Sie also zum Beispiel einen weißen Hintergrund mit Rot als Kontrastfarbe nehmen, scheint das Rot beim Einweben der Flottierfäden möglicherweise durch.

Nachteile eines langen Flottierfadens: Wenn Ihre Spannung nicht gleichmäßig genug ist und Ihre Flottierfäden nicht locker genug sind, verzieht sich das Strickstück vielleicht. Mit kurzen Flottierfäden fällt es leichter, eine gleichmäßige Spannung zu halten. Lange Flottierfäden können sich auch an Fingern oder Ringen verfangen, als Bündchen oder in einem Handschuh sind sie also nicht optimal.

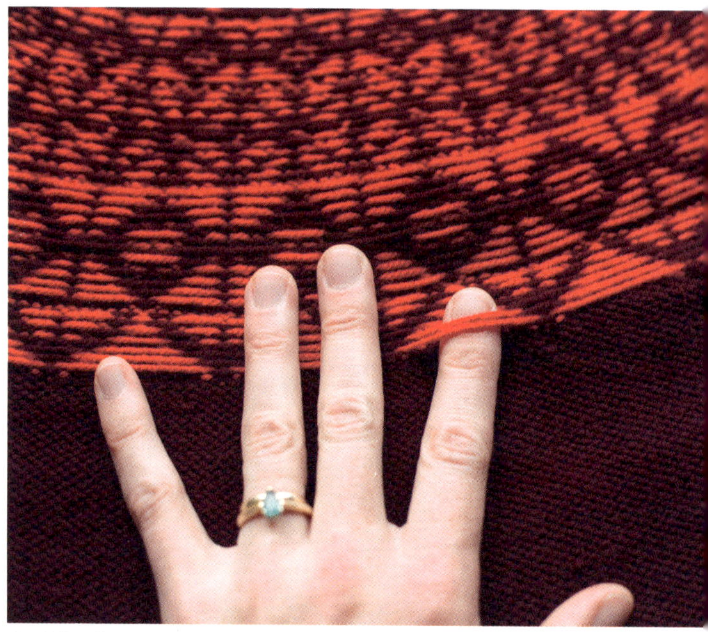

Auf der Innenseite von Emilys Strange-Brew-Pullover können Sie die langen Flottierfäden erkennen (etwa 7 M).

Um lange Flottierfäden zu vermeiden, verwickeln Sie ganz einfach alle paar Maschen Ihre beiden Garne miteinander. So wird der Flottierfaden ins Gestrick eingewebt. Das ergibt keine langen Stränge, an denen sich kleine Finger und Ringe verfangen können, und eine gleichmäßigere Spannung. Über wie viele Maschen? Das bleibt Ihnen überlassen, manche Strickerinnen lassen die Fäden über maximal 3 M flottieren, andere über 7, und natürlich ist auch alles dazwischen möglich.

Farbdominanz:

Wenn Sie zwei Maschen in unterschiedlichen Farben nebeneinander haben, sticht eine Masche tendenziell starker heraus als die andere. Diese auffallende Masche ist **dominant**, die weniger auffallende ist nicht-dominant.

Was bedeutet das für Ihren Pullover? Sehen Sie sich Ihr Schema oder Motiv an und entscheiden Sie, welche Farbe »knallen« soll. Manchmal liegt es auf der Hand, es gibt ein klares Motiv vor einem klaren Hintergrund. Manchmal ist es hingegen eine Frage der Präferenz, welche Farbe herausstechen soll.

Welches Garn dominiert? Bei Einstrickmustern gibt es immer einen Strang, der von oben kommt, und einen, der von unten kommt. Der dominante Faden ist der, der von unten kommt. Deshalb sollten Sie konsequent darauf achten, welche Farbe von unten kommt.

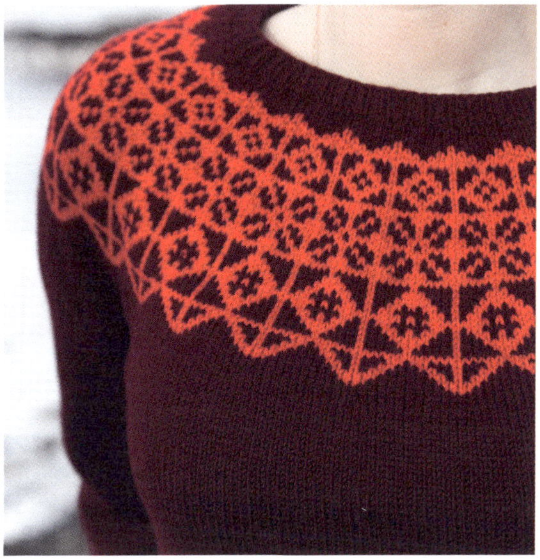

Das Kompass-Modell zeigt ein klares Motiv vor nur einer Hintergrundfarbe, das rote Garn muss sich also vom Weinrot abheben. Bei diesem Pullover dominiert das rote Garn.

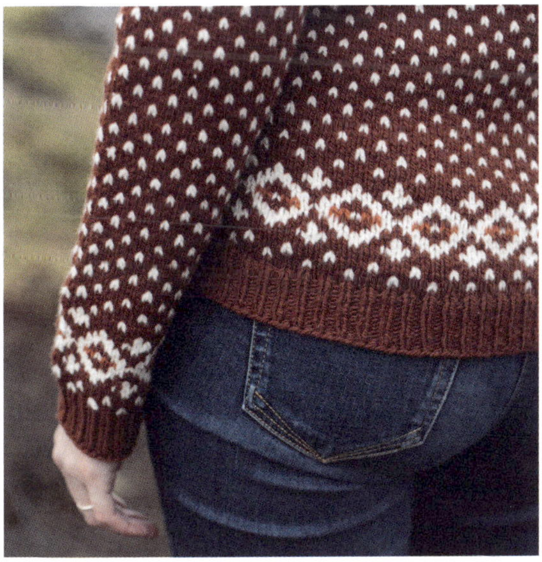

Beim Modell Moräne kommt es darauf an, dass die KF des Perlmusters dominant bleibt. So stechen die kleinen »Perlen« heraus, und eine fehlende Perlmustermasche lässt das Muster etwas seltsam aussehen.

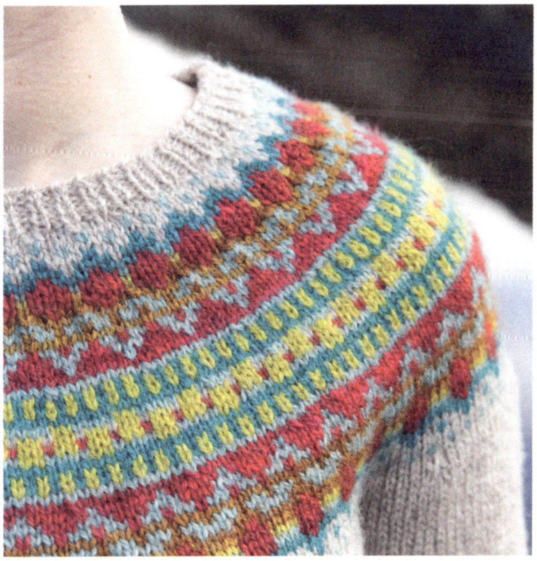

Beim Treck-Modell ist es nicht ganz so eindeutig, welches Garn in einer bestimmten Kombination dominieren sollte. Das hängt davon ab, welche Farbe Sie »knallen« lassen wollen.

Fertigstellung und Pflege

Waschen und blocken Sie Ihr Meisterstück:

Mit dem Blocken Ihres fertigen Strickstücks erreichen Sie zweierlei: Erstens bekommt Ihr Pullover ein wohlverdientes reinigendes Bad.

Zweitens (und das ist Top Secret, aber erzählen Sie es bitte ALLen Ihren Strickfreund:innen weiter): Blocken ist der beste Weg, damit Ihr Gestrick glatter und professioneller aussieht.

Geben Sie Ihren Pullover in eine Schüssel oder Spüle voll klarem, kalten Wasser und etwas Wollwaschmittel oder Waschmittel. Tauchen Sie Ihren Pullover ein, drücken Sie ihn etwas, damit er sich vollsaugt, und lassen Sie das Kleidungsstück etwa 15 Minuten lang einweichen (auf der Banderole des Garns wird praktischerweise manchmal eine Einweichzeit empfohlen). Wenn Sie Sorge haben, dass die Farben ausgehen könnten, sollten Sie das Ganze lieber im Auge behalten. Wenn Ihr Garn Farbe verliert, holen Sie den Pullover aus dem Wasser und spülen ihn aus.

Lassen Sie das Wasser abtropfen und drücken Sie den Pullover dabei sanft aus (nicht auswringen). Legen Sie den Pullover auf ein Handtuch, rollen Sie es zusammen und stampfen Sie darauf, um das verbliebene Wasser herauszudrücken. Gegebenenfalls wiederholen Sie diesen Schritt mit einem zweiten trockenen Handtuch. Jetzt ist der Pullover nur noch leicht feucht.

Am einfachsten blocken Sie Ihren Pullover, indem Sie ihn flach ausbreiten und mit leichtem Klopfen ungefähr in die Größe und Form bringen, die er beim Trocknen haben soll. Wenn Sie es ausgefallen mögen oder besonders pingelig sind, was gerade Linien anbetrifft, können Sie Stecknadeln und Drähte verwenden wie auf dem Bild rechts.

Bis zum gewissen Grad (und mit bestimmten Garnen) kann man die Größe des fertigen Kleidungsstücks durch sanfteres oder energischeres Blocken korrigieren.

Wenn Ihr Pullover einen Tick zu klein oder zu kurz geworden ist und Sie ihn gerne in eine etwas andere Form bringen wollen, können Spanndrähte hilfreich sein.

Stecken Sie die Spanndrähte in das feuchte Kleidungsstück, zu beiden Seiten des Körpers und in die Ärmel, und stecken Sie es entlang der Drähte an einem Stück Pappe, einem Teppich, einer Spielmatte oder einem nicht genutzten Bett fest, um es sanft in die gewünschte Form zu dehnen.

Das Blocken hat natürlich seine Grenzen, aber möglicherweise gewinnen Sie dadurch die fehlenden paar Zentimeter, die Sie für die perfekte Passform brauchen!

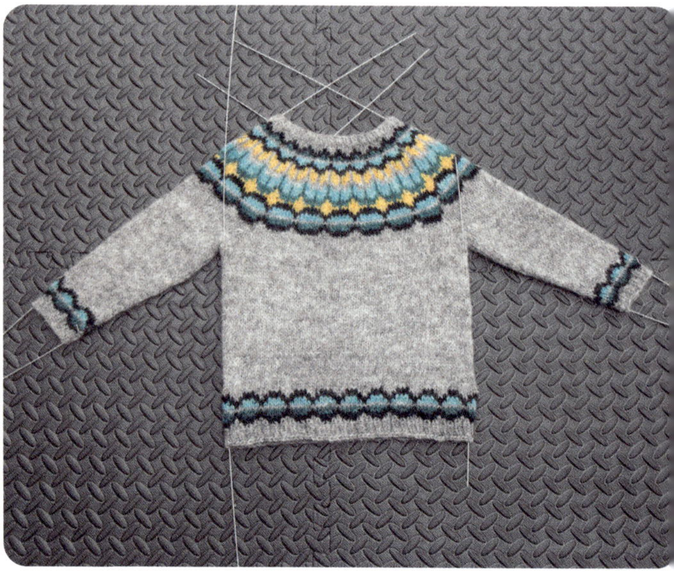

Die richtige Aufbewahrung

Ihr Pullover wurde gestrickt, geblockt und geliebt. Das Letzte, das Sie sich wünschen, ist, dass Ihre Strickstücke zerknüllt hinten in einem dunklen Schrank liegen und die Motten zum Buffet einladen. Licht, Bewegung und ständige Benutzung sind die besten Mittel gegen Motten.

Wenn Sie Ihren Pullover den Sommer durch gar nicht tragen, sollten Sie ihn waschen, bevor Sie ihn wegpacken. Pullover kann man den Sommer über in Plastiktüten oder sauberen Schubladen mit Zedernholz, Lavendel oder anderen mottenabschreckenden Mitteln aufbewahren.

Nicht vergessen: Letztendlich wollen Sie, dass Ihr wunderschöner Pullover so lange hält, dass er Ihnen von einem launischen Teenager gemopst wird, woraufhin Sie zwar so tun, als wären Sie verärgert, sich insgeheim aber freuen, dass er Ihre Kreation auch so schick findet wie Sie selbst!

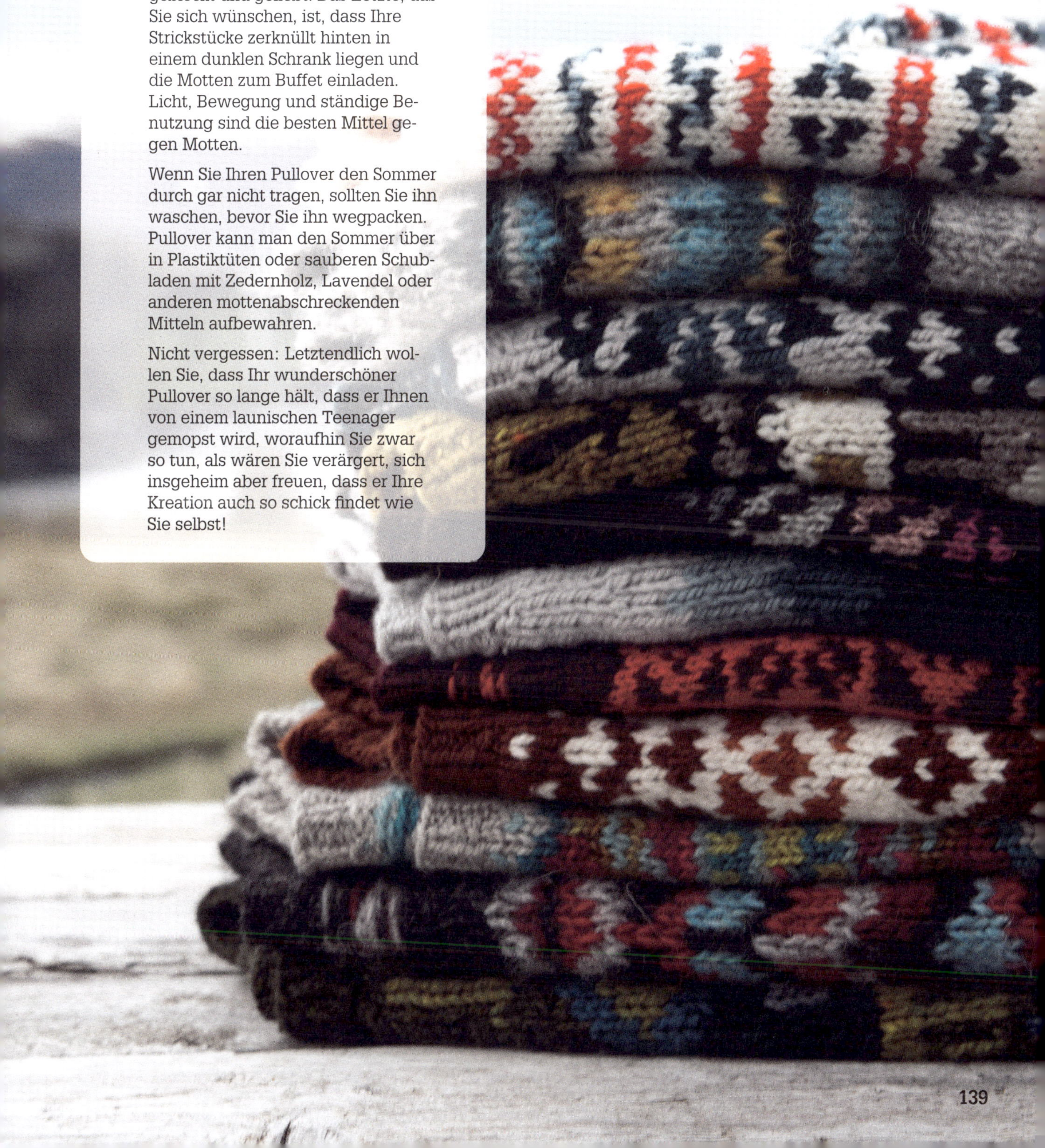

Abkürzungen

1labh	Ein Masche links abheben, so nicht anders angegeben
1labh-2Mzus-a Müberz	Eine M links abheben, die nächsten 2 M zusammenstricken und dann die abgehobene M über die zusammengestrickten 2 M ziehen
1M	1 Masche (auf die bevorzugte Art) zunehmen
2labh-1r-2aMüberz	2M rechts abheben (zusammen, als wollte man 2Mzus), die nächste M str, dann die 2 abgehobenen M über die gestrickte M ziehen
2MrabhV	2 Maschen rechts abheben (immer jeweils eine), dann die 2 abgehobenen M verschränkt zusammenstricken
2rabh-1r-2aMüberz:	2M rechts abheben (zusammen, als wollte man 2Mzus), die nächste M str, dann die 2 abgehobenen M über die gestrickte M ziehen.
2Mzus	2 Maschen zusammenstricken
abn	abnehmen
HF	Hauptfarbe
hM	hintere Mitte (Maschenmarkierer)
KF	Kontrastfarbe
l	links
LH	Linke Hand/Nadel
LS	Linke Seite des Strickstücks
M	Masche(n)
ME	Maschenmarkierer einsetzen
MV	Maschenmarkierer versetzen
NS	Nadelspiel
r	rechts
RA	Rundenanfang (Maschenmarkierer)
Rd	Runde
RH	Rechte Hand/Nadel
RS	Rechte Seite des Strickstücks
str	stricken
W&W	verkürzte Reihe: Wickelmasche & wenden
wdh	wiederholen
zun	zunehmen

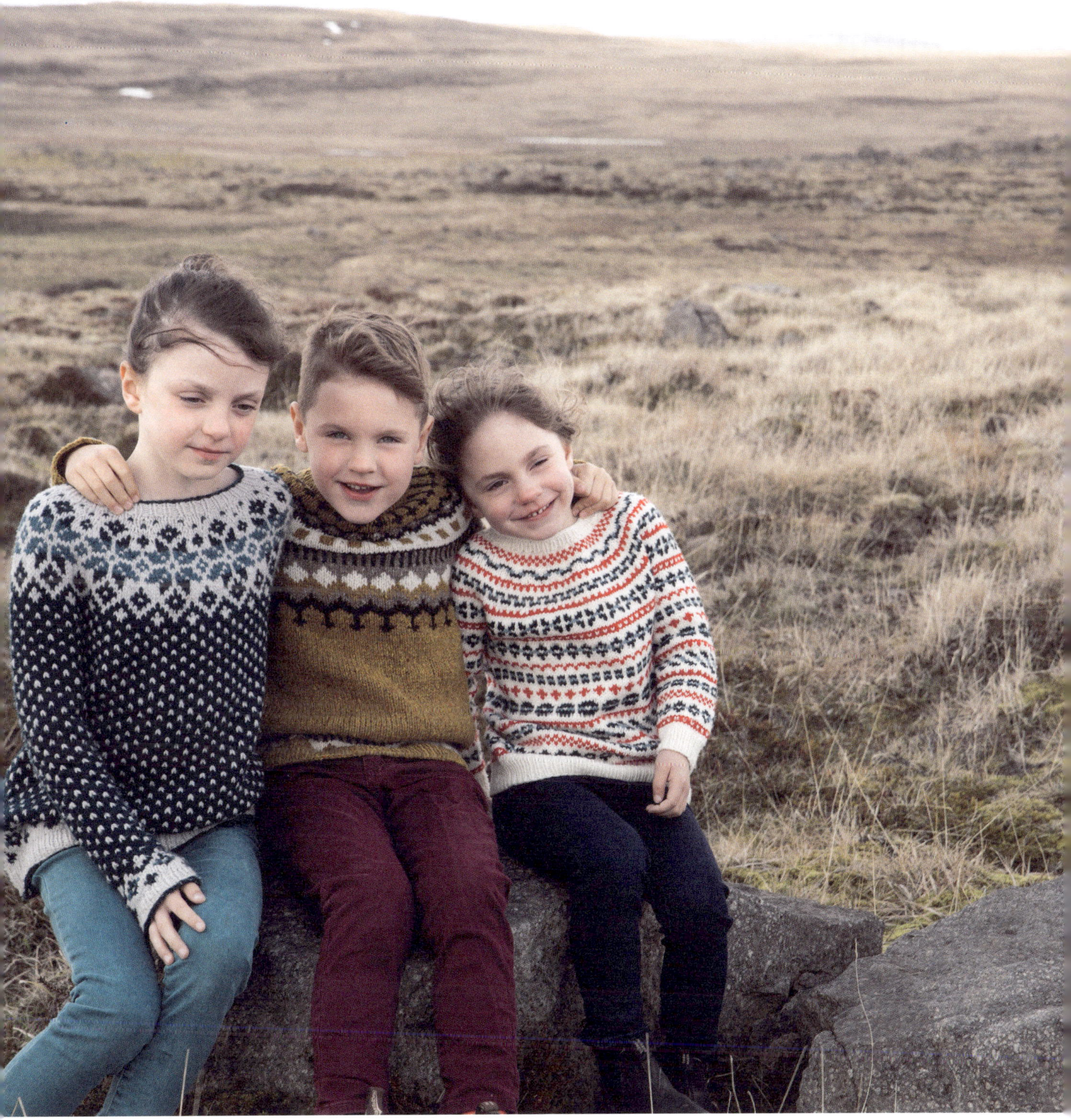

Diese Garne mochten wir

Brooklyn Tweed	brooklyntweed.com
De Rerum Natura	dererumnatura.fr
Ginger Twist Hand Dyes	gingertwiststudio.com
Istex	istex.is
Jamieson & Smith	shetlandwoolbrokers.co.uk
Old Maiden Aunt	oldmaidenaunt.com
Rainbow Heirloom	rainbowheirloom.com
Rauwerk	rauwerk-wolle.de
Stone Wool	thestonewool.co
Sweet Fiber Yarns	sweetfiberyarns.com
Tuku Wool	tukuwool.com
Quince & Co	quinceandco.com

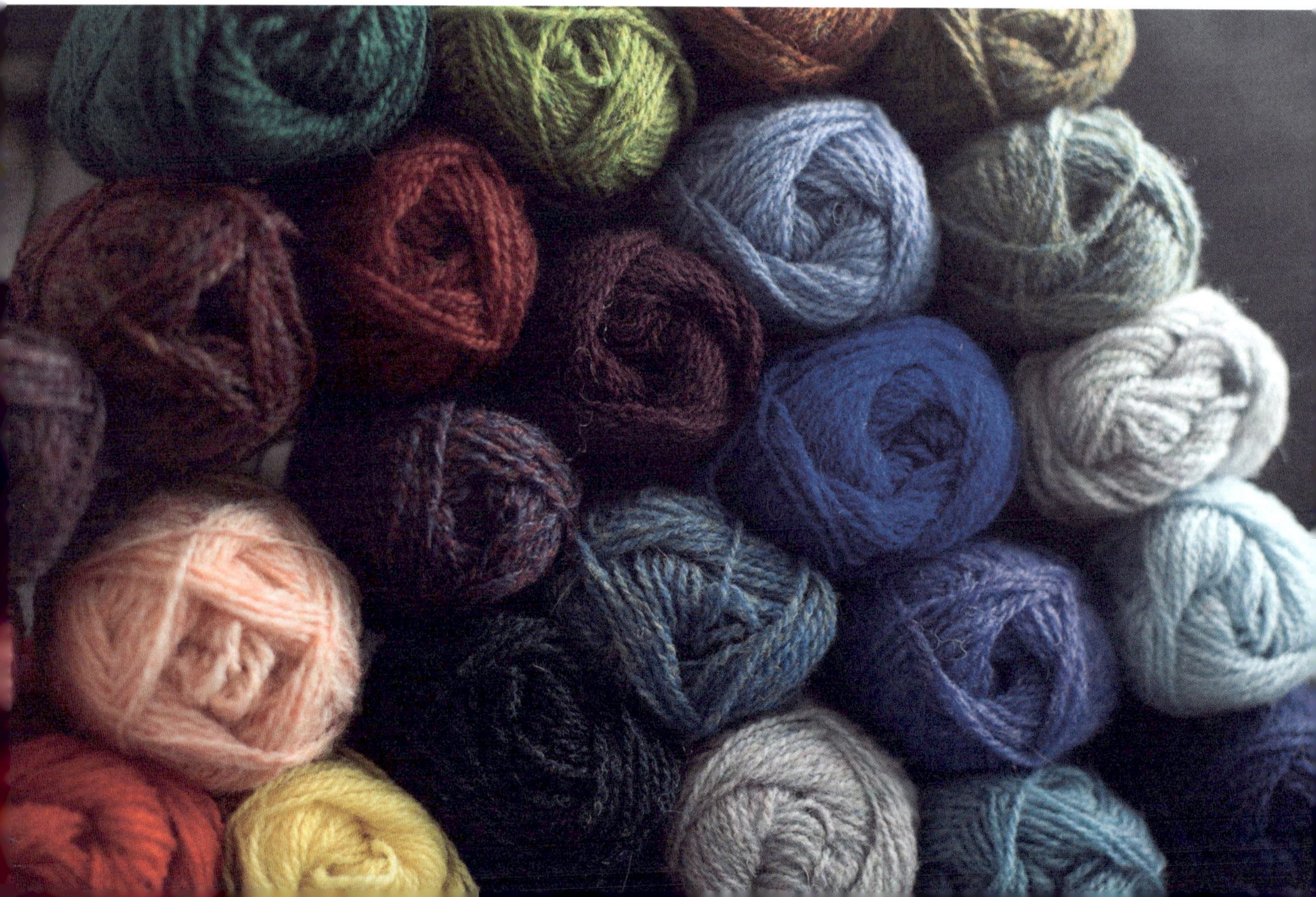

Danksagung

Vielen Dank an unsere schnuckeligen, heißgeliebten Sahneschnittchen John und Gary, dass ihr uns auf dieser Tour begleitet habt!

Wir wissen, dass das Modeln als Amateur in einem dünnen Pullover gar nicht immer so glamourös ist, wie es aussieht, wenn ein beißender Wind die Finger taub werden lässt und die Kinder sich im Auto um Süßigkeiten streiten!
Und ihr Jungs wisst das jetzt vermutlich auch …
Vielen Dank, dass ihr es gut aussehen lasst!

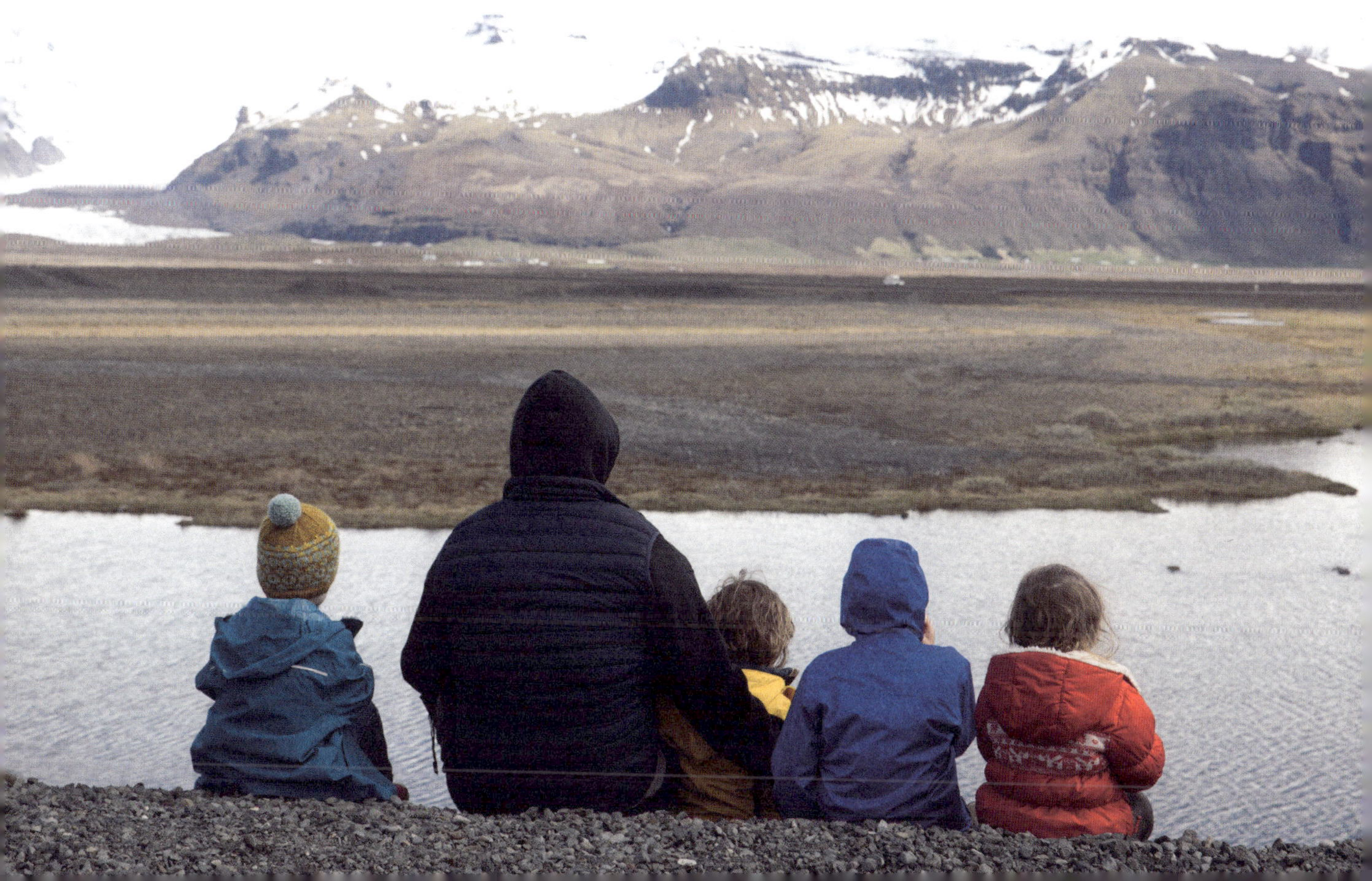

Liebe Leser:innen,

um Ihnen das Nachstricken unserer Designs noch leichter zu machen, können Sie bei uns eine kostenlose Variante dieses Buches als PDF-E-Book anfordern. Gehen Sie dafür einfach auf die folgenden Website:

www.tincanknits.com/nordisch-stricken

Dort finden Sie alle weiteren Instruktionen!

Herzlich,

Emily Wessel und Alexa Ludemann

First published in the United States, Canada and the United Kingdom by Tin Can Knits (www.tincanknits.com)

Titel der Originalausgabe: Strange Brew. a colourwork knitting adventure

Bibliografische Information der Deutschen Nationalbibliothek
Die Deutsche Nationalbibliothek verzeichnet diese Publikation in der Deutschen Nationalbibliografie; detaillierte bibliografische Daten sind im Internet über http://dnb.d-nb.de abrufbar.

Übersetzung aus dem Englischen: Birte Mirbach

Satz und Redaktion der deutschen Ausgabe: Verlags- und Redaktionsbüro München, www.vrb-muenchen.de

3., durchgesehene Ausgabe 2024

Wir produzieren unsere Bücher mit großer Sorgfalt und Genauigkeit. Trotzdem lässt es sich nicht ausschließen, dass uns in Einzelfällen Fehler passieren. Auf unserer Webseite finden Sie auf der Produkt-Detailseite etwaige Korrekturen (Errata) zu diesem Titel. Möglicherweise sind die Korrekturen in Ihrer Ausgabe bereits ausgeführt, da wir vor jeder neuen Auflage bekannte Fehler korrigieren. Sollten Sie in diesem Buch einen Fehler finden, so bitten wir um einen Hinweis an verlag@stiebner.com. Für solche Hinweise sind wir sehr dankbar, denn sie helfen uns, unsere Bücher zu verbessern.

ISBN: 978-3-8307-2111-6
Druck: Graspo printing house, Tschechien
www.stiebner.com